포스트휴먼

3

포스트휴먼
총서

포스트휴먼

**로지
브라이도티**
지음

이경란
옮김

아카넷

차례

감사의 말

출판사 발행인이자 이 책에 대한 아이디어를 처음 제시해준 존 톰슨에게 먼저 감사하고 싶다. 나는 폴리티 출판사와 오래 인연을 맺은 저자임을 자랑스럽게 생각한다. 또한 나에게 지지와 충고를 아끼지 않은 제니퍼 잔에게도 감사의 말을 하고 싶다. 나는 CHCI Board(Consortium of Humanities Centres and Institutes)와 ECHIC(European Consortium of Humanities Institutes and Centres)의 동료들과 나눈 대화에서 많은 도움을 받았다. 헨리에타 무어와 클레어 콜브룩, 피터 갤리슨과 폴 길로이는 만만치 않은 독자들이었고, 그들의 중요한 도움말에 감사한다. 나의 연구조교 고다 클룸바이트는 참고문헌 정리에 특히 도움을 주었다. 노리 스포웬과 볼레트 블라가드의 통찰력 있는 비판과 도움에 정말로 감사한다. 또한 편집을 도와준 스테파니 팔바스트에게도 감사한다. 이 모든 과정 내내 참아주고 도움말을 주고 나를 지지해준 아네케에게 언제나처럼 나의 모든 사랑을 바친다.

서론

우리는 늘 인간이었다거나 단지 인간일 뿐이라고 누구나 확실하게 말할 수 있는 것은 아니다. 서양의 사회적, 정치적, 과학적 역사에서 과거뿐 아니라 지금도 어떤 이들은 충분히 인간으로 인정받지 못하고 있다. '인간/휴먼' (human)이라는 말로 의미하는 바가 계몽주의 이래 우리에게 익숙한 그 피조물, 즉 "데카르트의 코기토 주체, 칸트의 '이성적 존재들의 공동체,' 혹은 사회학적 용어로 시민, 권리보유자, 사유재산 소유자로서의 주체"(Wolfe, 2010a)라면 말이다. 그럼에도 이 용어는 폭넓은 동의를 얻고 있으며, 상식적이고 익숙한 것으로 인정되곤 한다. 이 종에 대한 우리의 애착은 너무나 당연한 사실, 즉 주어진 것으로 주장되어서, 인간을 중심으로 권리의 기본 개념이 구성될 정도다. 하지만 정말 그러한가?

오늘날 보수적, 종교적 사회 세력들은 인간을 자연법의 패러다임 안에 재기입하려고 애쓰곤 하지만, 인간이라는 개념은 현대의 과학적 진보와 지구적 경제 문제라는 이중의 압력으로 파열되고 있다. 포스트모던, 포스트식민, 포스트산업, 테크노공산주의, 그리고 훨씬 더 논쟁적인 포스트페미니즘적 조건들 이후 우리는 포스트휴먼 곤경에 진입한 듯하다. 포스트휴먼 조건은 끝없이 등장하는 다소 인위적인 듯한 접두사들의 연속에서 n번째 변이에 불과한 것이 아니라, 우리 종과 우리 정치체 그리고 지구행성의 다른 거주자들과 우리의 관계를 위한 기본적인 공통의 참조 단위가 정확히 무엇인지에 대한 우리의 생각을 질적으로 전환시키고 있다. 이 문제는 현대 과학과 정치와 국제 관계가 복잡하게 얽혀 있는 상황에서 우리가 인간으로서 공유하는 정체성의 구조들 바로 그것에 대한 심각한 물음을 제기한다. 인간-아님(the non-human), 비인간(the inhuman), 반(反)인간(the anti-human), 비인도적임(the inhumane)과 포스트휴먼(the posthuman)에 대한 담론과 표상이 지구화되고 기술적으로 매개된 우리 사회에 확산되고 중첩된다.

주류 문화의 논의들은 로봇공학, 보철공학기술, 신경과학과 유전공학

자본에 관한 냉철한 사업 논의에서부터 트랜스휴머니즘과 테크노초월성에 대한 모호한 뉴에이지 전망에 이르기까지 다양하다. 이러한 논의의 핵심에는 인간의 향상이 놓여 있다. 반면, 학계에서는 포스트휴먼을 비판이론과 문화이론의 새로운 개척지로 찬양하거나 혹은 거슬리는 '포스트' 유행 시리즈의 최신판으로 치부한다. 포스트휴먼은 모든 사물의 척도였던 '인간(Man)'이 심각하게 탈중심화될 가능성에 대해 들뜬 기쁨과 염려를 동시에 자극한다(Habermas, 2003). 인간 주체에 대한 지배적인 전망과 그것에 중심을 둔 학문 영역인 인문학이 지배력과 타당성을 상실하고 있다는 염려도 널리 퍼져 있다.

내 생각에 포스트휴먼 조건의 공통분모는 생명 물질이 생명력 있고 자기조직적이면서도 비(非)자연적 구조로 되어 있다는 가정이다. 이 자연-문화 연속체는 포스트휴먼 이론에 대한 나의 입장이 공유하는 출발점이다. 하지만 이 포스트-자연주의적 가정의 결과가 완전한 신체의 경계에 대한 유희적 실험이 될지, 인간의 '본성'에 대한 수세기 동안의 믿음이 파괴되어 생겨나는 도덕적 공항상태가 될지, 아니면 유전자와 신경 자본의 착취적이고 영리적인 추구가 될지는 두고 봐야 한다. 이 책에서 나는 이러한 접근들을 살펴보고 비판적으로 다루면서, 포스트휴먼 주체성에 대한 나의 접근 방식을 주장하고자 한다.

자연-문화 연속체는 무엇인가? 그것은 그동안 폭넓은 동의를 받아온 사회구성주의적 접근에 거리를 두는 과학적 패러다임을 나타낸다. 사회구성주의적 접근 방식은 주어진 것(자연)과 구성된 것(문화)을 범주적으로 구별한다. 그러한 구별은 사회를 분석할 때 초점을 더 날카롭게 하고, 중요한 정체성들과 제도와 실천들을 구성하고 유지하는 사회적 메커니즘을 연구하고 비판하기 위한 견고한 토대를 제공한다. 진보 정치의 사회구성주의적 방법은 사회적 차이를 탈자연화하는 노력을 지속함으로써 사회적 차이가 인간이 만든 역사적으로 우연한 구조임을 보여준다. "여성은 태어나는 것이 아니라 여성으로 만들어진다"는 시몬느 드 보부아르(Simone de Beauvoir)의 선언이 세상을 어떻게 변화시켰는지 생각해보자. 사회적 불평등이 사회적으로 구성된 것이어서 역사적 가변성을 지닌다는 통찰은 인간이 사회정책과 사회운동을 통해 개입함으로써 그것들을 해결할 길을 열어 놓는다.

나는 주어진 것과 구성된 것 사이의 이분법적 대립에 의존하던 접근이 이제 자연-문화 상호작용을 비(非)-이분법적으로 이해하는 방식으로 바뀌고 있다고 생각한다. 후자는 일원론적 철학과 관련되어 지지를 받는 듯하다. 일원론적 철학은 이원론을 특히 자연과 문화의 대립을 거부하고 생명 물질이 자기조직적 (혹은 자기생성적[auto-poietic]¹) 힘을 가지고 있다고 강조한다. 자연적인 것과 문화적인 것 사이의 범주적 경계선은 과학과 기술의 발전으로 자리가 바뀌고 또 상당히 흐려지고 있다. 이 책은 이러한 패러다임의 변화가 가져온 개념과 방법과 정치적 실천의 변형을 사회이론으로 점검할 필요가 있다는 가정에서 출발한다. 바꿔 말하면, 자연-문화 연속체에 기반을 두는 접근 방식이 어떤 정치적 분석과 진보적 정치를 지지하는지가 포스트휴먼 곤경에 대한 논의에서 다룰 핵심 의제다.

내가 이 책에서 말하고 싶은 주요 문제는 다음과 같다. 첫째, 포스트

---

1   (옮긴이) 칠레의 생물학자 움베르토 마투라나(Humberto R. Maturama)와 프란시스코 바렐라(Francisco J. Verela)는 『앎의 나무: 인간 인지능력의 생물학적 뿌리(*The Tree of Knowledge: The Biological Roots of Human Understanding*)』(1998)에서 생물을 "자기 자신을 말 그대로 지속적으로 생성하는 자기생성" 조직으로 정의한다. 즉 생물은 자기가 따르는 법칙이나 자기에게 고유한 것을 스스로 결정할 수 있는 '자기생성적' 체계이며, 이러한 자기생성 체계인 생물은 자기 작업을 통해 자기를 정의하고 자기를 실현하므로 그 정의상 자율적인 체계다. 과거 생물학에서는 생물을 환경에 적응해야만 살아남을 수 있는 수동적인 존재로 보았지만, 마투라나와 바렐라는 생물이 자기생성의 역동성을 바탕으로 각 종마다 독특한 자기 환경을 산출하며, 이것이 바로 생물학적 인지 활동의 본질이라고 주장한다.

휴먼은 무엇인가? 더 특정하게는, 어떤 지적, 역사적 여정이 우리를 포스트 휴먼으로 인도했는가? 둘째, 포스트휴먼 조건은 어디에서 인간성을 넘어서는가? 더 특정하게는, 포스트휴먼이 지지하는 것은 어떤 새로운 형태의 주체성인가? 셋째, 포스트휴먼은 어떻게 자체의 비인간성의 형태를 발생시키는가? 더 특정하게는, 우리는 우리 시대의 비인간적/비인도적(inhuman(e)) 특징에 어떻게 저항할 것인가? 마지막으로, 포스트휴먼은 오늘날 인문학의 실천에 어떤 영향을 미치는가? 더 특정하게는, 포스트휴먼 시대에 이론의 기능은 무엇인가?

이 책은 우리 역사성의 아주 중요한 측면인 포스트휴먼 조건에 대해 매혹의 파도를 타면서도 포스트휴먼 조건의 탈선과 권력 남용에 대한 염려와 그것의 기본적 가정이 지속 가능한 것인지의 문제도 다룬다. 포스트휴먼 조건이 매혹적인 이유는 비판이론가들이 오늘날의 세계에서 무엇을 해야 하는가, 즉 우리가 처한 역사적 위치에 적절한 표상을 제공하기 위해서 무엇을 해야 하는가에 대한 나의 인식에 일부 기인한다. 이는 그 자체로는 겸손한 지도 그리기가 목적이지만, 이 목적은 사회적으로 적절한 지식을 생산한다는 이상과 연결된 더 야심차고 추상적인 문제, 즉 이론 자체의 위상과 가치의 문제로 넘어간다.

여러 문화비평가들이 우리 시대의 인문과학과 사회과학에 영향을 준 '포스트-이론 질환'의 양가적 성격을 언급한다. 예를 들어, 톰 코헨, 클레어 콜브룩과 J. 힐리스 밀러(Tom Cohen, Claire Colebrook and J. Hillis Miller, 2012)는 '포스트-이론' 단계의 긍정적 측면, 즉 그것이 현대 과학에서 출현하는 위협과 함께 새로운 기회들도 기록하고 있다는 사실을 강조한다. 하지만 부정적 측면도 두드러진다. 특히 현재를 면밀히 조사할 적절한 비판적 도식들이 없다.

내 생각에 반(反)-이론 전환은 이데올로기적 맥락에서 일어난 변화들

서론

과 관계가 있다. 냉전이 공식적으로 끝난 이후에 20세기 후반의 정치적 운동들은 폐기되었고 그 운동들의 이론적 노력은 실패한 역사적 실험으로 간주되었다. 자유시장경제라는 '새로운' 이데올로기는 사회의 많은 부문에서 엄청난 저항을 받으면서도 그 모든 반대를 제압했고 반지성주의를 우리시대의 두드러진 특징으로 부과했다. 이러한 상황은 특히 인문학에 타격을 주었다. 인문학은 '상식'—억견(doxa)의 독재—과 경제적 이윤—사리사욕의 범속함—에 부적절한 충성을 바치면서 분석의 섬세함을 희생시켰다. 이런 맥락에서 '이론'은 지위를 상실하였고, 환상이나 자기애적 자기몰두의 형식이라고 무시되곤 했다. 그 결과, 흔히 데이터 채굴에 불과한 피상적인 신경험주의(neo-empiricism)가 인문학 연구에서 방법론적 규범이 되고 있다.

　　연구 방법은 진지하게 고려해야 할 문제다. 이데올로기들의 공식적 종말 이후에 그리고 신경과학과 진화학과 유전학의 발전 앞에서, 우리는 제2차 세계대전이 끝난 이후 이론적 해석들이 누려온 그 힘과 명성을 여전히 확보할 수 있을까? 포스트휴먼 곤경은 포스트-이론 분위기에도 연결되어 있는 것은 아닐까? 예를 들어, 브루노 라투르(Bruno Latour, 2004)—지식이 어떻게 인간과 인간-아닌 행위자, 사물, 대상들의 관계망에 의해 생산되는지 다룬 인식론적 작업은 그가 엄밀한 의미에서의 고전적 휴머니스트가 아님을 보여준다—는 최근에 비판이론의 전통과 비판이론과 유럽 휴머니즘의 관계에 대해 언급했다. 비판적 사유는 실재를 파악하고 표상하는 도구로서의 이론에 대한 믿음을 내재적으로 선언하는 사회구성주의적 패러다임에 의존하고 있는데, 오늘날 그런 믿음이 여전히 타당한가? 라투르는 오늘날 이론의 기능에 심각한 자기성찰적 의문을 제기한다.

　　포스트휴먼 조건에 우울한 함의가 있다는 것은 부인할 수 없다. 특히 비판적 사유의 계보와 관련해서 그러하다. 마치 1970년대와 1980년대에 이론적 창조력이 폭발한 후 지속적인 우울과 차이 없는 반복의 좀비화된 풍경으로 들어간 듯하다. 정치적 스펙트럼의 우익에서는 이데올로기 시대의 종말(Fukuyama, 1989)과 불가피한 문명적 성전(Huntington, 1996) 개념이 유령처럼 사유 패턴 안으로 스며들었고 북돋워졌다. 다른 한편, 정치적 좌익의 이론의 거부는 이전의 지적 세대들을 부정적으로 생각하는 불만의 물결을 일으키고 있다. 이론에 피로를 느끼는 이러한 맥락에서 네오코뮤니스트 지식인들(Badiou and Žižek, 2009)은 더 이론적인 고찰에 몰두하기보다는 구체적인 정치적 행동으로, 필요하다면 폭력적인 대립으로까지 되돌아가야 한다고 주장하면서 철학적 포스트구조주의 이론들을 유행 밖으로 밀어내고 있다.

　　이러한 일반적으로 부정적인 사회 분위기에 대한 반응으로, 나는 포스트휴먼 이론을 계보학적 도구와 항해적 도구 둘 다로 사용하고자 한다. 내가 보기에 포스트휴먼 이론은 현재와 긍정적으로 관계맺는 방법을 설명하기에 유용한 용어다. 환원적이지 않으면서 경험에 근거를 두는 방식으로 그리고 부정적이지 않으면서 비판적일 수 있는 방식으로 현재의 어떤 특징들을 설명하는 방법을 탐색하기에 유용하다. 나는 포스트휴먼이 지구적으로 연결되고 기술적으로 매개된 우리 사회 안에서 지배적인 용어로 순환되는 방식의 지도를 그려보고자 한다. 더 구체적으로, 포스트휴먼 이론은 '인류세'[2](人類世, anthropocene)로 알려진 유전공학 시대, 즉 인간이 지구상의 모든 생명에 영향을 미칠 능력을 지닌 지질학적 세력이 된 역사적 순간에, 인간을 지시하는 기본 준거 단위를 다시 생각하도록 돕는 생성적 도구다. 확장하자면, 포스트휴먼 이론은 또한 인간 행위자들과 인간-아닌 행위자 둘

2　(옮긴이) 인류세(人類世, anthropocene)는 인류가 지구의 기후와 생태계를 변화시켜 만들어진 새로운 지질시대를 말하며 신생대 마지막 시기인 홀로세를 잇는 시대다. 뒤에 나오는 저자의 각주에서처럼 네덜란드 화학자 파울 크뤼천(Paul Crutzen)에 의해 널리 알려진 개념으로 아직 학계의 정설로 인정받고 있지 못하지만, 2004년 8월 스웨덴 스톡홀름에서 열린 유럽 과학 포럼에서 과학자들이 인류세 이론을 지지한 바 있으며, 2011년에 들어 영국과 미국 과학자들을 중심으로 본격적인 논의가 진행되고 있다.

다와 우리가 맺는 상호작용의 기본 신조를 지구행성적 규모로 다시 생각하는 데 도움을 준다.

우리의 포스트휴먼적 역사 조건이 제공하는 몇 가지 모순을 예로 들어보겠다.

삽화 1

> 2007년 11월, 18세의 핀란드 소년 페카-에릭 우비넨(Pekka-Eric Auvinen)은 헬싱키 근처의 한 고등학교에서 자신의 급우들에게 총을 발사하여 8명을 죽이고 자신에게도 총을 쏘았다. 학살을 벌이기 전 이 젊은 살인자는 유튜브에 동영상을 올렸고, 그 안에서 그는 "인간성은 과대평가되었다"고 적힌 티셔츠를 입고 있었다.

프리드리히 니체(Friedrich Nietzsche)가 '신의 죽음'을 그리고 신에 기반한 '인간' 개념의 죽음을 선언한 이래, 인류가 위험한 상태에 있다—멸종이 다가왔다고 말하는 사람도 있다—는 것은 유럽 철학에 반복적으로 등장하는 주제가 되었다. 이 과장된 주장은 더 소박한 주장을 강조하기 위해 의도된 것이다. 니체가 주장했던 바는 인간 본성에 부여되어 있던 자명한 지위의 종말, 유럽 휴머니즘적 주체가 형이상학적으로 안정되고 보편적으로 타당하다는 상식적 믿음의 종말이다. 니체적 계보학은 자연의 법과 가치들을 독단적으로 실현하기보다 해석이 중요하다고 강조한다. 그 이후 철학적 논제의 주요 항목은 줄곧 첫째, 존재론적 불확실성을 인정하는 충격 이후 어떻게 비판적 사유를 발전시킬 것인가, 둘째, 의심과 불신이라는 부정적 감정에 빠지지 않고 어떻게 친화력과 윤리적 책임으로 결속된 공동체 의식을 재구성할 것인가가 되었다.

하지만 핀란드의 일화가 보여주듯, 철학적 반휴머니즘을 냉소적이고 허무적인 인간 혐오와 혼돈해서는 안 된다. 인류가 과대평가되었을지는 모르지만, 지구상의 인구가 80억 명에 다다른 상황에서 인간의 종말은 말도 안 되는 소리인 듯하다. 그럼에도 환경 위기와 기후변화 때문에 생태학적이고 사회적인 지속가능성의 문제는 전 세계 정부의 프로그램에서 대부분 앞자리에 놓여 있다. 냉전과 핵 대결이 최고조에 이른 1963년 버트런드 러셀(Bertrand Russell)이 제기한 다음과 같은 질문은 그 어느 때보다 시의적절해 보인다. 인간에게는 정말 미래가 있는가? 지속가능성과 종말 사이의 선택이 우리 미래의 지평의 틀인가, 아니면 다른 선택이 있는가? 휴머니즘의 한계와 휴머니즘에 대한 반휴머니즘적 비평가들의 한계가 모두 포스트휴먼 곤경에 대한 논의에서 중심적인 문제다. 이에 대해서는 1장에서 다룰 것이다.

삽화 2

《가디언》은 아프가니스탄처럼 전쟁으로 폐허가 된 땅에 사는 사람들이 살아남기 위해 풀을 먹어야 할 지경이 되었다고 보고했다.[3] 같은 시기에 영국과 EU 일부에서는 암소에게 고기가 포함된 사료를 주었다. 과도하게 선진화된 세계의 농경 생명공학기술 부문에서 암소와 양과 닭을 살찌우기 위해 동물 사료를 먹임으로써 예기치 않게 동물들이 자기 종족을 먹는 전환이 이루어지고 있다. 이러한 행위는 이후 소의 해면상뇌병증(海綿狀腦病症, Bovine Spongiform Encephalopathy, BSE)이라는 치명적인 질병을 야기했다. 흔히 '광우병'이라 불리는 이 병은 동물의 뇌구조를 부식시켜 펄프로 바꿔놓는다. 하지만 여기서 광기가 있는 곳은 분명 인간과 인간의 생명공학기술 산업 쪽이다.

---

3   *The Guardian Weekly*, 3–5 January 2002, p. 2.

선진 자본주의와 그것의 유전공학 기술은 왜곡된 포스트휴먼 형태를 낳는다. 그 핵심에 인간-동물 상호작용의 근본적 교란이 있다. 살아있는 모든 종이 전 지구적 경제가 회전하는 기계 안에 포획되어 있다. 생명 물질의 유전자 코드—'생명 자체'(Rose, 2007)—가 주요 자본이다. 지구화는 지구행성의 모든 형태가 일련의 상호관련된 전유 양태를 통해 상업화되었음을 의미한다. 다나 해러웨이(Donna J. Haraway)에 의하면, 지구적 규모로 확산된 극소 분쟁들의 테크노군사화, 하이퍼자본주의적 부의 축적, 에코 시스템이 지구행성적 생산 장치로 전환되는 현상, 그리고 새로운 다매체 환경의 지구적 인포테인먼트(infotainment) 장치 등이 이에 속한다.

복제 양 돌리라는 현상은 우리 시대 기술의 유전공학적 구조와 그 기술의 주식시장 후원자들이 만들어낸 복잡한 문제들을 전형적으로 나타낸다. 동물은 과학 실험에 생체 재료를 제공한다. 동물은 우리의 생명공학기술 농경, 화장품 산업, 제약 산업 및 다른 경제 부문에 생산적인 방식으로 인위적으로 조작되고 학대받고 고통을 받으며 유전적으로 재조합된다. 이국적인 상품으로도 판매되는 동물들은 오늘날 세계에서 약과 무기보다는 뒤에 있는 세 번째로 규모가 큰 불법거래 대상으로서 여성 밀매보다 앞에 있다.

쥐, 양, 염소, 소, 돼지, 토끼, 새들과 가금류와 고양이가 아파트식 우리에 갇혀 산업적 농경 방식으로 사육된다. 조지 오웰(George Orwell)이 예언한 것처럼, 모든 동물이 평등할지 모르지만 그중 몇몇은 분명하게 다른 동물보다 더 평등하다. 유럽연합에서는 가축을 생명공학기술적 산업복합체의 중요 부분으로 여기기 때문에 암소 한 마리당 803달러에 해당하는 보조금을 받는다. 이 보조금은 미국 암소 한 마리당 1,057달러와 일본 암소 한 마리당 2,555달러보다는 상당히 적다. 하지만 에티오피아(120달러), 방글라데시(360달러), 앙골라(660달러) 혹은 온두라스(920달러) 같은 국가의 일인당 국민

총소득과 비교하면 더욱 불길해 보인다.[4]

살아있는 유기체들이 이처럼 지구적으로 상품화되는 현상과 짝을 이루는 것은 동물들 자체가 부분적으로 인간화되는 현상이다. 예를 들면, 생명윤리의 영역에서 동물의 '인'권 문제가 유기체들의 지나친 상품화에 대응하기 위해 제기된다. 동물권의 옹호는 대부분의 자유민주주의 사회에서 뜨거운 정치적 문제다. 투자와 학대의 이러한 결합은 선진 자본주의 자체가 낳은 역설적인 포스트휴먼 조건이며, 다양한 형태의 저항을 불러일으키고 있다. 동물에 대한 새로운 탈-인간중심적 견해에 대해서는 2장에서 길게 논하겠다.

삽화 3

2011년 10월 10일, 리비아의 축출된 지도자 무아마르 카다피는 자신의 고향 서트에서 리비아 과도국가위원회(NTC) 일원들에게 붙잡혀 구타당하고 살해되었다. 하지만 그가 반란군에게 사살되기 전에 카다피 대령의 호위차를 폭격한 것은 프랑스의 제트기와 라스베이거스 외곽의 기지에서 인공위성으로 조정되고 시실리의 미공군기지에서 날아온 미국의 무인항공기 프레데터 드론(American Predator Drone)이었다.

전 세계의 미디어가 초점을 맞춘 것은 실제 이루어진 총격의 잔혹함과 상처 입고 피 흘리는 카다피의 몸이 전 세계에 시각적으로 노출되는 굴욕스러운 모습이었다. 우리 시대 전쟁의 포스트휴먼 측면이라고밖에는 말할 수 없는 것, 즉 우리의 선진 기술이 만들어낸 원격 살상 기계에는 별로 관심을

---

4   *The Guardian Weekly*, 11–17 September 2003, p. 5.

두지 않았다. 카다피가 맞이한 종말의 잔혹함만으로도—그 자신의 독재적 폭정에도 불구하고— 우리는 충분히 우리가 인간임이 좀 부끄럽다고 느꼈다. 하지만 선진 세계의 정교한 죽음 기술인 드론들(*원격조작 무인비행기)이 그의 죽음에 기여한 역할을 부인함으로써 도덕적이고 정치적인 불편함의 층이 부가되었다.

포스트휴먼 곤경은 비인간적/비인도적 계기를 상당히 많이 가지고 있다. 두려움으로 통치되는 지구화된 세계에서 새로운 전투 행위의 잔혹함은 살아있는 자들에 대한 통치뿐만 아니라 다양한 죽음의 실행에도 관계된다. 특히 과도기에 있는 국가에서 그러하다. 아실 음벰베(Achille Mbembe, 2003)의 명석한 주장처럼, 생명권력(bio-power)과 죽음정치(necro-politics)는 동전의 양면과 같다. 냉전 이후 세계에서는 전투가 크게 증가하고 있을 뿐 아니라, 생존과 죽음이 훨씬 복잡하게 관리되는 방향으로 전쟁의 방식이 엄청나게 변형되고 있다. 우리 시대의 죽음 기술은 강력한 기술적 매개로 작동하기 때문에 포스트휴먼적이다. 라스베이거스의 컴퓨터실에서 미국 프레데터 드론을 비행시킨 디지털 기계 조작자를 '비행기 조종사'라고 할 수 있을까? 그는 히로시마와 나가사키 상공을 날던 폭격기 에놀라 게이(Enola Gay) 호를 몰던 공군의 청년들과 어떻게 다른가? 우리 시대의 전쟁은 우리의 죽음정치적 권력을 "인간의 신체와 인구의 물리적 파괴"(Mbembe, 2003: 19)의 실행을 새로운 차원으로 끌어올려놓고 있다. 그리고 인간만 파괴되는 것이 아니다.

새로운 죽음 기술들은 한편으로는 향수와 편집증, 다른 한편으로는 도취와 의기양양함의 정치경계가 지배하는 사회 분위기에서 작동한다. 이러한 조울증 조건은 다양한 변이를 연주한다. 재난이 임박해 있다, 대파국이 막 일어나려 한다는 두려움에서부터 허리케인 카트리나나 그 이후에 몰아칠 환경 재앙에 이르기까지, 너무 낮게 나는 비행기에서부터 유전적 돌연변이들과 면역 체계의 붕괴에 이르기까지, 사건은 바로 저기서 막 펼쳐지려 하며, 닥쳐올 것이 거의 확실하고, 단지 시간문제일 뿐이다(Massumi, 1992). 이러한 불안함 때문에 변화가 아닌 보존과 생존이 사회적으로 강제되는 목적이 된다. 이러한 죽음정치적 측면에 대해서는 3장에서 다시 논하겠다.

삽화 4

수년 전 네덜란드 왕립 과학 아카데미가 인문학이라는 학문 영역의 미래를 논하기 위해 조직한 과학 관련 모임에서 한 인지과학 교수는 인문학을 정면으로 공격했다. 그의 공격은 자신이 생각한 인문학의 두 가지 중요한 결함에 근거하고 있었다. 인문학에 내재된 인간중심주의와 인문학의 방법론적 국민주의/민족주의였다. 이 저명한 연구자는 인문학이 이 두 가지 치명적인 결함 때문에 현대 과학으로 적절하지 않으며, 그래서 관계 부처와 정부의 경제적 지원을 받을 자격이 없다고 보았다.

인간/휴먼의 위기와 그에 따른 포스트휴먼적 부산물은 이런 상황과 아주 긴밀하게 연관되어 있는 학문 분야인 인문학에 심각한 결과를 가져온다. 오늘날 대부분의 선진 민주주의 사회의 신자유주의적 사회 분위기에서 인문학 연구는 '말랑말랑한(soft)' 학문이라는 차원을 넘어 유한 계층의 교양 수업 같은 것으로 전락하고 있다. 인문학이 전문적인 연구 영역이기보다 개인의 취미에 더 가깝게 간주된다면, 인문학은 21세기 유럽 대학의 학과 과정에서 사라질 심각한 위험에 놓이게 될 것이라 믿는다.

그러므로 내가 포스트휴먼 주제를 다루는 또 다른 동기는 오늘날 학계의 역할에 대한 깊은 시민적 책임 의식과 연결되어 있다. 오랜 세월 '지성인'으로 인정받아 온 인문학 사상가는 우리 시대 사회의 공적 시나리오에서 어떤 역할을 해야 할지 당황스러울 수 있다. 포스트휴먼에 대한 나의 관심은 오늘날 하나의 사회로서 우리가 생산하는 지식의 종류와 지적 가치들에 대한 너무나 인간적인 관심에서 나온다. 더 특정하게는, 더 나은 말이 없어 여전히 인문과학 혹은 인문학이라고 부르는 영역에서 대학 연구의 위상에 대해 염려한다. 오늘날 대학에 대한 내 생각은 2장에서 더 발전시키겠다.

이러한 책임 의식은 나에게 아주 소중한 사유 습관의 표현이며 이는 내가 꿈을 가졌던 세대에 속하기 때문이다. 그 꿈은 그때도 그리고 지금도 배움의 공동체들을 현실에서 구축하고 그것들 자체가 사회를 반영하기도 하면서 또 그 구축에 기여하고 도움을 주기도 하는, 사회처럼 생긴 학교, 대학, 책과 학과 과정, 토론 모임과 극장, 라디오, 텔레비전 그리고 미디어 프로그램―그리고 나중에는 웹사이트와 컴퓨터 환경― 을 현실에서 구축하는 것이다. 그 꿈은 사회적으로 적절한 지식을 생산하는 꿈, 사회적 정의, 인간적 품위와 다양성에 대한 존중, 거짓된 보편주의들에 대한 거부라는 기본 원칙들, 차이의 긍정성에 대한 긍정, 학문적 자유, 반인종주의, 타자들에 대한 개방성과 유쾌함의 원리에 조율된 지식을 생산하는 꿈이다. 비록 내가 반휴머니즘에 치우쳐 있기는 하지만, 이러한 이상들이 가장 바람직한 휴머니즘적 가치들과 완벽하게 어울린다는 것은 쉽게 인정할 수 있다. 이 책의 목적은 학계의 논쟁에서 어느 편을 들고자 함이 아니라, 현재 우리가 처한 복잡한 상황을 이해하고자 함이다. 나는 비판과 창조성을 결합하고 '액티비즘(activism)'에서 적극적인 행동성(the active)을 되살려내 지구적 시대를 위한 포스트휴먼 인류라는 전망으로 나아가는 새로운 방법들을 제안하고자 한다.

포스트휴먼 지식―그리고 그것을 유지하는 인식 주체들― 은 보수주의적 향수와 신자유주의적 도취라는 이중의 함정을 피하면서 공동체적 유대를 맺기 위한 원칙에 대한 기본적 열망을 구현한다. 이 책은 정신의 지역주의, 이데올로기의 분파주의, 과장된 태도의 부정직함과 두려움의 장악에서 우리를 해방시키기 위해 열심히 노력하여 발전적인 유형의 범인류를 긍정하고자 하는 새로운 '인식 주체들' 세대에 대한 나의 믿음에서 나온다. 대학이 어떤 모습이어야 하는지에 대한 나의 전망—오늘날의 세계에 학문을 생산하는 인식론적 터로 기여할 뿐 아니라, 지식이 주는 역량과 우리 주체성을 유지하게 하는 역량을 강화하려는 갈망, 지식에 대한 사랑에서 나오는 갈망으로도 기여하는 보편공간(universum)인 대학—도 이러한 열망에서 형성되었다. 나는 이러한 갈망을 우리가 우리의 역사적 위치에 임박한 권력관계와 특수 조건을 이해하여 자유를 성취하고자 하는 근본적 열망으로 정의한다. 이러한 조건들은 우리 한 명 한 명이 일상의 사회관계망에서, 미시 정치적 차원과 거시 정치적 차원 모두에서 행하는 권력을 포함한다.

어떤 면에서는 포스트휴먼에 대한 나의 관심은, 우리의 강도(intensity)와 창조성의 집단적 혹은 사적 수준을 틀짓는 인간의 너무나 인간적인 자원과 한계에 대해 내가 느끼는 좌절감에 직접적으로 비례한다. 주체성의 문제가 이 책에서 중심을 차지하는 이유가 바로 이것이다. 우리는 현재 겪고 있는 격심한 변형에 어울리는 새로운 주체 형성의 도식들을, 새로운 사회적, 윤리적 그리고 담론적 도식들을 고안해야 한다. 나는 포스트휴먼 곤경을 사유와 지식과 자기 재현의 대안적 도식들을 추구할 힘을 강화할 수 있는 기회로 본다. 포스트휴먼 조건은 되기/생성(becomings) 과정에서 우리가 실제로 누구인지 그리고 무엇인지에 대해 비판적으로 그리고 창조적으로 생각하도록 우리를 강력하게 자극한다.

포스트-휴머니즘:
자아 너머 생명

1.

그 모든 시작에 '그(He)'가 있다. 프로타고라스가 최초로 "모든 사물의 척도"로 공식화하였고, 나중에 이탈리아 르네상스에서 보편적 모델로 바뀌어 레오나르도 다 빈치의 비트루비우스적 인간(Vitruvian Man)(그림 1.1을 보라) 안에 표상된 고전적 이상인 '인간(Man)'이다. 건강한 신체에 건강한 정신이라는 고전적 속담에 맞추어 이상적인 신체적 완벽함이 일련의 정신적, 담론적, 영적 가치들을 나타낸다. 이들이 함께 나타내는 것은 인간성/휴머니티(humanity)에서 '인간/휴먼(human)'이 무엇인가에 대한 특정한 견해다. 더 나아가 그들은 흔들림 없는 확신을 가지고 인간에게 개인적인 그리고 집단적인 완전성을 추구하는 거의 무한한 능력이 있다고 주장한다. 이 아이콘적 이미지는 목적론적으로 인가된 합리적 진보 개념에 인간 능력의 생물학적·담론적·도덕적 확장을 결합시키는 교리인 '휴머니즘(Humanism)'을 상징한다. 유일무이하고 자기규율적이며 내재적으로 도덕적인 인간 이성의 힘에 대한 믿음이 이 본격 휴머니즘적 신조의 불가분한 부분이며, 이는 본질적으로 고대 고전주의와 이탈리아 르네상스의 이상들에 대한 18세기와 19세기의 재해석에 입각해 있다.

이 모델은 개인들을 위한 기준만이 아니라 문화들의 기준도 정해주었다. 휴머니즘이 역사적으로 문명화 모델로 발전하면서 유럽을 자기성찰적 이성의 보편화시키는 힘과 일치시키는 개념이 형성되었다. 헤게모니적 문화 모델로 돌연변이를 일으킨 휴머니즘적 이상을 신성화한 것은 헤겔의 역사철학이다. 스스로를 확대하여 강화하는 이 전망은 유럽이 단지 하나의 지정학적 장소가 아니라 인간 정신의 보편적 속성이며, 그 특질은 적절한 어느 대상에도 부여될 수 있다고 가정한다. 이는 에드문트 후설(Edmund Husserl, 1970)이 자신의 유명한 에세이 「유럽 학문의 위기(The Crisis of European Sciences)」에서 지지한 견해로서, 1930년대 유럽을 뒤덮은 파시즘의 위협이 상징하는 지적, 도덕적 쇠퇴에 대항하여 이성의 보편적 힘을 열정적으로 옹

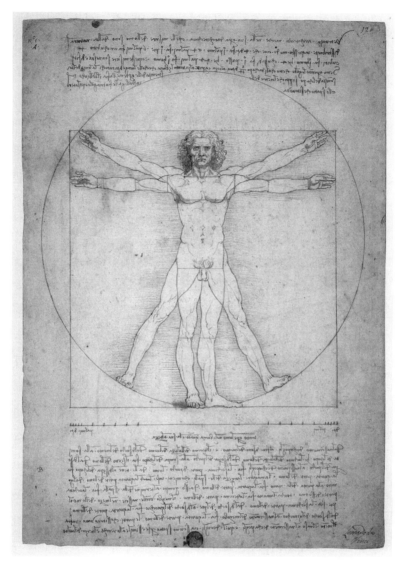

그림 1.1 레오나르도 다 빈치, 비트루비우스적 인간, 1492
출처: 위키미디어 커먼스

1장 – 포스트-휴머니즘: 자아 너머 생명

호했다. 후설의 견해에 따르면, 유럽은 스스로를 비판적 이성과 자기성찰성의 기원적 터로 선언하였고, 이 두 자질은 모두 휴머니즘적 규범에 의존하고 있었다. 오직 자신과만 평등한 보편 의식인 유럽은 자신의 특수성을 초월한다. 혹은 초월의 힘을 자신의 두드러진 특징으로, 휴머니즘적 보편주의를 자신의 독특함으로 제시한다고도 말할 수 있다. 이 때문에 유럽중심주의는 우발적인 태도의 문제 이상의 것이 된다. 즉, 유럽중심주의는 우리의 문화적 실천의 구조적 요소이며, 제도적 교육의 실천과 이론에 모두 배태되어 있다. 문명의 이상이 된 휴머니즘은 "19세기의 독일, 프랑스, 그리고 특히 영국의 제국주의적 운명에 연료를 공급했다"(Davies, 1997: 23).

이 유럽 중심적 패러다임은 자아와 타자의 변증법을, 그리고 동일성과 타자성의 이분법적 논리를 함축하는데, 각각이 보편적 휴머니즘의 원동력이며 문화의 논리다. 이 보편주의적 자세와 이분법적 논리의 중심에 가치가 하락한 것으로서의 '차이' 개념이 있다. 주체성은 의식과 보편적 합리성과 자기규율적 윤리적 행위와 동일시되고, 타자성은 주체성의 부정적인 짝, 주체성을 거울처럼 반사하는 대응-짝으로 정의된다. 차이가 열등성을 의미한다면 이것은 '타자들'로 낙인찍히는 사람들에 대한 본질주의적이고 치명적인 함의를 갖게 된다. 이들은 성차화된, 인종화된, 자연화된 타자들이며, 쓰다 버릴 수 있는 신체라는 인간 이하의 지위로 격하된다. 우리는 모두 인간이지만, 일부는 다른 사람보다 조금 더 필멸할 운명이다. 유럽과 다른 곳에서 이들의 역사가 치명적인 배제와 자격 박탈의 역사였기 때문에, 이 '타자들'은 권력과 배제의 문제를 제기한다. 휴머니즘의 유산을 다룰 때 우리에게는 더 많은 윤리적 설명책임(accountability)[1]이 필요하다. 토니 데이비스(Tony Davies)는 그 점을 분명하게 표현한다. "모든 휴머니즘은 지금까지 제국주의적이었다. 그것은 어떤 계급, 어떤 성, 어떤 유전체에 이로운 특정한 강세로 말한다. 휴머니즘의 포옹은 그것을 받아들인 사람들도 숨 막히게 한다. [⋯⋯] 인류의 이름으로 행해지지 않은 범죄를 거의 떠올릴 수 없다"

(Davies, 1997: 141). 정말 그렇다. 하지만 불행하게도 많은 잔혹함이 인류에 대한 증오의 이름으로 행해진 것도 사실이다. 서문의 첫 번째 삽화에 나오는 페카-에릭 우비넨이 이를 보여준다.

무엇이 인간/휴먼으로 간주되는가에 대한 휴머니즘의 제한된 개념은 우리가 어떻게 포스트휴먼적 선회를 하게 되었는가를 이해하는 열쇠 중 하나다. 그 여정은 단순하지도 예상 가능하지도 않다. 예를 들어 에드워드 사이드(Edward Said)는 포스트식민 관점을 도입하여 그림을 복잡하게 만든다. "민족주의를 보호하기도 하고 방어하기도 하는 휴머니즘은 (……) 때로 불가피하다 해도 이념적인 잔혹함과 승리 의식을 지닌 양가적 은총이다. 예를 들어, 식민지 상황에서 억눌렸던 언어와 문화를 부활시키고 문화적 전통과 영광스러운 선조들을 통해 민족을 주장하려는 시도는 (……) 설명 가능하고 이해할 만하다"(Said, 2004: 37). 이러한 유보적 발언은 발화자가 실제로 어떤 위치에서 말하는가가 중요하다는 점을 지시한다는 점에서 매우 중요하다. 중심들과 주변들의 위치의 차이는 특히 휴머니즘처럼 복잡하고 다면적인 유산과 관련해서는 대단히 중요하다. 한편으로는 인종을 멸절시키는 범죄에 공모하고, 다른 한편으로는 자유에 대한 거대한 희망과 열망을 지지하는 휴머니즘은 선형적 비판이 불가능하다. 부분적으로는 이러한 변화무쌍한 특징이 휴머니즘의 생명을 길게 한다.

---

1   (옮긴이) 'accountability'는 자기 자신에게 귀속하지 않은 일에 대해서도 설명을 해야 하는 윤리적 책임을 의미하는 말로서, 브라이도티는 이 책 전체에 걸쳐 유럽의 지식 주체들이 자신들의 과거 역사와 그 역사가 현재에 드리운 어두운 그림자를 설명해야 할 윤리적 책임이 있다고 강조한다. 'accountability'는 '석명책임' 혹은 '책임'으로 번역되곤 한다. 여기서는 '설명책임' 혹은 '책임'으로 번역한다.

1. 반(反)휴머니즘

논쟁의 초반인 이 단계에서 내가 가진 카드를 탁자 위에 펼쳐 보이자면, 나는 휴머니즘이나 그것이 암암리에 옹호하는 인간/휴먼 개념을 그다지 좋아하지 않는다. 반휴머니즘은 내 가족의 배경과 나의 지적, 개인적 계보의 많은 부분을 차지하고 있다. 그래서 나에게 휴머니즘의 위기는 진부하기까지 한 이야기다. 그 이유를 설명해보겠다.

내가 유럽중심적이고 제국주의적인 경향을 지닌 휴머니즘의 역사적 쇠락이라는 개념을 반기는 이유는 주로 정치적이고 철학적인 이유에 근거한다. 물론, 역사적 맥락도 관련이 많다. 나는 제2차 세계대전 이후 격랑기에 지적으로 정치적으로 성인이 되었고, 이때는 휴머니즘적 이상이 근본에서부터 문제가 된 시기다. 1960년대와 1970년대 내내 페미니즘, 탈식민주의와 반인종주의, 반핵운동과 평화운동 같은 새로운 사회운동과 그 시대를 주도하는 청년 문화들이 반휴머니즘이라는 새로운 실천운동 브랜드를 발전시켰다. 연대기적으로는 베이비부머로 알려진 세대의 사회적이고 문화적인 정치와 연결되어 있는 이 사회운동들은 급진적인 정치적, 사회적 이론과 새로운 인식론을 생산해냈다. 그것들은 이른바 모든 사람에게 서양의 민주주의와 자유주의적 개인주의 그리고 자유를 보증한다고 강조한 냉전 수사학의 진부함에 도전했다.

베이비부머들과 나 자신의 연계성을 인정하는 것은 매우 충격적인 이론적 중년의 위기다. 지금의 시점에서 베이비부머 세대의 공적 이미지는 꼭 유익한 것만은 아니다. 그럼에도 불구하고 이들은 20세기의 많은 실패한 정치적 실험을 상속받은 트라우마를 가지고 있는 세대다. 한편으로는 파시즘과 홀로코스트(*유대인 대학살)가, 다른 한편으로는 공산주의와 굴라크(*소련 강제수용소)가 참상을 비교하는 저울 위에서 흥건한 피로 균형을 맞춘다. 이러한 역사적 현상과 1960년대와 1970년대의 휴머니즘 거부 사이에는 분명한 세대적 연결고리가 있다. 이를 설명해보겠다.

이념적 내용의 차원에서 이 두 역사적 현상인 파시즘과 공산주의는 유럽 휴머니즘의 기본 신조들을 공개적으로 혹은 암암리에 거부했고, 그것들을 폭력적으로 배반했다. 하지만 운동으로서 파시즘과 공산주의는 각각 구조와 목적이 아주 달랐다. 파시즘이 계몽주의에 기반을 둔 이성의 자율성과 도덕적 선에 대한 존중을 뿌리에서부터 철저히 버리라고 가르쳤다면, 사회주의는 휴머니즘적 연대라는 공동체적 개념을 추구했고, 사회주의 휴머니즘은 18세기 유토피아적 사회주의 운동들 이후로 유럽 좌파의 특징이었다. 물론 마르크스주의적 레닌주의는 이러한 사회주의 휴머니즘의 '현실성 없는' 측면, 특히 인간이 (소외에 대립되는) 진정성을 위해 잠재력을 발휘할 수 있다는 주장을 거부했다. 대신 소련의 '혁명적 휴머니즘'이라고도 알려진 '프롤레타리아 휴머니즘'과 공산주의를 통해 공산주의의 통제를 받으며 보편적이고 합리적인 인간의 '자유'를 가차없이 추구할 것을 대안으로 제시했다.

전후 시기에 공산주의적 휴머니즘이 상대적으로 인기를 끈 이유는 두 가지다. 하나는 파시즘이 유럽 사회와 지성사에 끼친 처참한 영향이다. 파시즘과 나치즘의 시기에 유럽 대륙의 비판이론은 역사상 중대한 붕괴 위기를 맞았다. 20세기 전반 철학의 중심이었던 학파들, 즉 마르크스주의, 정신분석, 프랑크푸르트학파와 니체적 계보학의 교란적 자장(비록 니체는 아주 복잡하다는 것을 인정하지만)이 파괴되었고 금지되었다. 더욱이 제2차 세계대전이 끝난 후 시작된 냉전과 두 지정학적 블록의 대립은 1989년(*1989년 11월 베를린 장벽 붕괴, 1991년 소련 해체)까지 유럽을 둘로 분열시켰고, 그렇게 폭력적이고 자기파괴적으로 던져버린 그 급진적 이론을 대륙에서 부활시키는 작업은 촉진되지 않았다. 예를 들면, 미셸 푸코(Michael Foucault)가 비판적인 포스트모더니티의 철학적 시기를 이끈 선구자로 제시한 저자들이 대부분 (마르크스, 프로이트, 다윈) 1930년대 나치에 의해 비난의 대상이 되고 화형에 처해졌다는 사실은 의미심장하다.

　마르크스주의적 휴머니즘이 인기를 모은 두 번째 이유는 공산주의가 구소련의 보호 아래 파시즘을 패배시키는 데 중요한 역할을 함으로써, 모든 면에서 제2차 세계대전에서 승자로 남았다는 사실이다. 1968년에 정치적으로 성년이 된 세대는 사회주의자와 공산주의자들이 파시즘에 반대했고 소련이 나치즘에 대항해 싸웠기 때문에 공산주의의 실천과 이데올로기에 대한 긍정적 견해를 이어받았다. 이러한 견해는 미국 문화에 전염병처럼 퍼졌던 반공산주의와 충돌하였고, 오늘날까지도 유럽과 미국 사이에 커다란 지적 긴장의 지점으로 남아 있다. 세 번째 천년이 동트는 이 시점에서는, 유럽 전역에서 공산당들이 파시즘에 반대하는 저항운동의 가장 큰 단일 상징이었음을 잊곤 한다. 공산당들은 전 세계, 특히 아프리카와 아시아의 민족해방운동에서도 중요한 역할을 했다. 앙드레 말로(André Malraux)의 독창적 텍스트인 『인간의 조건(La condition humanine)』(1934)은, 다른 시기 다른 지정학적 맥락에서 넬슨 만델라(Nelson Mandela, 1994)의 삶과 글이 보여주듯이, 공산주의의 도덕적 수준과 비극적 차원 양쪽 모두에 대한 증언을 담고 있다.

　에드워드 사이드는 미국에서의 자신의 입장에 서서 말함으로써 또 다른 중요한 통찰을 더한다.

> 반휴머니즘이 미국의 지적 현장을 장악한 것은 부분적으로는 베트남전쟁에 대해 널리 퍼진 혐오감 때문이다. 그 혐오감의 일부로 인종주의, 제국주의 일반과 먼지처럼 건조한 학계의 인문학에 대한 저항운동이 출현했다. 오랫동안 학계의 인문학은 자신이 현재의 정치와 무관하고 비세속적이며 현재를 망각하고 있는 듯한 (때로는 작위적이기까지 한) 태도를 보였고, 그동안 줄곧 과거의 미덕을 요지부동으로 칭찬하고 있었다. (2004: 13)

1960년대와 1970년대에 미국의 '신' 좌파는 근본적 반휴머니즘이라는 전투적 브랜드를 구현하고 있었다. 이 반휴머니즘은 자유주의적 주류에 대해서뿐만 아니라 전통적 좌파의 마르크스주의적 휴머니즘에 대해서도 대항적인 것으로 상정되어 있었다.

지금은 사회적으로 비인도적이고 폭력적인 이데올로기로 코드화되어 있는 마르크스주의가 사실 하나의 '휴머니즘'일 수 있다는 생각이 젊은 세대와 대륙 철학에 익숙하지 않은 모든 사람에게 충격일 수 있다는 사실을 잘 알고 있다. 그러한 주장이 어떻게 형성되었는지 알려면, 사르트르와 보부아르 같은 역량 있는 철학자들이 세속적인 비판적 분석 도구로서 휴머니즘을 강조했다는 사실을 상기하는 것으로 충분하다. 실존주의는 도덕적 책임감과 정치적 자유 양자 모두의 원천으로 휴머니즘적 양심을 강조했다.

프랑스는 반휴머니즘적 비판이론의 계보학에서 아주 특별한 자리를 차지한다. 프랑스 지식인들이 누리는 특권은 프랑스의 아주 우수한 교육 구조 덕분이기도 하지만, 역사적 맥락도 큰 역할을 했음을 고려해야 한다. 그중 가장 중요한 것은 제2차 세계대전이 끝났을 때 프랑스가 차지한 높은 도덕적 지위다. 이는 샤를 드골이 나치에 반대하여 저항한 덕분이다. 그에 따라 프랑스 지식인들은 아주 높은 지위를 누렸으며, 전후 독일의 불모 상태와 비교해보면 더욱 그러하다. 사르트르와 보부아르는 이런 맥락에서 국제적 명성을 얻었고, 아론(Aron), 모리아크(Mauriac), 카뮈(Camus)와 말로(Malraux)도 마찬가지다. 토니 젓(Tony Judt)은 아주 명쾌하게 그 상황을 요약한다(2005: 210).

> 1940년 프랑스의 충격적인 패배로 프랑스는 독일 점령 4년 동안 수치스럽게 복종해야 했고, 마셜 페탱(Marshall Petain)의 비시(Vichy) 정권은 도덕적으로 모호했고(혹은 그보다 더 나빴고), 전후 시절 국제 외교에서는 창피하게도 미

국과 영국에 종속되었지만, 프랑스 문화는 다시 한 번 국제적 관심의 중심이 되었다. 프랑스 지식인들은 시대의 대변자로 특별한 국제적 중요성을 획득했고, 프랑스의 정치적 주장들은 세계 전반의 이념적 분열을 집약적으로 보여주었다. 한 번 더―그리고 마지막으로―파리는 유럽의 수도가 되었다.

전후 시절 파리는 줄곧 온갖 종류의 비판적 사상가들을 끌어당기고 발생시키는 자석처럼 기능했다. 예를 들어 알렉산드르 솔제니친(Aleksandr Solzhenitsyn)의『수용소 군도(The Gulag Archipelago)』는 소련에서 지하출판물 형태로 밀수출된 후 1970년대 프랑스에서 최초로 출판되었다. 세계 최초의 이슬람 정부를 세운 1979년의 이란혁명은 파리에 은거해 있던 아야톨라 호메이니(Ayatollah Khomeini)가 이끈 혁명이었다. 어떤 점에서 그 시절 프랑스는 모든 급진적인 정치 운동에 열려 있었다. 사실 그 시기에 수많은 비판적 학파들이 센(Seine) 강 좌안과 우안에서 번성했기 때문에 프랑스 철학은 이론 자체와 거의 동의어가 되었다. 이러한 상황의 장기적 결과에는 좋은 점과 나쁜 점이 섞여 있는데, 이에 대해서는 4장에서 살펴보겠다.

1960년대까지는 역사적인 지배와 배제 모델들의 영속에 철학적 이성이 책임이 있는가의 문제에서 철학적 이성은 비교적 상처 없이 빠져 나왔다. 마르크스주의적 소외와 이데올로기 이론의 영향을 받은 사르트르와 보부아르 둘 다 이성의 승리와 지배 권력의 힘을 연결시켰고, 그럼으로써 철학적 이성과 실생활의 부당한 사회적 실천 사이의 공모를 폭로하기는 했다. 하지만 그들은 여전히 이성의 보편주의 개념은 옹호했고, 이러한 모순을 해결하기 위해 변증법적 모델에 의지했다. 이러한 방법론적 접근은 헤게모니적 모델들이 '타자들'을 폭력적으로 전유하고 소비한다고 비판하면서도 철학을 정치적 분석을 위한 특권적인 도구, 문화적 헤게모니를 지닌 도구로 정의했다. 사르트르와 보부아르의 전체 그림 안에는 철학자-왕의 이미지가 비판적인 방식일지라도 본래적으로 내장되어 있었다. 이데올로기 비판가이며 억압받는 자들의 양심인 철학자는 거대한 이론적 체제와 모든 것을 포괄하는 진실을 지속적으로 추구하는 사유하는 인간이었다. 사르트르와 보부아르는 휴머니즘적 보편주의를 서구 문화의 두드러진 특징으로, 즉 서양 문화의 특유성을 나타내는 특정한 형태로 간주한다. 그들은 철학에게 철학의 역사적 책임과 철학이 개념적인 권력-중개업을 해온 사실을 직면하라고 촉구하기 위해 휴머니즘이 제공하는 개념적 도구들을 사용한다.

이 휴머니즘적 보편주의는 사회적 불평등이 인간에 의해 만들어진 것이며 그래서 역사적으로 가변적인 것임을 강조하는 사회구성주의와 짝을 이루어 견고한 정치적 존재론의 토대가 된다. 예를 들어, 보부아르의 해방적 페미니즘은 "'여성(Woman)'은 모든 여성적인 것의 척도"(그림 1.2를 보라)라는 휴머니즘적 원칙 위에서, 페미니스트 철학자는 여성을 해명하려면 모든 여성들(all women)의 상황을 고려해야 한다고 주장한다. 이것은 이론적 차원에서 자아와 타자들의 생산적인 종합을 창조한다. 정치적으로 비트루비우스적 여성은 하나와 다수 사이의 연대를 만들어냈고, 이 연대는 1960년대 제2의 페미니즘 물결 안에서 성장하여 정치적 자매애의 원칙이 된다. 이것은 여성들 사이에 공통 토대가 있음을 가정하고, '세계-내-여성-존재(being-women-in-the-world)'를 모든 비판적인 숙고와 그에 절합된 정치적 실천의 출발점으로 취한다.

휴머니즘적 페미니즘은 새로운 유물론을, 즉 체현되고 환경에 속한(embodied and embedded) 것으로서의 유물론을 도입했다(Braidotti, 1991). 이 이론적 혁신의 주춧돌은 "위치의 정치학(the politics of locations)"(Rich, 1987)을 실천하면서 발전된 상황 인식론(situated epistemology)(Haraway, 1988)이었고, 이 인식론은 1990년대 동안 페미니스트 입장 이론(standpoint feminist theory)과 이후 논의에 포스트모더니즘적 페미니즘을 융합시켰다(Harding, 1991). 휴머니즘적 페미니즘의 이론적 전제는 새롭고 더 정확한 권력 분석을 위한 전제를 발화하는 유물론적 체현 개념이다. 이러한 권력 분석은 남성중심적 보편주의를 근본적으로 비판하지만, 실천적이고 평등을 중시하는 휴머니즘에는 여전히 의존하고 있다.

페미니즘 이론과 실천은 1970년대에 일어난 대부분의 사회운동보다 더 빠르고 더 효과적으로 작동했다. 그것은 권력이 어떻게 작동하는가를 더 날카롭게 설명할 수 있는 창조적인 도구과 분석 방법을 발전시켰다. 또한 페미니스트들은 이른바 '혁명적' 좌익의 남성중심주의와 성차별 관습을 드러내놓고 공격했으며, 그들이 본질적으로 부도덕할 뿐만 아니라 자신들의 이데올로기와도 모순된다고 비난했다.

하지만 주류 좌익 내부에서 전후의 새로운 사상가 세대에게는 다른 목표들이 더 중요했다. 그들은 소비에트 제국뿐 아니라 서구 유럽에서 전후의 유럽 공산당이 누리는 높은 도덕적 지위에 저항했고, 그 결과 마르크스주의 텍스트와 핵심적 철학 개념에 대한 해석을 권위적으로 장악했다. 1960년대 말 프랑스와 유럽 전역에서 발전한 새로운 형태의 철학적 급진주의는 공산주의 사상과 실천의 도그마적 구조를 소리 높여 비판했다. 최소한 1956년 헝가리 봉기까지 사르트르와 보부아르 같은 철학자들과 공산주의적 좌익(Communist Left) 사이에 유지되었던 정치적 제휴 역시 비판을 받았다.[2] 공산주의의 도그마와 폭력에 대항해서 1968년 세대는 마르크스의 텍스트들이 가지고 있는 전복적 잠재력에 직접 호소했고, 그 텍스트들의 반제도적 뿌리를 회복하고자 했다. 그들의 급진주의는 마르크스주의적 도그마를 구현했던 제도들의 정치적 보수주의와 휴머니즘적 함의를 비판했다.

반휴머니즘은 나중에 세계적으로 유명한 '포스트구조주의적 세대'가

---

2   사르트르와 보부아르가 프랑스 공산당 당원은 아니었다 해도 그러하다.

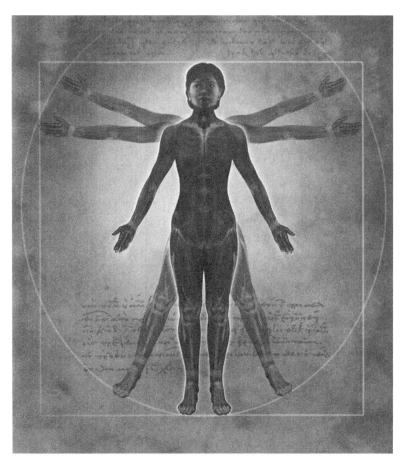

그림 1.2 "새로운 비트루비우스적 여성"
출처: 프리드리히 소러(Friedrich Saurer)/과학사진자료실(Science Photo Library)

될 이 급진적 사상가들 세대의 구호가 되었다. 사실 그들은 그때 그런 용어
는 없었지만 이미 포스트공산주의자들이었다. 그들은 인간의 주체성에 대
한 이해의 변화를 다루고자 변증법적 대립 사유 바깥으로 나와 제3의 방
법을 발전시켰다. 미셸 푸코가 『사물의 질서(*The Order of Things*)』(1970)에서 휴
머니즘에 대한 그의 혁신적 비판을 출판할 때쯤 '인간/휴먼'의 개념(혹 그런

것이 있다면)이 무엇인가의 문제가 당대의 급진적 담론들 안에서 순환되고 있었고, 정치적 집단들을 위한 반휴머니즘적 의제가 설정되어 있었다. 푸코가 선언한 '인간의 죽음'은 이분법적 대립을 넘어서고 정치적 스펙트럼의 서로 다른 축을 가로지르는 인식론적 도덕적 위기를 공식화한다. 그것의 공격 목표는 마르크스주의에 내포된 휴머니즘, 더 구체적으로는 '인간'을 세계 역사의 중심에 놓기를 고집하는 휴머니즘적 오만이다. 마르크스주의조차 역사적 유물론의 거대 이론 아래서 유럽적 사고의 주체를 단일하게 헤게모니적으로 정의했고, 그(이 젠더는 우연이 아니다)에게 인간 역사의 원동력이라는 고귀한 자리를 부과했다. 반휴머니즘의 주요 특징은 인간 행위자를 이 보편주의적 태도에서 분리해내고, 그가 수행하는 구체적인 행위를 놓고 그를 말하자면 질책한다. 일단 이전의 지배적 주체인 그가 자신이 위대하다는 과대망상에서 벗어나고, 더 이상 소위 역사적 진보에 대한 책임을 지지 않게 되면, 다른 더 날카로운 권력관계들이 부상한다.

1968년 이후 세대의 급진적 사상가들은 휴머니즘의 고전적 판본과 사회주의적 판본을 모두 거부했다. 완전성과 완전가능성 둘 다의 기준인 비트루비우스적 이상적 인간(그림 1.1이 보여주는)은 그 특권적 지위에서 문자 그대로 끌어내려져 해체되었다. 이 휴머니즘적 이상은 사실상 자유주의적 개인주의 주체관의 핵을 구성했으며, 완전가능성을 자율성과 자기결정성으로 정의했다. 포스트구조주의자들이 반대하는 것은 바로 이러한 특질들이다.

이제 이 '인간'은 자연법의 위치에 도달했던 보편주의적 이상을 발화하는 완벽한 비율의 표준이기는커녕, 우발적인 가치와 지역성을 지닌 역사적 구성물임이 드러났다. 자유주의 사상들은 개인주의가 '인간 본성'의 고유한 부분이라고 믿고 있지만, 개인주의는 역사적으로 그리고 문화적으로 특정하게 형성된 담론이며, 더 나아가 점점 문제가 되어가고 있다. 자크 데리다(Jacques Derrida, 2001a) 같은 포스트구조주의 사상가들이 소개한 사회구성주의의 해체주의적 유형도 휴머니즘적 교리를 근본적으로 개정하는데 기여했다. 한 철학적 세대 전체가 '인간 본성'에 대한 기존의 휴머니즘적 개념에서 벗어나자고 요청했던 것이다.

루스 이리가라이(Luce Irigaray, 1985a, 1985b) 같은 페미니스트들은 고전적 인간성을 상징하는 '인간'에 대한 이른바 추상적 이상은 상당 부분 인간 종의 남성, 즉 '그'라고 주장한다. 더욱이 '그'는 백인이고 유럽인이며 잘생기고 능력 있는 몸을 가지고 있다. 비록 '그'를 그린 화가 레오나르도 다 빈치의 섹슈얼리티에 대해서는 수많은 추측이 난무해도, '그'의 섹슈얼리티에 대해서는 추측할 것이 별로 없다. 이 이상적 모델이 인간 종의 일원들 대부분의 통계적 평균과 '그'가 표상한다고 되어 있는 문명과 어떤 공통점이 있는지 물어보는 것은 정말 좋은 질문이다. 추상적인 남성다움(Hartsock, 1987)과 의기양양한 백인성(hooks, 1981; Ware, 1992)을 이유로 가부장적 자세를 비판하는 페미니스트들은 이 휴머니즘적 보편주의가 인식론적 근거에서뿐만 아니라 윤리적이고 정치적인 근거에서도 반대할 만한 것이라고 주장한다.

반식민주의 사상가들은 미학적 아름다움의 표준인 비트루비우스적 이상(그림 1.2)이 담고 있는 백인성의 탁월함에 의문을 제기함으로써 유사한 비판적 입장을 취한다. 반인종주의적 포스트식민주의 사상가들은 백인성에 대한 그처럼 드높은 주장을 식민주의 역사에 재위치시키고, 휴머니즘의 유럽중심적 가정에서 나오는 명백한 모순에 비추어, 휴머니즘적 이상이 과연 적절한지 드러내놓고 질문하지만 동시에 휴머니즘의 이상을 완전히 옆으로 치워버리지는 않는다. 그들은 유럽인들에게 유럽의 식민의 역사와 유럽이 다른 문화들을 폭력적으로 지배했던 사실을 직시하고 휴머니즘의 이상을 이용하고 오용했음을 설명하라고 추궁하지만, 휴머니즘의 기본 전제들은 여전히 옹호한다. 예를 들어, 프란츠 파농(Frantz Fanon)은 유럽인들이 휴머니즘적 이상을 배반하고 오용했다고 주장함으로써 휴머니즘을 주장했던 유럽인들에게서 휴머니즘을 구해내고자 했다. 사르트르가 파농의『대지의 저주받은 자들(*The Wretched of the Earth*)』서문에서 말한 것처럼(1963: 7), "황인과 흑인의 목소리는 여전히 우리의 휴머니즘을 말하지만, 우리의 비인간성을 꾸짖기 위해서다." 포스트식민주의적 사유가 주장하는 바는, 만약 휴머니즘에 미래라는 것이 있다면 그것은 서양 세계 바깥에서 와야 하며, 유럽중심주의의 한계를 우회해야 한다는 것이다. 더 나아가 과학적 합리성의 보편성 주장은 인식론적 근거와 정치적 근거 양쪽에서 도전받았는데 (Spivak, 1999; Said, 2004), 지식에 대한 모든 주장이 서양 문화와 서양의 지배 충동의 표현이었기 때문이다.

프랑스 포스트구조주의 철학자들은 같은 포스트식민적 목적을 다른 방식과 다른 노선으로 추구했다.[3] 식민주의, 아우슈비츠, 히로시마와 굴라크 같은 현대의 역사적 참상 이후 우리 유럽인은 우리 자신을 세상의 도덕적 보호자요 인간 진화의 동력으로 간주하는 유럽의 과대망상에 대한 비판을 발전시켜야 한다는 것이 그들의 주장이다. '인간의 죽음'을 선포했던 1970년대 철학적 세대는 반파시스트, 포스트공산주의자, 포스트식민주의, 포스트휴머니스트의 다양한 조합이었다. 그들은 유럽의 정체성을 휴머니즘과 합리성과 보편성의 견지에서 규정하는 고전적 방식을 거부했다. 페미니즘 성차 철학[4]들은 지배적인 남성다움에 대한 광범위한 비판을 통해 유럽의 보편주의에 대한 권리 주장이 자민족중심적 본질을 지니고 있다고 강조했다. 그들은 다양성과 다수의 소속성을 유럽 주체성의 구조의 중심적 요소가 되게 재위치시켜, 유럽 주체성을 "내부 타자들"(Kristeva, 1991)에게까

---

3 철학에서 이 노선은 주체에 대한 초월론적 견해에 대한 들뢰즈의 거부(1994), 이리가라이의 남근중심주의 탈중심화(1985a, 1985b), 푸코의 휴머니즘 비판(1977), 데리다의 유럽중심성 해체(1992)에 의해 추구된다.

지 열어야 한다고 주장했다.

따라서 반휴머니즘은 포스트휴먼 사상의 중요한 원천이다. 물론 그
것이 유일한 원천도 아니고, 반휴머니즘과 포스트휴먼 사이의 연계가 논리
적으로 꼭 필요하거나 역사적으로 불가피한 것도 아니다. 하지만 나 자신
의 작업에서는 둘 사이에 연계가 있다고 판명되었다. 비록 이 이야기가 아
직 끝난 것도 아니고, 어떤 면에서는 다음 절에서 주장하듯 휴머니즘에 대
한 나의 관계가 여전히 해결되지 않은 채 남아 있음에도 그러하다.

2. '인간'의 죽음, '여성'의 해체

방금 그려낸 계보학적 여정이 보여주는 것처럼, 반휴머니즘은 포스트
휴먼으로 나아갈 수 있는 역사적·이론적 경로의 하나다. 나의 반휴머니즘
은 내가 사랑하는 68-이후 스승들 덕분이다. 그들 중 몇몇은 놀라운 철학
자들이었고, 나는 아직도 그들의 유산을 특히 푸코, 이리가라이와 들뢰즈
를 찬탄하며 존경한다. 휴머니즘의 인간/휴먼은 이상적인 것도 아니고 객관
적인 통계의 평균이나 중간치도 아니다. 그것은 오히려 그것으로 모든 타자
가 평가되고, 통제되고, 정해진 사회적 위치에 할당될 수 있는 인식가능
성—동일성(Sameness)—의 체계화된 기준을 발화한다. 인간/휴먼은 규범적

4　예를 들어 이리가라이(1993), 식수(1997)와 브라이도티(1991)를 참조.
　　(옮긴이)브라이도티는 『유목적 주체: 우리 시대 페미니즘 이론에서 체현과 성차의 문제
　　(*Nomadic Subject: Embodiment and Sexual Difference in Contemporary Feminist
　　Theory*)』(1994, 번역 2004)에서 철학에 대한 근본적인 비판은 성차화된 견지에서 이론
　　적 과정에 내재된 권력구조를 폭로함으로써 가능하다고 말한다. "보편성에 대한 모든
　　철학적 주장은 남성적인 것과 합리적인 것 사이의 공모성을 지적함으로써 해체된다. 이
　　것은 철학 담론이 보편적이기는커녕 가장 편파적인 일방성, 즉 남성적인 것을 선호하는
　　성적이고 개념적으로 편향에 시달림을 암시한다"(P. 335).

협약이다. 이런 점 때문에 그 자체로 부정적인 것은 아니지만 아주 통제적이어서 배제하고 차별하는 도구가 된다. 인간/휴먼 규범은 정상상태, 정상임, 그리고 규범성을 나타낸다. 그것은 특정한 인간됨의 양식을 일반화된 기준으로 전환시킴으로써 기능하며, 그로써 보편적 인간/휴먼(the human)으로서의 초월적 가치를 획득한다. 즉 남성에서 남성다움으로 그리고 인간성의 보편화된 형태인 인간으로 전환된다. 이 기준은 성차화된, 인종화된, 자연화된 타자들과 범주적으로 그리고 질적으로 다른 것으로 제시되며, 기술공학적 인공물과도 대립된다. 인간/휴먼은 역사적 구성물이며, '인간 본성'에 대한 사회적 협약이었다.

나의 반휴머니즘 때문에 나는 사회주의적 변이들까지 포함하여 단일하게 통일된 휴머니즘의 주체에 반대하고, 그것을 체현과 섹슈얼리티, 정서와 감정이입과 욕망을 핵심적 특질로 하는 더 복잡하고 관계적인 주체로 대체한다. 이 접근 방법에 똑같이 중요한 것은 내가 푸코에게서 배운 권력에 대한 통찰이다. 즉 권력이 제약하는 힘인 권능(potestas)이면서 동시에 생산하는 힘인 역량(potentia)이라는 통찰이다. 이러한 권력 개념은 권력 구성체가 물리적 차원에서 기능할 뿐 아니라 이론적이며 문화적인 표상 체제와 정치적이며 규범적인 서사와 사회적인 정체화 양식들로도 표현된다는 것을 의미한다. 이러한 표현들은 일관성도 없고 합리적이지도 않다. 그 표현들의 임시변통적 본질이 자체의 헤게모니적 힘에 중요한 역할을 한다. 사회적 구조와 관계를 구성하는 서사들이 불안정하고 일관성이 결여되어 있음을 인식하게 되면, 이는 정치적, 도덕적 행위를 중단하기보다 우리 시대의 다중심적이고 역동적인 권력 구조에 적절한 새로운 저항 형식을 발전시키는 출발점이 된다(Patton, 2000). 이러한 상황은 우리 시대의 사회 체제와 그에 거주하는 주체의 복잡하고 유목적인 본성을 반영하는 실용적인 미시 정치 형식을 출현시킨다. 만약 권력이 복잡하고 분산되어 있고 생산적이라면, 그에 대한 우리의 저항도 그래야 한다. 일단 이런 해체적 움직임이 활성화되면, '인간 (Man)'과 그의 제2의 성인 '여성(Woman)' 둘 다의 표준 개념은 자체의 내적 복잡성으로부터 도전받는다.

이러한 상황은 분명 이론의 임무와 방법에 영향을 준다. 미셸 푸코가 『감시와 처벌(*Discipline and Punish*)』(1977)에서 주장하듯, 담론은 어떤 의미 혹은 의미들 시스템에 부여된 정치적 통화(political currency)와 관련되며, 그것은 어떤 의미 시스템에 과학적 합법성을 부여하는 방식으로 이루어진다. 그에 대해서는 중립적인 것도 없고, 이미 주어져 있는 것도 없다. 과학적 진실, 담론적 통화와 권력관계 사이에 중요한 유물론적 연결고리가 수립된다. 이러한 담론분석 방법은 사회적으로 부호화되고 강요된 '차이들'과 그것들이 지탱하는 과학적 타당성, 윤리적 가치, 표상 체계들이 '자연적' 토대를 가지고 있다는 믿음을 제거하는 것이 주된 목적이다(Coward and Ellis, 1977).[5]

포스트모더니즘적 페미니즘이라고 알려져 있는 페미니즘적 반휴머니즘은 '인간'의 유럽중심적이고 규범적인 휴머니즘 이상에 연동되어 있는 단일한 정체성을 거부한다(Braidotti, 2002). 그것은 또한 더 나아가 여성, 토착인 및 다른 주변적 주체들에 대해 하나로 통일된 목소리로 말하는 것이 불가능하다고 주장한다. 대신 그들 사이의 다양성과 차이의 문제, 각 범주의 내적 균열을 강조한다. 이런 점에서 반휴머니즘은 성차화된 타자(여성), 인종화된 타자(토착인), 자연화된 타자(동물, 환경 즉 지구)를 표시해 구별하는, 차이 즉 타자성이 구성적 역할을 하는, 변증법적 사유 도식을 거부한다. 이러한 타자들은 '그'라는 우월한 지위에 있는 동일자(the Same)를 확언해주는

---

5   이 접근 방식은 교차 분석이 받아들인 방법이기도하다. 교차 분석은 젠더, 인종, 계급, 성적 요인들 사이의 차이를 없애지 않고 그것들의 복잡한 상호작용의 문제를 정치적으로 중요하게 제기하는 방법론적 평행주의를 주장한다(Crenshaw, 1995).

거울 기능을 한다는 점에서 구성적이었다(Braidotti, 2006). 이러한 차이의 정치경제는 인간의 범주들 전체를 가치 절하하여 쓰다 버릴 수 있는 타자로 간주해버리는 결과를 가져왔다. 즉 '무엇과 다르다'는 것이 '무엇보다 못하다'는 의미가 되었다. 주체에 대한 지배적 규범은 위계질서의 맨 꼭대기에 영도의 차이(zero degree of difference)라는 이상으로 보상받는 그곳에 놓여 있었다.[6] 이것이 예전의 고전적 휴머니즘의 '인간(Man)'이다.

주변화되거나 배제된 사람들을 성차화, 인종화, 자연화하는 부정적인 변증법 과정은 또 다른 중요한 함의를 가지고 있는데, 그 과정이 절반의 진실 즉 이러한 타자들에 대한 편파적인 지식을 적극적으로 생산한다는 사실이다. 변증법적이고 경멸적인 타자성은 타자가 됨으로써 인간성의 주된 범주적 구분의 외부라고 가정된 사람들에 대해 구조적 무지를 유발한다. 폴 길로이(Paul Gilroy, 2010)는 이러한 현상을 '아그나톨로지(agnatology)' 즉 구조적이고 강제된 무지라고 말한다. 이것이 이른바 휴머니즘적 지식의 보편주의적 적용이 낳은 역설적 효과다. 다른 문화와 문명에 대한 이 '호전적 거부'를 에드워드 사이드는 "휴머니즘도 아니고 계몽된 비판은 더더욱 아닌, 과도한 자아 찬양"(2004: 27)에 불과하다고 비판한다. 비서구적 타자들을 하부 인간의 지위로 환원시키는 행동이 바로 이 타자들을 인식론적으로 사회적으로 비인간화시킬 지배 주체의 무지와 거짓과 허위의식을 구성한다.

페미니즘과 포스트식민주의 이론들이 휴머니즘의 오만함에 대해 가하는 이러한 근본적인 비판은 부정적인 것만은 아니다. '인간/휴먼'(the

---

6 들뢰즈는 그것을 '다수 주체(the Majority subject)' 혹은 존재의 몰적 중심(Molar centre of being)이라고 부른다(Deleuze and Guattari, 1987). 이리가라이는 그것을 '동일자(the Same)' 혹은 과도하게 부풀려지고 거짓되게 보편적인 '그(He)'라고 부른다(Irigaray, 1985b, 1993). 힐 콜린스(Hill Collins)는 이 특정한 휴머니즘적 지식의 주체가 지닌 백인적이고 유럽중심적인 편견을 밝히라고 요구한다(1991).

'human')을 더 포괄적이고 더 다양한 각도에서 바라보는 새로운 대안을 제안하기 때문이다. 또한 그 비판은 모든 사물의 척도이며 '인간/휴먼' 기준의 담지자인 '인간(Man)'의 휴머니즘적 전망이 암암리에 전달하는 사유의 이미지에 대해 중요하고 혁신적인 통찰을 제공한다. 이렇게 휴머니즘의 오만함에 대한 비판은 우리가 남성중심주의, 인종주의, 백인 우월성, 과학적 이성의 도그마와 그 외의 사회적 지지를 받는 지배적 가치 체제들을 다루는 도구와 용어를 발전시킴으로써 권력에 대한 분석을 진작시킨다.

나는 사실상 신의 죽음(니체), '인간'의 종말(푸코)과 이데올로기들의 쇠락(후쿠야마)에 관한 이론들과 더불어 성장했기 때문에, 휴머니즘을 건드린다는 것이 곧 나 자신을 건드리는 위험을 감수하는 것임을 깨닫는 데 시간이 걸렸다. 반휴머니즘적 입지가 모순에서 자유롭지 않은 것은 분명하다. 닐 배드밍턴(Neil Badmington)이 현명하게 상기시키듯, "'인간의 종말에 대한 종말론적 설명은 〔……〕 휴머니즘의 재생 능력과 정말로 문자 그대로 반복해서 발생할 수 있는 능력을 간과한다"(2003: 11). 비트루비우스적 인간은 자신의 잿더미에서 거듭 재생하여 보편적 기준을 계속 주장하며 치명적 매력을 행사한다.

큰 소리로 반휴머니즘 입장을 선언하는 것과 조금이라도 일관되게 그에 따라 행동하는 것은 전혀 별개라는 생각이 떠오른 것은 AIDS 피해자를 위한 디아만다 갈라스(Diamanda Galas)의 〈역병 미사(Plague Mass)〉(1991)를 듣고 있을 때였다. 반휴머니즘은 너무나 모순들로 가득 찬 포지션이어서 그 모순들을 극복하려 하면 할수록 점점 더 미끄러진다. 반휴머니스트들이 결국에는 휴머니즘적 이상들을 옹호하게 되는 일이—나는 자유를 선호한다—종종 있을 뿐만 아니라, 어떤 면에서는 비판적인 사유 작업 자체를 본질적으로 휴머니즘적인 담론적 가치로 지탱하기도 한다(Soper, 1986). 휴머니즘도 반휴머니즘도 임무를 다하기에 적절치 않다.

반휴머니즘적 입장이 발생시키는 본질적 모순을 보여주는 가장 좋은 사례는 내가 휴머니즘적 전통과 그것의 가장 견고한 유산에서 가장 귀중한 측면 중 하나라고 간주하는 해방과 진보 정치 일반이다. 휴머니즘은 정치적 스펙트럼을 가로지르며 자유주의 편에서 개인주의, 자율성, 책임감과 자기결정권을 지지해왔다(Todorov, 2002). 더 급진적 전선에서는 연대, 공동체 유대맺기, 사회 정의와 평등의 원칙들을 촉진해왔다. 깊은 세속적 지향성을 가진 휴머니즘은 과학과 문화를 존중했고, 성스러운 텍스트들의 권위와 종교적 도그마에 맞섰다. 또한 휴머니즘은 모험적인 요소와 호기심에서 나오는 발견에 대한 갈망을 담고 있으며, 지극히 실용주의적인 프로젝트 중심의 접근 방식을 가지고 있다. 이런 원칙들은 우리의 사유 습관 안에 너무나 깊고 견고하게 구축되어 있어서 모두 버리고 가기가 어렵다.

아니 우리가 왜 그래야만 하는가? 반휴머니즘은 '인간'의 휴머니즘적 이미지가 옹호하는 인간/휴먼 주체에 대한 암암리의 가정들을 비판하지만, 그렇다고 해서 그 가정들을 완전히 거부하는 것은 아니다.

나로서는 지적으로도 윤리적으로도 휴머니즘의 긍정적인 요소들을 그것들의 문제적 대립 쌍에서 도저히 분리해낼 수가 없다. 개인주의는 이기주의와 자기중심성을 낳고, 자기결정성은 오만과 지배로 변할 수 있으며, 과학은 자체의 도그마적 경향에서 자유롭지 못하다. 지적인 전통으로서의 휴머니즘, 규범적 틀과 제도화된 실천으로서의 휴머니즘을 극복하려는 시도에 내재된 어려움이 포스트휴먼에 대한 해체적 접근의 핵심에 놓여 있다. 데리다(Derrida, 2001a)는 의미의 할당(assignation of meaning)에 내포되어 있는 폭력을 지적함으로써 이 논의를 연다. 그의 추종자들은 이 논의를 더 밀고 나가 다음과 같이 주장한다. "휴머니즘을 완전히 버릴 수 있다는 주장은 반어적으로 의지와 행위성에 관한 휴머니즘의 기본적 가정에 동의하는 셈이다. 마치 휴머니즘의 '종말'을 인간이 통제할 수 있는 것처럼, 마치 우리가 현재나 상상된 미래에서 휴머니즘의 흔적을 지울 능력이 있는 것처럼 말이다"(Peterson, 2011; 128). 따라서 휴머니즘의 제도들에서 비(非)휴머니즘적 입장을 분리해내는 인식론적 폭력은 그 흔적을 지우기가 어렵다는 것이 강조된다. 인식론적 폭력을 인정하는 것과 실생활의 폭력을 인정하는 것은 긴밀하게 연결되어 있다. 인간-아닌 동물들과 비인간화된 사회적·정치적 '타자들', 휴머니즘 규범의 타자들에 대한 실생활에서의 폭력은 과거에도 그리고 지금도 여전히 행해지고 있다. 이러한 해체의 전통에서 케리 울프(Cary Wolfe, 2010b)는 특히 흥미롭다. 왜냐하면 그는 인식론적이고 세계역사적인 폭력에 대한 민감성과 인간을 향상시키는 포스트휴먼 조건의 잠재력에 대한 트랜스휴머니즘적 믿음을 결합시켜 새로운 포지션을 찾아내려 하기 때문이다(Bostrom, 2005).

나는 해체를 존중한다. 하지만 해체의 언어학적 참조틀이 갖는 한계는 다소 못마땅하다. 나는 우리의 역사성의 핵심적 특징인 포스트휴먼의 복잡성을 다루기 위해 더 유물론적인 노선을 택하고자 한다. 그 길도 역시 다음 절에서 살펴볼 것처럼 위험으로 가득하다.

3.   탈세속적 선회

진보적 정치 신조로서의 〔근대〕 휴머니즘은 서로 맞물린 두 개의 다른 개념, 즉 평등을 위한 인간의 해방과 합리적 통치를 통한 세속주의에 연결되어 있다. 그리스 로마 고전시대의 아테네 여신이 전투복을 완벽하게 차려입고 무장한 상태로 제우스의 머리에서 나왔듯이, 이 두 전제는 휴머니즘 개념에서 출현한다. 존 그레이(John Gray, 2002: xiii)가 주장하듯, "휴머니즘은 기독교 구원 교리를 보편적인 인간 해방의 기획으로 변모시킨 것이다. 진보 개념은 기독교의 섭리에 대한 믿음의 세속적 판본이다. 고대 이교도들에게 진보 개념이 없는 이유가 바로 이 때문이다." 그러므로 휴머니즘이 쇠퇴하자 그 부작용으로 탈세속적 조건이 성장하는 것은 당연하다(Braidotti, 2008; Habermas, 2008).

'인간'의 죽음이 조금은 성급한 진술로 증명되었다면, 신의 죽음은 분명한 망상으로 판명되었다. 자기 확신에 찬 세속성의 구조물에 첫 균열이 나타난 것은 1970년대 말이다. 혁명의 열정이 식고 사회운동들이 분산되고 순응하거나 변질되기 시작하자, 이전에 전투적 무신론자였던 사람들이 전통적인 유일신 종교나 동양에서 수입된 종교로의 개종 물결에 합류했다. 이런 변화는 세속성의 미래에 심각한 문제를 제기했다. 집단과 개인의 마음에 다음과 같은 의혹이 스며들었다. '우리'—페미니스트, 반인종주의자, 포스트식민주의자, 환경론자 등—는 정말로 얼마나 세속적인가?

지식인 실천운동가들은 이러한 의심을 더 날카롭게 제기했다. 보편주의, 단일한 주체, 합리성의 우선적 중요성과 더불어 세속성은 휴머니즘의 핵심 교리다. 하지만 과학도, 그 세속적 기반에도 불구하고, 자신의 도그마티즘적 형식들에서 면제되어 있지 않다. 프로이트는 과학적 이성을 지지하는 사람들의 광신적 무신론에 대해 경고한 최초의 비판 사상가 가운데 한 명이다. 『환상의 미래(The Future of an Illusion)』(1928)에서 프로이트는 완고한 도그마티즘의 여러 형식을 비교하면서, 종교와 더불어 합리주의적 과학주의를 미신적 믿음의 원천으로 분류한다. 오늘날 이런 입장을 가장 잘 보여주는 것은 리처드 도킨스(Richard Dawkins)가 자신의 무신론적 믿음을 옹호할 때 보여준 극단주의다(Dawkins, 1976). 더 나아가 열렬한 지지를 받았던 과학의 객관성도 결함을 드러내고 있다. 파시즘 치하에서 그리고 식민주의 시대에 과학 실험들이 어떻게 사용되고 오용되었는가는 과학이 민족주의적, 인종주의적, 헤게모니적 담론과 실천에 면역력이 없음을 증명한다. 과학적 순수성, 객관성, 자율성에 대한 어떤 주장도 단호히 거부되어야 한다. 이런 상황에서 휴머니즘과 그에 대한 반휴머니즘 비판가들의 자리는 어디인가?

세속성은 서양 휴머니즘을 떠받치는 기둥 중 하나다. 종교와 교회에 대한 본능적인 반감의 형식들은 역사적으로 해방 정치의 중요한 측면이었고, 18세기 이래 유럽 좌파와 여성운동의 중요한 핵심이었던 사회주의 휴머니즘 전통은 좁은 의미에서 세속적이라고 할 수 있다. 무신론은 아니지만 불가지론적이고, 종교적 도그마와 성직의 권위에 대한 계몽주의적 비판의 후손이기 때문이다. 다른 해방 철학과 정치 실천처럼, 유럽에서 여성들의 권리를 위한 페미니즘 투쟁은 역사적으로 세속적인 토대 위에 세워져왔다. 실존주의 페미니즘(de Beauvior, 1973)과 제2의 페미니즘 물결의 마르크스주의 혹은 사회주의 페미니즘들[7]의 지속적인 영향력도 이런 입장이 지속되어왔음을 말해준다. 세속적이고 반항하는 계몽의 딸들인 유럽 페미니스트들은 합리적인 논쟁과 객관적인 아이러니 안에서 성장했다. 따라서 페미니즘의 신념 체계는 유일신이 아니라 시민과 관련되어 있고, 권위주의와 통설에 노골적으로 반대한다. 페미니즘 정치는 합리적 주장과 정치적 열정을 결합하고, 대안적인 사회의 청사진과 가치 체계를 창조하는 양날을 지닌 전망이다(Kelly, 1979).

20세기 페미니즘은 자신의 세속적 뿌리를 매우 자랑스러워했을지 모르지만, 역사적으로는 주류 정치의 세속적이고 정교분리적인 노선 옆에서 종종 그에 대립하면서 다양한 대안적 영적 실천들을 생산해냈다. 제2의 미국 페미니즘 물결을 가져온 급진적 전통의 주요 저자들, 특히 오드르 로드(Audre Lorde, 1984), 앨리스 워커(Alice Walker, 1984), 에이드리언 리치(Adrienne

---

7   파이어스톤(Firestone, 1970), 로우보텀(Rowbotham, 1973), 미첼(Mitchell, 1974), 배럿(Barrett, 1980), 데이비스(Davis, 1981), 카워드(Coward, 1983)와 델피(Delphy, 1984)가 이 전통의 중심인물들이다.

Rich, 1987) 등은 평등과 상징적 재인을 획득하려는 여성들의 투쟁에서 영적 차원이 중요하다고 인정했다. 몇 가지만 거론하면, 메리 데일리(Mary Daly, 1973), 슈슬러 피오렌차(Schussler Fiorenza, 1983), 루스 이리가라이(Luce Irigaray, 1993)의 작업은 남성-중심이-아닌 영적 종교적 실천이라는 특정한 페미니즘 전통을 부각시킨다. 기독교(Keller, 1998; Wadud, 1999), 무슬림(Tayyab, 1998), 유대교(Adler, 1998) 전통에서의 페미니즘 신학은 비판적 저항과 창조적 대안을 동시에 수행하는 잘 수립된 공동체들을 만들어냈다. 새로운 제의와 의식에 대한 요청이 마녀들의 운동을 부흥시키고 있는데, 현재 가장 좋은 사례는 스타호크(Starhawk, 1999)이며, 특히 인식론자 이자벨 스텐저스(Isabelle Stengers, 1997)의 재주장이 있다. 신-이교적 요소들은 기술적으로 매개된 사이버-문화 안에서도 등장하며, 다양한 유형의 포스트휴먼 테크노-금욕주의를 생산하고 있다(Halberstam and Livingston, 1995; Braidotti, 2002).

흑인 이론과 포스트식민 이론은 결코 세속적인 목소리를 크게 낸 적이 없다. 매우 종교적인 미국의 맥락에서 아프리카계 미국 여성들의 문학은 벨 훅스(bell hooks, 1990)와 코넬 웨스트(Cornell West, 1994)가 보여주는 것처럼 기독교에 대한 언급으로 가득하다. 더 나아가 이 장의 후반에서 살펴보겠지만, 오늘날 포스트식민주의 이론가들과 비판적 인종 이론가들은 흔히 비서구적 원천과 전통에 기반을 둔 비유일신적인 상황적 네오휴머니즘을 발전시켰다.

우리 시대의 대중문화는 탈세속적 경향을 강화한다. 유대교 (개종) 이름이 에스더(Esther)로 알려진 마돈나(Madonna)는 무대 위에서 예수 그리스도와 함께/로서 대화와 연기를 하였고, 여성 수난의 전통을 되살렸다. 에블린 폭스 켈러(Evelyn Fox Keller, 1983)는 페미니즘 인식론에 대한 선구적 작업에서 동시대 미생물학자 바버라 매클린톡(Barbara McClintock)이 노벨상을 받은 발견에 불교가 중요했음을 인정했다. 최근 케냐에서 섹슈얼리티에 대한 인류학적 연구조사를 한 헨리에타 무어(Henrietta Moore, 2007)는 풀뿌리 종교 조직의 영향력을 고려해볼 때, 오늘날 이 연구영역에서는 백인이라는 사실보다 실패한 기독교인이라는 사실이 더 문제가 된다고 주장한다. 최근에 다나 해러웨이는 자신이 실패한 세속주의자라고 고백했고(Haraway, 2006), 엘렌 식수(Hélène Cixous, 2004)는 『젊은 유대 성인으로서 자크 데리다의 초상(Portrait of Jacques Derrida as a Young Jewish Saint)』이라는 책을 썼다. 자, 이제 다시 한 번 물어보자. 이 모든 것은 얼마나 세속적인가?

여성 해방을 성급하게 세속성과 세속주의와 확고하게 동일시하는 것은 문제적이다. 조안 스콧(Joan Scott, 2007)이 설득력 있게 주장하듯, 이러한 생각은 모순적인 역사적 증거로 손쉽게 도전받는다. 예를 들어 프랑스혁명을 살펴보자. 프랑스혁명은 유럽 세속주의가 시작되는 역사적 지점이다. 하지만 교회와 국가를 분리하려던 사람들에게 여성의 평등한 지위가 우선적 관심사였다는 증거는 없다. 세속주의의 핵심은 본질적으로 권력의 분리라는 정치적 교리였고, 이는 유럽에서 역사적으로 더 공고해졌으며 오늘날의 정치이론에서도 여전히 두드러진다(British Humanist Association, 2007). 하지만 이 세속주의 전통은 종교와 시민권을 이분화시켰고, 사적인 믿음 체계와 공적인 정치 영역이라는 새로운 분할 형태로 사회에서 재연되고 있다. 이 공적-사적 구별은 철저하게 젠더화되어 있다. 역사적으로 유럽의 여성들은 사적 영역과 신앙과 종교의 영역 양쪽에 배치되었고, '휴머니즘'은 '백인 남성의 짐(white Man's burden)'이었다. 여성들에게 종교적 신앙을 부과하는 이 전통은 그들에게 완전한 정치적 시민권을 부여하는 데 방해가 되었다. 유럽 여성들은 공직인 일보다 종교적 활동에 참여하도록 권고받았다. 이러한 상황은 사회적 주변화의 원천이었을 뿐만 아니라, 유일신 종교들이 뿌리 깊은 성차별주의로 사제직과 신성한 기능의 수행에서 여성을 배제해야 한다는 믿음을 공유했음을 고려한다면 의심스러운 특권의 원천이기도 했다. 세속성은 또한 신앙을 포함한 감정들, 즉 비이성(un-reason)과 합리적 판단 사이의 구별을 재강화했고, 이처럼 극단적으로 이분화된 체제 내에서 여성들은 종교를 포함한 열정과 감정과 비이성의 극에 배치되었다. 이러한 요인들이 결합하여 여성들을 사적 영역에 유지시켰다. 그러므로 세속주의는 사실상 여성들의 억압을 재강화했으며, 여성들을 합리적 시민권과 정치라는 공적 영역에서 배제시켰다. 조안 스콧은 유럽 정치사에서 이상화된 세속주의/정교분리가 여성과 남성의 정치적 평등을 고려하도록 보장하지 않았다는 사실이 중요한 물음을 제기한다고 말한다. 세속 국가 안에서 평등성이 논리적으로나 역사적으로나 다양성은 고사하고 차이에 대한 존중도 보장하지 않았다는 사실을 유럽 페미니스트들은 어떻게 생각해야 할까?

이렇게 정신이 번쩍 드는 중요한 문제가 제기될 수 있었던 것은 수십 년 간 혁신적인 페미니즘적, 포스트식민적, 환경적 통찰들을 생성해냈던 반휴머니즘적 비판이론의 여파다. 미완의 기획인 세속성과 그것이 휴머니즘과 해방 정치에 맺고 있는 관계가 하나의 서사로 충분히 설명될 수 없다는 것이 분명하다. 복잡성이 키워드다. 견고한 반휴머니즘에 토대를 둔 탈세속적 접근으로 이전에는 받아들일 수 없던 생각, 즉 합리적 행위성과 정치적 주체성이 실제로는 종교적 경건함을 통해 전달되고 지지될 수 있으며 상당한 영성도 포함하고 있다는 점이 분명해졌다. 신앙 체계와 제의들이 비판적 사유와 시민권의 실천과 양립 불가능하지는 않을 것이다. 아마도 시몬느 드 보부아르는 그러한 양립 불가능성을 시사하는 것만으로도 마음이 불편할 것이다.

페미니즘의 세속적 입지가 가진 한계들을 다른 각도에서 접근해보자. 나의 일원론적 되기/생성(becomings) 철학은 물질이 체현된 인간(human embodiment)이라는 특정한 물질까지 포함해서 지능이 있고 자기조직적이라는 개념에 의존한다. 물질이 문화나 기술적 매개와 변증법적으로 대립하는 것이 아니라 연속적이라는 의미다. 이러한 물질관은 해방에 대한 다른 기획, 즉 비변증법적 인간 해방 정치를 생산한다. 이러한 입장에서 또 하나의 중요한 부산물은 정치적 행위성이 부정적인 의미에서 비판적일 필요가 없으므로 그것의 주된 목표가 대항 주체성의 생산일 필요도 없다는 사실이다. 주체성은 오히려 자기생성, 즉 자기스타일 형성의 과정이며, 이 과정은 지배 규범 및 가치와의 복잡하고 연속적인 타협을 포함하고 그런 의미에서 다양한 설명책임의 형식들도 포함한다(Braidotti, 2006). 과정 중심의 이 정치적 존재론은 탈세속적 선회를 수용할 수 있으며, 이 입장은 또한 페미니즘 안에서 하딩(Harding, 2000)과 마흐무드(Mahmood, 2005) 같은 다양한 사상가들이 옹호한다. 정치적 주체성에 종교적 행위성을 연결시키고, 이 둘을 다시 대립적 의식에서, 부정성으로 정의되는 비판에서 분리하는 이중의 도전이 포스트휴머니즘 조건이 야기하는 주요 문제 중 하나다.

휴머니즘을 둘러싼 상황은 늘 우리가 기대하는 것보다 더 복잡하다. 공적 영역 안으로의 종교의 귀환과 '문명의 충돌'에 대한 전 지구적 공적 토론의 공격적 어조는, 이러한 맥락에서 발생한 지속적인 테러와의 전쟁 상태와 더불어, 많은 반휴머니스트들을 깜짝 놀라게 한다. 종교의 '귀환(return)'이라는 말은 적절치 않다. 퇴보하는 움직임을 시사하기 때문이다. 현재 우리가 경험하고 있는 것은 더 복잡하게 얽힌 상황이다. 세속성의 자명한 원칙들에 대한 본질주의적 믿음으로 정의되는 세속주의의 위기는 근대 이전이 아니라 최근의 지구화된 포스트모더니티 사회와 정치 지평에서 발생하는 현상이다. 세속주의의 위기는 지금 여기의 현상이며, 모든 종교를 가로지르며 퍼져나가고 있다. 무슬림 2세대와 3세대 이민자들 사이에서, 거듭난 근본주의 기독교인, 힌두인, 유대인들 사이에서 퍼져나가고 있다.

이렇게 역설적이고 폭력적인 지구적 맥락에서 서구의 '예외주의'는 계몽적 휴머니즘 유산을 과장되게 자화자찬하고 있다. 예외적인 문화적 위상을 주장하며 여성들과 게이와 레즈비언들의 해방을 서구를 정의하는 특징으로 내세우면서, 동시에 다른 지역에 대한 폭넓은 지정학적 무장 개입을 시도한다. 휴머니즘이 다시 한 번 문명화 십자군에 소집되고 있는 것이다. 역사에서 그것의 해방적 역할이 과대평가되고, 대중에 영합하는 유럽 정치가의 손에서 외국인을 혐오하는 목적으로 이용되는 휴머니즘을 이러한 과도한 단순화와 폭력적 오용에서 구해내야 할 듯하다. 그래서 나는 오늘날 우리가 과연 단순히 반휴머니즘 입장을 유지할 수 있을지 궁금하다. 휴머니즘의 잔여 형태는 지적으로, 정치적으로, 방법론적으로 불가피한가? 만약 소위 서구의 우월성을 지지하는 새로운 호전적 담론들이 세속적 휴머니즘의 유산으로 표현되고, 그것에 대한 격렬한 반대가 정치화된 종교의 탈세속적 실천의 형식을 취한다면, 반휴머니즘의 입지는 어디에 놓일 수 있을까? 단순히 세속적인 입장을 취한다면 신식민주의적인 서양 지상주의 입지와 공모하는 것이 될 것이며, 계몽주의적 유산을 거부하면 모든 비판적 기획과 본질적으로 모순될 것이다. 숨 막히는 악순환이다.

휴머니즘과 반휴머니즘 사이의 끝이 없어 보이는 논쟁은 이런 중요한 모순들 때문에 막다른 골목에 도달한다. 이 입지는 비생산적이며, 또한 우리가 마주한 맥락을 올바르게 독해하지 못하도록 적극적으로 방해한다. 휴머니즘과 그것의 자기모순적 논박을 둘러싼 긴장들을 뒤에 남겨두고 앞으로 나아가는 것, 그것이 지금 가장 중요한 일이다. 이 치명적인 이분법들을 넘어가는 움직임으로서의 포스트휴머니즘, 그것이 점점 더 바람직하게 여겨지고 필요한 듯 보이는 대안이다. 이제 그 문제를 다루어보자.

4. 포스트휴먼 도전

포스트휴머니즘은 근대 휴머니즘과 반휴머니즘의 대립이 끝났음을 나타내고, 더 긍정적으로 새로운 대안을 지향하며 다른 담론틀을 추적하는 역사적 계기다. 나에게 그 출발점은 '여성/인간(Wo/Man)'의 반휴머니즘적 죽음이다. 이는 계몽주의의 몇몇 근본 전제들, 즉 '인간'의 완전성을 목적으로 이성 및 세속적인 과학 합리성을 자기규제적이고 목적론적으로 인가된 방식으로 사용해 인류를 진보시킨다는 전제가 쇠락했음을 나타낸다. 포스트휴머니즘 관점은 휴머니즘의 역사적 쇠락이라는 가정에 기대고 있지만 '인간'의 위기 수사에 빠지지 않고 더 나아가 대안을 찾고자 한다. 인간 주체를 개념화하는 대안 방식을 정교하게 발전시키고자 한다. 그래서 이 책 전반에 걸쳐 포스트휴먼 주체성 문제가 무엇보다 중요하다고 강조한다.

휴머니즘의 위기는 근대 휴머니즘적 주체의 구조적 타자들이 복수하듯 포스트모더니티에 재출현함을 의미한다(Braidotti, 2002). 포스트모더니티의 위대한 해방운동들을 추동하고 연료를 공급한 것이 이 되살아난 '타자들'이었음은 역사적 사실이다. 여성 권리 운동, 반인종주의와 탈식민화 운동, 반핵과 친환경 운동은 모더니티의 구조적 타자들이 낸 목소리다. 그 목소리들은 불가피하게 과거 휴머니즘의 '중심'인 지배적인 주체 포지션의 위기를 나타낸다. 그 목소리들은 반휴머니즘에 머무르지 않고 그것을 넘어서서 전혀 새로운 포스트휴먼 기획으로 나아간다. 이러한 사회적 정치적 운동들은 주체의 위기를 나타내는 징후이고 보수주의자들에게는 그 위기를 가져온 '원인'이기까지 하지만, 동시에 미래의 어려움에 미리 대응하는 적극적 대안의 표현이기도 하다. 나의 유목적 이론의 언어로 말하면(Braidotti, 2011a, 2011b), 이 운동들은 주류의 위기와 소수자들의 되기 패턴을 모두 표현한다. 비판이론이 당면한 도전은 이렇게 서로 다른 돌연변이 흐름들의 차이를 구별하는 일이다.

다시 말하자면, 내가 옹호하는 포스트휴머니즘 포지션은 반휴머니즘의 유산, 더 특정하게는 포스트구조주의 세대의 인식론적 정치적 토대 위에 세워지고, 그곳에서 더 앞으로 나아간다. 지난 30년 동안 대륙 철학의 급진적 인식론들에서 출현한 인간에 대한 대안적 관점들과 주체성의 새로운 구조들은 단지 휴머니즘의 반대에 그치는 것이 아니라 자아에 대한 다른 전망들을 창조한다. 성차별적이고 인종차별적이며 자연화된 차이는 근대 휴머니즘 주체의 범주 경계선을 지키는 문지기로 남아 있기보다는, 인간 주체의 대안 모델로 진화해갔다. 이 대안 모델들이 인간/휴먼의 자리 이탈을 얼마나 일으켰는가는 탈-인간중심적 선회를 분석하는 다음 장에서 더 분명하게 볼 수 있을 것이다. 지금은 반휴머니즘에서 긍정의 포스트휴먼 포지션(affirmative posthuman position) 쪽으로 나아가는 전환을 강조하면서 그 전환의 몇 가지 요소들을 비판적으로 살펴보겠다.

나는 우리 시대의 포스트휴먼 사유에 세 가지 중요한 갈래가 있다고 본다. 첫째는 도덕철학에서 출발하여 반동적인 포스트휴먼 형태를 발전시킨다. 둘째는 과학과 기술 연구에서 출발하여 분석적인 포스트휴먼 형태를 강화한다. 셋째는 나 자신이 속한 반휴머니즘적 주체성 철학 전통에서 나와 비판적인 포스트-휴머니즘을 제안한다. 각각을 차례로 살펴보자.

개념적이면서 정치적으로 포스트휴먼에 대한 반동적인 접근을 옹호하는 사람은 마사 누스바움(Martha Nussbaum, 1999, 2010) 같은 우리 시대 자유주의 사상가들이다. 그녀는 민주주의와 자유와 인간 존엄성에 대한 존중을 보장하는 근대 휴머니즘을 우리 시대에 철저하게 옹호하며, 유럽 휴머니즘의 역사적 쇠락 가능성은 물론이고 위기라는 개념 자체도 부인한다. 기술이 가져다주는 우리 시대의 지구적 경제의 도전들은 인정하지만, 그에 대한 반응으로 고전적 휴머니즘의 이상과 진보적 자유주의 정치학을 다시 주장한다. 지구화의 결과인 우리 시대의 파편화와 상대주의적 표류를 치유하기 위해 보편적인 휴머니즘적 가치들이 필요하다고 옹호한다. 현대 세계를 괴롭히는 민족주의와 자민족중심주의, 세계의 다른 지역을 알고자 하지 않는 미국의 태도에 대한 해독제로 제시된 것이 휴머니즘적 세계시민주의적 보편주의다.

누스바움의 반동적이고 부정적인 포스트-휴머니즘의 중심에 있는 것은 지구화 효과의 하나가 시장경제가 야기한 재맥락화라는 생각이다. 이 재맥락화가 상호 연계의 새로운 감각을 생산하고 이것이 다시 새로운 휴머니즘적 윤리학을 요청한다는 것이다. 누스바움에게는 추상적 보편주의가 타자에 대한 존중과 공감 같은 도덕적 가치에 견고한 기반을 제공하는 유일한 디딤대이며, 이는 미국의 자유주의적 개인주의 전통에 견고하게 연계된다. 나는 누스바움이 주체성의 중요성을 강조해서 매우 기쁘지만, 주체성을 개인주의, 고착된 정체성, 고정된 장소와 도덕적 유대에 대한 보편주의적 믿음과 다시 연계시킨다는 사실은 좀 불만스럽다.

다시 말하면, 누스바움은 지난 30년 동안의 급진적 반휴머니즘 철학들의 통찰을 거부한다. 특히 페미니즘과 포스트식민주의가 통찰한 위치의 정치학의 중요성과 지정학적 조건의 세심한 고려를 거부하고 보편주의를 받아들인다. 탈맥락화한 보편주의를 받아들임으로써, 무엇이 인간으로 간주되는가에 대한 누스바움의 전망은 역설적으로 편협해진다(Bhabha, 1996a). 새로운 자아 모델을 실험할 여지가 전혀 없다. 그녀에게 포스트휴먼 조건은 주체에 대한 휴머니즘적 전망을 회복함으로써 해결될 수 있다. 다음 절에서 보겠지만, 누스바움이 지구화된 세계의 윤리적 진공상태를 고전적 휴머니즘 규범들로 채우는 것과 달리, 비판적 포스트휴머니스트들은 실험적인 길을 택한다. 그들은 휴머니즘적 개인주의에 비판적 거리를 두는 특이한 주체들(singular subjects)에 의한 공동체와 소속성을 새롭게 주장한다.

두 번째로 중요한 포스트휴먼의 발전은 과학과 기술 연구에서 나온다. 현대의 이 학제적 영역은 인간의 지위에 대한 중요한 윤리적 개념적 문제들을 제기하지만, 이 문제들이 주체성 이론에 함의하는 바에 대해서는 충분한 연구를 꺼린다. 브루노 라투르의 반인식론과 반주체성 포지션의 영향이 이러한 주저를 부분적으로 설명한다. 그 결과 포스트휴먼 연구에서 서로 나란히 가지만 서로 소통하지 못하는 노선들이 나타난다. 새로운 지식의 분리가 인문학과 과학이라는 '두 문화'의 분리선을 따라 생겨난다. 이 문제는 4장에서 깊이 다루겠다.

지금은 우리 시대의 과학과 생명 기술이 생명체의 구조와 성질 자체에 영향을 주고 있으며 오늘날 인간에 대한 기본 참조틀이 무엇이어야 하는지에 대한 우리의 이해를 극적으로 변화시키고 있다는 사실에 대해 포스트휴먼적 동의가 있음을 강조하려 한다. 모든 생명 물질에 대한 기술적 개입은 인간과 다른 종들을 부정적인 방식으로 통일시키고 상호 의존하게 한다. 예를 들어, 휴먼 게놈 프로젝트(The Human Genome Project)는 우리의 유전자 구조를 철저히 장악함으로써 인간 종 모두를 통합한다. 하지만 이 합의점은 여러 갈래의 탐구 노선을 생성한다. 인문학은 우리가 인간 주체를 이해하고자 하는 데 있어서 포스트휴먼적 곤경이 어떤 인식론적이고 정치적인 함의를 갖는지 지속적으로 질문한다. 인문학은 또한 인간의 도덕적 위상을 깊이 우려하고, 유전자를 다루는 새로운 지식을 상업적으로 소유하고 이윤을 내기 위해 오용하는 것에 저항하고자 하는 정치적 욕망도 표현한다.

반면, 현대 과학과 기술 연구들은 이와는 다른 의제를 채택하여 분석적인 포스트휴먼 이론을 발전시킨다. 예를 들어, 프랭클린(Franklin), 루리(Lury)와 스테이시(Stacey)는 사회문화적 참조틀 안에서 작업하면서 오늘날 기술적으로 매개된 세계를 '범인류(panhumanity)'라고 부른다(2000: 26). 이를 통해 모든 인간뿐 아니라 인간과 (도시, 사회, 정치를 포함한) 인간-아닌 환경 사이의 복잡한 상호 의존 관계망을 창조하는 지구적 상호 연계를 성찰한다. 이 새로운 범인류는 두 가지 방식으로 역설적이다. 첫째, 그 상호 연계의 상당한 부분이 부정적이고 취약하다는 공통의 의식과 임박한 파국에 대한 두려움에 기반을 두고 있다. 둘째, 이 새로운 지구적 근접성이 늘 관용과 평화로운 공존을 낳지는 않는다. 오히려 타자성과 외국인을 혐오하고 거부하는 형식과 무장폭력의 증가가 우리 시대의 주요 특징이다. 3장의 논의가 이를 보여줄 것이다.

학제적 과학 연구영역에서 이와 유사한 또 다른 분석적 포스트휴먼 사유의 예는 사회주의자 니콜라스 로즈(Nicholas Rose, 2007)의 작업이다. 그는 우리 시대 주체성의 생명정치적(bio-political) 본질에 대한 인정을 공유함으로써 출현하는 '생명사회성(bio-sociality)'과 생명시민권(bio-citizenship) 같은 새로운 형식들에 대해 웅변적으로 쓰고 있다. (대문자) '생명(Life)'에 대한 생명정치적 경영이 오늘날의 선진 자본주의 경제를 어떻게 정의하는지에 대한 푸코적 이해에 의존하면서, 로즈는 포스트휴먼 조건의 딜레마에 대하여 효과적이면서 경험에 토대를 둔 분석을 발전시켰다. 이 포스트휴먼 분석틀은 신-칸트적 규범성의 푸코적 유형을 주장한다. 이 입장은 아주 유용하다. 푸코의 작업의 마지막 단계를 참조해서(Foucault 1978, 1985, 1986) 주체를 관계적 과정으로 보는 시각을 옹호하기 때문이다. 하지만 다음 장의 자세한 논의가 보여주듯, 칸트적 도덕 책임감 개념으로 복귀하면서 논의의 핵심에 개인을 다시 임명한다. 이는 푸코적 과정 존재론(process ontology)과 양립하지 않으며, 이론과 실천에서 모순을 만들어내고, 포스트휴먼적 접근 방식을 발전시킨다는 공언된 목표를 좌절시킨다.

분석적 포스트-휴머니즘의 또 다른 예는 피터-폴 베어벡(Peter-Paul Verbeek, 2011)이 보여준다. 인간 주체와 기술적 인공물을 분리하는 것이 이론적으로 불가능할 뿐만 아니라 그들 사이에 밀접하고 생산적인 관련성이 있다고 인정하면서 출발하는 베어벡은 인간과 인간-아닌 존재를 연결하는 탈-인간학적 선회가 필요하다고 암시하지만, 어떤 한계는 넘지 않으려고 매우 조심한다. 그의 분석적 포스트-휴머니즘 형식은 바로 기술에 대한 매우 휴머니즘적인 그래서 결국 규범적인 접근으로 완화된다. 베어벡의 주된 주장은 "기술이 인간의 윤리적 행위에 적극적으로 기여한다"(2011: 5)는 것이다. 개정된 최신의 휴머니즘적 윤리가 포스트-휴머니즘적 기술들 위에 포개진다.

베어벡은 현대 기술의 핵심에 있는 휴머니즘적 원리를 옹호하기 위해 규범적 문제들에 대한 인간의 의사결정을 인도할 수 있는 행위자로서 기술적 도구들이 지닌 도덕적 본성을 강조한다. 그는 다수의 기계의 의도성(machinic intentionality) 형식을 소개하는데, 이 모든 형식은 인간의 것이 아닌 도덕적 의식 형식에 연동되어 있다. 사물의 도덕성을 진지하게 생각해야 기술을 더 넓은 사회 공동체에 통합시킬 희망을 가질 수 있고 근대 휴머니즘의 포스트휴먼적 유형을 21세기에 가져올 수 있다는 것이 베어벡의 주장이다. 이로써 전통적인 도덕적 의도성의 위치가 자율적인 초월적 의식에서 기술적인 인공물로 바뀐다.

과학과 기술 연구의 분석적 포스트-휴머니즘은 현대 포스트휴먼 풍경의 가장 중요한 요소의 하나다. 하지만 내 포지션의 핵심인 비판적 주체 이론의 관점에서 보면, 이 견해는 휴머니즘적 가치들을 선택적으로 도입하면서 그러한 접붙임이 낳는 모순들을 언급하지 않기 때문에 목적을 이루기에 적절치 않다.

기술적 성취와 그에 따라오는 부에 대한 자부심 때문에 우리의 선진 기술이 발생시키는 사회적이고 도덕적인 불평등과 커다란 모순들을 간과해서는 안 된다. 과학적 중립성의 이름으로든 혹은 지구화가 가져온 범-인간적 유대에 대한 급하게 재구성된 인식에서든, 모순과 불평등을 언급하지 않는 것은 논점을 교묘히 회피하는 것에 불과하다.

과학과 기술 연구에서 인상적인 것은 이론적으로 도덕철학에 의존하든 혹은 사회문화이론에 의존하든, 포스트휴먼 곤경에 대해 철저하게 정치적 중립성을 표방한다는 점이다. 예를 들어 로즈와 프랭클린 둘 다 자신들의 연구의 초점이 분석적이며, 그 목적은 이 새로운 기술들이 실제로 어떻게 기능하는지를 더 잘, 더 철저하게 그리고 어떤 면으로는 내밀하게 민속지학적으로 이해하려는 것임을 분명히 한다. 과학과 기술 연구들은 그들의 입장이 주체에 대한 변화된 시각에 어떤 의미를 가지는지 간과하는 경향이 있다. 주체성은 그림 밖에 있고, 그와 더불어 포스트휴먼 조건의 지속적인 정치적 분석도 관심 밖이다. 나는 주체성에 초점을 맞출 필요가 있다고 본다. 왜냐하면 현재 다양한 영역에 흩어져 있는 문제들을 함께 묶어주는 것이 주체성 개념이기 때문이다. 예를 들어, 규범과 가치, 공동체 유대 형성과 사회적 소속의 형식들, 그리고 정치적 통치 문제 같은 쟁점들은 주체의 개념을 가정하고 또 요구한다. 비판적 포스트휴먼 사유가 원하는 것은 우리 시대 포스트휴머니즘의 서로 다른 파편화된 가닥들에서 다시금 하나의 담론적인 공동체를 만들어내는 것이다.

나는 한편의 과학과 기술 연구와 다른 한편의 선진 자본주의의 정치적 분석들 사이에서 주체성의 문제에 대해 좀 기이하고 아주 문제적인 노동 분화가 이루어지고 있음을 주목하지 않을 수 없다. 하트와 네그리(Hardt and Negri, 2000, 2004), 혹은 이탈리아학파인 라자라토(Lazzarato, 2004)와 비르노(Virno, 2004)는 과학과 기술을 회피하며 설사 과학과 기술을 다루더라도 주체성을 분석할 때와 같은 정도의 깊이와 정교함을 보이지 않는다. 나는 우리가 담론 영역에서 발생하는 이러한 분리를 살펴보고, 과학적 기술적 복잡성과 그 복잡성이 정치적 주체성, 정치경제와 통치형식에 함의하는 바둘 다를 포함하는 재통합된 포스트휴먼 이론을 지향하며 작업해야 한다고 생각한다. 나는 이후의 여러 장에서 이 기획을 조금씩 발전시키겠다.

새로운 주체성 형식에 대한 실험에는 관심을 두지 않고 기술을 도덕화하는 분석적 포스트휴먼 시도의 잔여적 휴머니즘(residual humanism), 즉 기술 자체의 도덕적 의도성에 대한 그들의 과신은 또 다른 근본적인 문제를 가지고 있다. 좀 더 정확하게 말하면 그러한 시도들은 현재 기계들이 도달한 자율성의 상태를 간과한다. 우리의 스마트 기술의 복잡성이 다음 장의 주제가 될 탈-인간중심주의적 선회의 핵심에 놓여 있다. 지금은 우리 기술의 스마트성의 한 측면만 살펴보자.

주간 잡지 《이코노미스트(The Economist)》의 최근 호(2 June 2012)는 「도덕과 기계(Morals and the machine)」의 문제를 다루면서 로봇들이 도달한 상당한 자율성에 관련된 문제를 제기하고, 로봇을 다룰 새로운 규칙을 발전시키자고 요청한다. 이러한 분석은, 1942년에 공식화된 아이작 아시모프(Isaac Asimov)의 '로봇공학의 세 법칙'[8]이 보여주듯 로봇을 인간에게 종속된 것으로 보는 모더니즘 개념과 대조적으로, 우리가 이제는 인간의 개입을 완전히 부적절하지는 않아도 주변적인 것으로 만드는 새로운 상황에 대면하고 있기 때문에 의미심장하다. 《이코노미스트》는 다음과 같이 주장한다(2012: 11).

로봇이 더 자율적이 될수록, 윤리적 결정을 해야 하는 컴퓨터 제어 기계라는 개념은 과학소설에서 나와 실제 세계 안으로 들어오고 있다.

이 새로운 로봇들은 대부분 군사용이지만, 매우 합리적인 민간용 목적을

---

8 이 세 법칙은 다음과 같다. (1) 로봇은 인간을 해치거나, 아무것도 하지 않음으로써 인간이 해를 입게 허용해서도 안 된다. (2) 로봇은 인간이 하는 명령에 복종해야 한다. 그러한 명령이 제1법칙과 충돌하는 경우는 예외다. (3) 로봇은 제1법칙과 제2법칙과 충돌하지 않는 한 자신을 보호해야 한다. 이 법칙들은 1942년 아이작 아시모프가 한 단편소설에서 정한 것이며 이후 1950년의 세계적인 베스트셀러인 『아이, 로봇(I. Robot)』에 다시 나타난다. 이 세 법칙은 사이버 연구(cyber-studies)의 기본 개념이 되었다. 나중에 아시모프는 다른 모든 것에 선행하는 네 번째 법칙을 부가한다. (4) 로봇은 인류를 해롭게 해서는 안 된다. 혹은 아무것도 하지 않음으로써 인류가 해를 입게 허용해서도 안 된다.

위해 사용되는 로봇도 많다. 이 모든 로봇이 공유하는 중요한 특징은 도덕의 차원과 작동의 차원 양쪽 모두에서 인간의 의사결정 없이 움직이는 것이 기술적으로 실현 가능하다는 사실이다. 이 보고서에 따르면, 인간은 점점 더 '회로 안(in the loop)'이 아닌 '회로 위(on the loop)'에서 작업하게 될 것이며, 무장하고 작동하는 로봇을 완전히 제어하기보다 모니터하게 될 것이라고 한다. 자율적 기계의 의사결정에 책임을 부여하는 문제는 윤리적이고 법적인 문제만 남아 있을 뿐, 인지 역량은 이미 준비된 상태다.

자율적인 기계들이 더 스마트해지고 더 널리 퍼지면서 이 기계들은 삶과 죽음을 결정하게 될 것이며, 따라서 행위성을 갖추게 될 것이다. 하지만 이러한 고도의 자율성이 도덕적 의사결정으로 귀결될 것인지는 최선의 상태에서도 해결되지 않은 문제. 나는 기술이 도덕적 의도성을 내장하고 있다는 주장에 반대하고 그것이 규범상 중립적이라고 주장하고 싶다. 몇몇 격렬한 논의를 예로 들어보자. 드론이라고도 부르는 무인비행기는 목표물이 숨어 있다고 알려진 집에 민간인도 은신해 있다면, 그 집에 폭격을 가해야 하는가? 재난 구조에 참여한 로봇은 사람들에게 그들의 상태에 대한 진실을 알려줌으로써 공포와 고통을 일으켜야 하는가? 이런 질문들은 '기계 윤리'의 영역으로 나아간다. 이 영역의 목적은 그런 선택을 적절하게 할 능력, 다시 말하면, 기계에게 옳고 그름을 구별하는 능력을 부여하고자 하는 것이다.

《이코노미스트》(2012)는 적극적인 실험으로 새로운 윤리적 접근 방법을 개발해야 한다고 말한다. 그 실험들은 특히 세 영역에 초점을 맞춰야 하는데, 첫째는 만약 기계가 잘못되면 디자이너, 프로그래머, 제조자 혹은 기계 작동자 중 누구에게 그 책임을 물어야 하는가를 결정하는 법에 대한 규칙이다. 책임을 배분하려면 의사결정 과정 뒤에 그 추론을 설명할 수 있는 자세한 실험 기록 시스템이 필요하다. 이는 디자인과 관련이 있으며, 의사결정 시스템보다는 미리 정해진 규칙에 복종하는 시스템을 선호한다. 둘째, 윤리 시스템이 로봇들 안에 내장되면, 그들이 하는 판단은 대부분의 사람들이 옳다고 생각하는 것이어야 한다. 사람들이 윤리적 딜레마에 반응하는 방식들을 연구하는 실험철학의 테크닉들이 도움을 줄 수 있을 것이다. 셋째, 엔지니어, 윤리학자, 법률가와 정책결정자들 간의 새로운 학제적 공동연구가 요청된다. 이들은 모두 자신들의 방식으로 하도록 내버려두면 아주 다른 규칙들을 만들어낼 것이기 때문이다. 이들은 서로 함께 일함으로써 모두 도움을 받는다.

《이코노미스트》가 간략히 설명한 상황에서 포스트휴먼적인 것은 무엇인가? 그것은 인간의 개인화된 자아를 주요 주제를 결정하는 요인으로 가정하지 않는다는 사실이다. 그보다는 인간 행위자와 인간-아닌 행위자들 사이의 횡단적 상호연계, 즉 '배치(assemblage)'라고 부를 만한 것을 상상한다. 이는 라투르의 행위자 네트워크 이론(Actor Network Theory)과 다르지 않다(Law and Hassard, 1999). 《이코노미스트》처럼 신중하고 보수적인 잡지가 우리가 발전시킨 기술의 포스트휴먼적 힘들이 제기하는 도전에 직면하여 휴머니즘적 가치로의 복귀가 아니라 실용적인 실험을 요청한다는 사실은 의미심장하다. 이에 대해 세 가지 의견을 말하고 싶다. 우선 나는 지금이 휴머니즘적 과거를 향수에 젖어 갈망할 때가 아니라 새로운 주체성의 형식들을 미래지향적으로 실험할 때라는 주장에 전적으로 동의한다. 둘째로, 우리 시대의 기술이 규범적으로 중립적인 구조를 가지고 있음을 강조하고자 한다. 기술들은 휴머니즘적 행위성을 내재하고 있지 않다. 셋째로, 선진 자본주의 옹호자들이 선의를 가진 진보적 네오휴머니즘 반대자들보다 더 빨리 포스트휴먼의 창조적 잠재력을 파악하는 듯 보인다는 사실에 주목한다. 다음 장에서 우리 시대 시장경제 안에서 발전된 기회주의적 포스트휴먼 유형을 다시 다룰 것이다.

5.   비판적 포스트휴머니즘

포스트휴먼 사유의 세 번째 가닥은 개념적으로나 규범적으로나 모호함 없이 포스트휴머니즘을 지향한다. 나도 여기에 속한다. 나는 분석적 포스트휴머니즘을 넘어서서 포스트휴먼 주체에 대한 긍정의 관점을 발전시키고자 한다. 물론 내가 비판적 포스트휴머니즘으로 도약해 들어가도록 영감을 준 것은 나의 반휴머니즘적 뿌리들이다. 더 구체적으로, 포스트휴먼 곤경의 생산적 잠재력을 펼쳐 보이는 사유의 흐름은 계보학적으로 포스트구조주의자들, 페미니즘의 반보편주의, 프란츠 파농(1967)과 그의 스승 에메 세제르(Aimé Césaire, 1955)의 반식민주의적 현상학까지 추적해 갈 수 있다. 이들의 공통점은 인간 주체와 인류 전체에 대해 우리의 공통된 이해를 위해 포스트휴머니즘이 함의하는 바를 끈질기게 헌신적으로 작업했다는 사실이다.

포스트식민 이론가들과 인종 이론가들의 작업은 비서구의 원천에 기반을 둔 만큼이나, 유럽의 전통에서 도덕적 지적이고 영감을 받는 구체적인 상황을 기반으로 한 세계시민적 포스트휴머니즘(situated cosmopolitan posthumanism)을 보여준다. 그러한 사례는 많이 있고 여기서 내가 하는 것보다 더 깊이 분석해야 하지만 지금은 핵심만 지적하겠다.[9]

에드워드 사이드(1978)는 계몽주의에 기반을 둔 세속적 휴머니즘에 대해 합리적인 학문적 설명이 발전해야 하며 이러한 설명은 포스트식민적 삶

---

9   중요한 예들은 다음과 같다. 브라(Avtar Brah)의 이산적 윤리(1996)는 시바(Vandana Shiva)이 반지구적 네오휴머니즘(1997)을 뒷향한다. 아프리카 휴머니즘, 즉 우분트(Ubuntu)는 콜린스(Patricia Hill Collins, 1991)에서 코넬(Drucilla Cornell, 2002)까지 더 관심을 받고 있다. 더 유목적 노선으로는 글리상(Edouard Glissant)의 관계의 정치학(politics of relations)(1997)이 현대의 포스트휴먼 조건의 핵심에 다언어적 혼종성을 새겨넣었다. 바바(Homi Bhabha)의 '서발턴 세속주의(subaltern secularism)'(1994)는 사이드(Edward Said)의 거대한 유산 위에 세워진다.

뿐 아니라 식민 경험과 그것의 폭력적 악폐와 구조적 불의도 고려해야 한다는 점에 서구 비판이론가들이 처음으로 주목하도록 자극한 사람들 가운데 한 명이다. 포스트식민 이론은 이러한 통찰을 발전시켜 이성과 세속적 관용, 법 아래 평등과 민주주의적 지배라는 이상들이 유럽이 실천한 폭력적 지배와 배제, 체계적이고 도구적인 테러의 사용과 서로 배타적일 필요도 없고 또 실제로 역사적으로도 배타적이지 않았다는 개념을 개진한다. 이성과 야만이, 계몽주의와 테러가 자기모순적이지 않다는 것을 인정한다고 해서 문화 상대주의나 도덕적 허무주의로 귀결되지는 않으며, 오히려 역사적인 휴머니즘 개념에 대해, 그 휴머니즘이 민주주의적 비판과 세속주의 양자와 맺는 관계에 대해 철저하게 비판할 수 있게 한다. 에드워드 사이드는 다음과 같은 생각을 옹호한다.

> '휴머니즘'의 이름으로 '휴머니즘'을 비판하는 것이 가능하다. 그리고 유럽중심주의와 제국이 경험적으로 '휴머니즘'을 오용했음을 알게 되면, 다른 종류의 휴머니즘, 세계시민적이며 텍스트-와-언어로 과거의 훌륭한 교훈을 흡수하고 〔……〕 많은 부분이 망명적이고 탈영토적이며 집이 없는 현재의 흐름과 부상하는 목소리에 여전히 조응하는 그런 새로운 휴머니즘을 형성하는 것이 가능하다. (2004:11)

그런 서발턴 세속 공간을 위한 싸움은 "지구적 정치학과 경제학을 위한 지구적 윤리"(Kung, 1998)라고 알려진 것을 포스트휴먼적으로 추구하는 데 매우 중요하다.

폴 길로이(Paul Gilroy)의 지구행성적 세계시민주의(2000) 역시 동시대 비판적 포스트휴머니즘의 생산적 형태를 제안한다. 길로이는 우리가 집단적으로 휴머니즘적 계몽주의 시대의 이상들을 실천하지 못한 책임이 유럽과 유럽인들에게 있다고 본다. 페미니스트들처럼 인종 이론가들도 자신들이 역사적으로 한 번도 그에 대한 권리를 가져본 적이 없는 주체-입지의 해체를 의심스러운 눈으로 본다. 길로이는 식민주의와 파시즘을 자신이 옹호하고자 하는 유럽의 계몽주의 이상에 대한 배반으로 보고, 유럽인에게 그들의 윤리적이고 정치적인 실패에 대해 설명하고 책임지라고 요구한다. 인종주의는 인류를 분열시키며, 백인들이 윤리적 감수성을 상실하고 인간을 특정 집단에 국한해 정의하는 그런 도덕적 상태로 환원되게 한다. 또한 인종주의는 비백인들을 살인적 폭력에 노출되는 인간 이하의 존재론적 지위로 떨어뜨렸다. 길로이는 백인, 흑인, 세르비아인, 르완다인, 텍사스인 등 다양한 민족주의자들이 민족적 차이에 근본주의적으로 다시 호소하는 것에 단호하게 반대하면서, 들뢰즈가 "미시파시즘"(Deleuze and Guattari, 1987)이라고 부른 것이 지구화된 우리 시대의 전염병이라고 비난한다. 그는 윤리적 변모의 터를, 새롭게 주장되는 지배적인 민족주의적 범주가 아닌, 각 민족주의적 범주에 대한 비판에서 찾는다. 그는 이산적 이동성과 문화횡단적 상호연계성을 내세워 민족주의 세력에 대항했다. 이것은 섞임, 혼종성, 세계시민주의에 대한 이론이며, 단호하게 비-인종적이다. 길로이는 민족국가들의 견고한 힘에 대항해서 반노예제, 페미니즘, 국경 없는 의사회 같은 횡단적 운동들의 긍정의 정치학(affirmative politics)을 제시한다.

우리 시대의 비판적 포스트휴머니즘을 재구성하는 데 영감을 주는 아주 다르지만 마찬가지로 강력한 원천은 생태학과 환경운동이다. 그것들은 인간-아닌 '대지'의 타자들을 포함한 타자들과 자아 사이의 상호연계에 주목하는 확장된 의식에 의존한다. 타자들과 이렇게 관계를 맺는 실천은 자아-중심의 개인주의를 거부하라고 요청하며, 그러한 거부에 의해 강화된다. 이로써 자신에 대한 이해관계와 확장된 공동체의 안녕을 결합하는, 환경적 상호-연계들에 기반을 둔 새로운 방식이 만들어진다.

환경 이론은 모든 사물의 척도인 '인간'에 대한 휴머니즘적 강조와 자연의 지배와 착취 사이에 연결고리가 있음을 강조하면서 과학과 기술의 오용을 비난한다. '인간'에 대한 강조와 자연의 지배 둘 다 구조적 '타자들'에 대한 인식론적 물리적 폭력을 포함하고 있으며 유럽 계몽주의의 이상인 '이성'과 관련되어 있다. 지배와 '타자들'에 대한 합리적이고 과학적인 통제를 동일시하는 세계관은 생명 물질의 다양성과 인간 문화의 다양성을 존중하지 못하게 한다(Mies and Shiva, 1993). 환경론적인 대안은 새로운 전체론적 접근이다. 이러한 접근은 우주론을 인류학과 탈세속적 페미니스트 영성과 결합하고, 인간과 인간-아닌 형태들 모두의 다양성에 대한 깊은 존중이 필요하다고 강조한다. 시바와 미즈(Shiva and Mies)가 보편성의 새로운 구체적 형식들을 위한 이 투쟁에서 생명을 유지시키는 영성의 중요성, 즉 생명의 신성함에 대한 공경, 살아있는 모든 것에 대한 깊은 존경을 강조한다는 것은 의미심장하다. 이런 태도는 서구의 휴머니즘과 대립하며, 또 과학과 기술을 이용한 개발의 선-조건인 합리성과 세속성에 대한 서구의 투자와도 대립한다. 전체론의 관점에서 시바와 미즈는 "세계의 재주술화"(1993: 18)를 요청하고, 또 대지의 치유를 요청한다. 그렇게 잔인하게 접속이 끊어졌던 것들의 치유를 요청한다. 시바는 자연적 필연성의 영역에서 해방되기를 강조하기보다는, 그 영역 안에서 그 영역과 조화를 이루며 발생하는 해방의 형식을 바란다. 이러한 관점의 전환은 남성적 행동 양태를 모방한 평등성의 이상을 비판하고, 이 이상 위에 세워지고 세계적인 시장 지배의 형식들과 어울리는 개발 모델을 거부하게 한다.

시바 같은 생태학적 포스트휴머니스트들(ecological posthumanists)은 '포스트'-모더니즘, 포스트-식민주의, 혹은 포스트-페미니즘에 조금이라도 연결된 어떤 것과도 거리를 두고자 많은 주의를 기울이지만, 역설적으로 이들은 모두 포스트휴먼적 비판의 인식론적 전제들을 공유한다. 예를 들어, 이들은 지구화된 선진 자본주의 영향에 의한 문화들의 동질화에 반대하는 테크노구조주의자 세대의 비판에 동의한다. 이들은 그 대안으로 강력한 환경운동을, 비서구적 네오휴머니즘에 기반을 둔 환경운동을 제안한다. 미즈와 시바에게 중요한 것은 새로운 보편적 가치들, 전 세계적 규모의 인간들 사이의 상호연계라는 의미에서의 보편적인 가치들이 필요하다고 재주장하는 것이다. 이처럼 보편적 필요는 보편적 권리에 융합되고, 그것은 교육, 정체성, 존엄성, 지식, 애정, 기쁨, 배려 같은 더 높은 문화적 욕구만큼이나 음식, 쉼터, 건강, 안전 같은 기본적이고 구체적인 필수조건도 포함한다. 이것들이 새로운 윤리적 가치에 대한 상황적 주장의 물질적 토대가 된다.

새로운 생태학적 포스트휴머니즘은 이렇게 지구화 시대에 권력과 권리주장이라는 문제를 제기하고 이전의 휴머니즘의 중심을 차지한 주체들의 자기성찰을 요구하지만, 동시에 진전된 포스트-모더니티의 분산된 많은 권력 중심의 하나에 거주하는 자들의 자기성찰도 요구한다(Grewal and Kaplan, 1994).

나는 비판적 포스트휴먼 주체를 다수의 소속을 허용하는 생태철학(eco-philosophy) 안에서 다양체로 구성된 관계적 주체로 정의한다. 차이들을 가로질러 작업하고 또 내적으로 구별되지만 그러면서도 여전히 현실에 근거를 두고 책임을 지는 주체로 정의한다. 포스트휴먼 주체성은 체현되고 환경 속에 놓여 있기 때문에 부분적인 그런 형태의 책임성을 표현하며, 집단성, 합리성, 공동체 건설에 대한 강력한 의식을 기반으로 하고 있다.

나의 입장은 복잡성을 선호하며, 다음 장에서 살펴볼 것처럼 '되기의 윤리'에 의존하는 급진적 포스트휴먼 주체성을 촉진한다. 초점이 주체성의 단일성에서 유목성으로 전환됨으로써 본격 휴머니즘과 그것의 동시대적 변이들과는 충돌한다. 이러한 견해는 개인주의를 거부하지만, 상대주의나 허무주의적 패배주의와도 똑같이 확실하게 거리를 둔다. 고전적 휴머니즘의 표준적 노선을 따라 정의된 개인 주체의 자기 이해관계와는 전혀 다른 윤리적 유대를 촉진한다. 비단일적 주체를 위한 포스트휴먼 윤리학은 자아 중심의 개인주의라는 장애를 제거함으로써 자아와 타자들 사이의 상호연계성에 대해 확장된 의식을 제안한다. 거기에는 인간-아닌 '대지'의 타자들도 포함된다. 앞에서 본 것처럼, 현대의 유전공학적 자본주의는 살아있는 모든 유기체에 대한 반동적인 상호의존성의 전 지구적 형식을 만들어낸다. 거기에는 인간이 아닌 존재들도 포함된다. 이런 종류의 통일성은 흔히 취약함을 공유하는 형태다. 같은 위협을 대면한 인간과 인간-아닌 환경이 전 지구적으로 서로 연결되어 있음을 의식하는 부정적인 형태의 통일성이다. 내가 제안하는 인간 상호작용에 대한 포스트휴먼적 재구성은 이러한 반동적인 취약성의 유대와는 다르다. 나는 다수의 타자들과의 관계의 흐름 안에 주체를 위치시키는 긍정의 유대(affirmative bond)를 제안한다.

다음 장에서 살펴보겠지만, 비판적 포스트휴머니즘과 인간중심주의를 넘어서려는 움직임 사이에는 필요한 연결고리가 있다. 인간중심주의를 넘어서려는 이 움직임을 나는 인간-아님, 즉 조에(zoe) 쪽으로 '생명'의 개념이 확장되는 것으로 보고자 한다. 이는 혼종성, 유목주의, 디아스포라와 크레올화 과정을 변위시켜(transpose) 그것들을 인간과 인간-아닌 주체들의 공동체와 연계성과 주체성을 주장하는 근거를 재설정하는 수단으로 바꾸는 급진적 포스트휴머니즘으로 귀결한다. 이것이 다음 단계의 주장이며, 2장에서 다룰 것이다.

6. 결론

이 장에서 나는 포스트휴먼의 여러 계보에서 나 자신의 여정을 추적했다. 그 안에는 대안적인 비판적 포스트휴머니즘 형식들의 성장도 포함된다. 이러한 새로운 구성물들은 그 '인간'—이전의 모든 사물의 척도—의 죽음이 사실이라고 가정한다. 이에 따라 유럽중심주의, 남성중심주의, 인간중심주의는 복잡하고 내적으로 분화된 현상임이 폭로된다. 이것만이 휴머니즘 개념 자체의 대단히 복잡한 성격과 잘 맞는다. 실제로 많은 휴머니즘들이 있으며, 나 자신의 세대와 지정학에 따른 여정은 본질적으로 특정한 계보적 노선과 투쟁한다.

> 유럽 부르주아들이 (근대성에 대해) 자신들의 헤게모니를 수립했을 때의 낭만적이고 실증주의적인 휴머니즘들, 세상을 흔들었던 혁명적 휴머니즘 그리고 그것을 길들이고자 했던 자유주의적 휴머니즘, 나치의 휴머니즘과 그들의 피해자와 반대자의 휴머니즘들, 하이데거의 반휴머니즘적 휴머니즘 그리고 푸코와 알튀세르의 휴머니즘적 반휴머니즘, 헉슬리와 도킨스의 세속적 휴머니즘 혹은 깁슨과 해러웨이의 포스트휴머니즘. (Davies, 1997: 141)

이러한 다양한 휴머니즘들이 하나의 선형적 서사로 축소될 수 없다는 사실이 휴머니즘을 극복하려는 시도에 관련된 문제이며 역설이다. 휴머니즘의 지켜지지 않은 약속들과 인정되지 않은 잔혹성의 역사를 고려한다면, 휴머니즘을 극복해야 할 역사적, 윤리적, 정치적 필요성은 너무나 분명하다. 이 과정을 지원하는 핵심적인 방법론적, 전술적 수단은 '위치의 정치학', 즉 상황적이고 책임 있는 지식을 실천하는 것이다.

세 가지 중요한 견해로 결론을 내려보겠다. 첫째, 우리에게는 포스트휴먼 선회를 세심하게 숙고하고 휴머니즘의 쇠락을 인정하는 새로운 주체 이론이 정말로 필요하다. 둘째, 서양철학 전통의 안과 밖 양쪽에서 비판적 포스트휴먼 포지션들이 확산되는 현상이 보여주듯, 고전적 휴머니즘의 종말은 위기가 아니며 긍정적 결과들을 수반한다. 셋째, 선진 자본주의는 아주 빠르게 서양 휴머니즘의 쇠락과 지구화가 가져온 문화적 혼종화 과정이 열어준 기회를 인지하고 착취하고 있다. 후자는 다음 장에서 다룰 것이므로, 여기서는 다른 두 문제에 대해 간단하게 말해보겠다.

우선, 윤리적이고 정치적인 주체성의 견고한 토대를 발전시키려면 유럽 휴머니즘의 쇠락이라는 의미의 포스트휴먼 곤경이 함의하는 바를 해결해야 한다. 포스트휴먼 시대는 다음 두 장에서 보게 될 것처럼 모순으로 가득 차 있다. 이 모순은 윤리적 평가, 정치적 개입, 규범적 행위를 요청한다. 따라서 포스트휴먼 주체는 포스트모던이 아니다. 즉 반토대주의적이 아니다. 또한 포스트휴먼 주체는 해체주의적도 아니다, 언어학적 틀로 구성되어 있지 않기 때문이다. 내가 옹호하는 포스트휴먼 주체성은 그보다는 유물론적이고 생기론적이며, 체현되고 환경에 속해 있으며, 내가 이 장에서 내내 강조해왔듯 페미니즘의 '위치의 정치학'에 따라 어딘가에 견고하게 자리를 잡고 있다. 나는 왜 주체의 문제를 이토록 강조하는가? 그것은 유물론적이며 관계적일 뿐만 아니라 '자연-문화적'이며 자기조직적인 주체성 이론이 우리 시대의 복잡함과 모순에 적합한 비판 도구를 정교하게 발전시키는 데 결정적으로 중요하기 때문이다. 단순히 분석적인 포스트휴먼 사유로는 충분히 멀리까지 나아갈 수 없다. 특히, 창조성과 상상력, 욕망, 희망과 열망을 고려할 수 있으려면 주체에 대한 진지한 관심이 필요하다(Moore, 2011). 그렇지 않으면 우리는 이 시대의 지구적 문화와 그것의 포스트휴먼적 함의를 이해하지 못할 것이다. 우리는 '현재에 가치 있는(worthy of the present)' 주체에 대한 전망이 필요하다.

여기에서 유럽중심주의의 문제, 즉 "방법론적 민족주의"(Beck, 2007)와 휴머니즘의 오랜 유대와 관련된 유럽중심주의에 대한 나의 두 번째 결론적 견해로 나아간다. 현재 유럽의 지식 주체들은 자신들의 과거 역사와 그 역사가 그들의 현재의 정치에 드리운 긴 그림자를 설명해야 하는 윤리적 의

무를 다해야 한다.[10] 유럽이 받아들여야 하는 새로운 임무는 편협한 자기 이익의 추구, 외국인 혐오적인 타자성의 거부와 불관용을 비판하는 일이다. 현재 유럽에서 인종주의의 공격을 견디고 있는 이주자, 난민, 망명 신청자들의 운명이 유럽의 정신이 닫혀 있음을 상징한다.

새로운 의제를 설정해야 한다. 더 이상 유럽의 혹은 유럽중심의 보편적, 합리적 주체성이 아니라, 그러한 주체성의 완전한 변화, 유럽의 제국주의적, 파시스트적이고 비민주주의적 경향과 관계를 끊은 주체성에 대해 논의해야 한다. 내가 앞에서 말한 것처럼, 20세기 후반 이래 철학적 휴머니즘의 위기—'인간'의 죽음으로도 알려진—는 제국주의적 세계 강국으로서 유럽이 누리던 지정학적 지위가 쇠락하고 있다는 더 큰 우려를 반영했고 또 증폭시켰다. 유럽의 휴머니즘 문제에 관해서는 이론과 세계역사적 현상이 나란히 작동한다. 이 두 차원 사이의 공명 때문에 비판이론은 유럽에 대한 논의에 특별히 기여할 바가 있다.

나는 포스트휴먼 조건이 유럽의 새로운 역할을 재정의하는 임무를 촉진할 수 있으리라고, 특히 지구적 자본주의가 그 성공에도 불구하고 지속가능성과 사회 정의의 견지에서 분명하게 결함이 있는 이 시대에 그러리라고 믿는다(Holland, 2011). 이러한 희망적인 믿음은 유럽중심주의의 쇠락을 하나의 역사적 사건으로 보고 집단적인 정체성 의식에 대한 우리의 관점을 질적으로 전환하라고 요청하는 탈민족주의적 접근에 기대고 있다 (Habermas, 2001; Braidotti, 2006). 세일라 벤하비브(Seyla Benhabib, 2007)는 대안적 세계시민주의에 대한 자신의 훌륭한 책에서 변모의 터로서 유럽의 문제를 언급한다. 그녀는 다원론적 세계시민주의의 실천을 강조하고 이주자와 난

---

10   모린(Morin, 1987), 파세리니(Passerini, 1998), 발리바르(Balibar, 2004), 파우만 (Pauman, 2004)도 역시 이 문제를 논했다.

민과 국가 없는 사람들의 권리에 헌신한다. 세계시민주의의 고전적이고 보편주의적 개념을 혁신하고 상황과 맥락에 맞는 실천을 요청한다. 이것은 나의 상황적 포스트휴먼 윤리와 긍정적으로 공명한다. 그러므로 포스트휴먼 비판이론의 기본 임무는 인간을 아우르는 세계시민적 유대를 포스트휴먼적으로 재구성하기 위한 발판으로 이런 각양각색의 주체 포지션에 대한 정확하고 자세한 지도를 그리는 것이다.

특히 나는 이 상황을 하버마스의 사회민주주의적 열망보다 더 밀고 나가서, 유럽의 '소수자-되기' 혹은 유목민-되기라는 포스트휴먼 기획을 주장하고자 한다(Deleuze and Guattari, 1987; Braidotti, 2008). 이것은 다수의 이분법적 함정을 우회하는 방법이다. 예를 들어, 한편의 지구화되고 문화적으로 다양한 유럽과 다른 한편의 타자에 대한 편협하고 외국인 혐오적인 유럽 정체성의 정의 사이의 이분법을 피할 수 있다. 유럽의 유목민-되기는 민족주의, 외국인 혐오와 인종주의, 제국주의적 구유럽의 나쁜 습관에 대한 저항을 의미한다. 그것은 과거의 웅장하고 공격적인 보편주의에 반대하여 그것을 상황적이고 설명책임을 지는 관점으로 대체한다. 새로운 정치적, 윤리적 기획을 받아들여, '요새 유럽(Fortress Europe)' 신드롬에 단호히 반대하는 입장을 취하며, 관용을 사회정의의 도구로 되살려낸다(Brown, 2006).

포스트휴먼 선회가 이 기획을 지지하고 강화하려면, 그것이 휴머니즘의 요람인 유럽이라는 배타적으로 강조되어온 개념을 흔들어놓아야 한다. 이런 개념은 유럽에 특별한 역사적 목적의식을 부여하는 보편주의에 의해 추동되었다. 유럽의 소수자-되기 혹은 유목민-되기 과정은 유럽이 스스로에게 부과한 선교사적 역할, 이른바 세계의 중심으로서의 유럽의 역할을 거부한다. 만약 다민족, 다매체 사회를 향한 사회문화적 변이가 일어나고 있다면, 이러한 변형이 '타자들'의 축에만 영향을 미치지는 않을 것이다. 그것은 이전의 중심인 '동일자(the same)'의 포지션과 특권도 똑같이 교란시킬 것이다. 새로운 탈민족주의적이고 유목적인 유럽의 정체성을 발전시키는 이 기획은 분명 도전적이다. 왜냐하면 민족에 묶인 기존의 정체성들과의 동일시에서 벗어나라고 요구하기 때문이다. 이 기획의 핵심은 정치적이다. 하지만 신념과 비전과 변화에 대한 적극적 욕망으로 구성된 강력한 정서적(affective)[11] 핵도 가지고 있다. 우리는 이러한 대안적인 되기들의 역량을 집단적으로 강화할 수 있다.

나의 포스트휴먼 감수성은 이상적이며 성급하기까지 하다는 인상을 줄 수도 있다. 하지만 실제로는 미래를 예상하며 반응하는 주도적인 것이며, 내가 좋아하는 용어로 표현하자면 긍정적(affirmative)이다. 긍정의 정치학(affirmative politics)은 비판과 창조성을 결합하여 대안이 되는 전망과 기획을 추구한다. 내가 보기에 포스트휴먼 조건은 휴머니즘이 옹호하는 단일한 주체 포지션의 쇠락이 제공하는 기회를 움켜잡으라고 도전한다. 주체 포지션은 여러 방향으로 변화해왔다. 예를 들어, 우리의 포스트산업적 종족 경관(ethno-scapes) 안에는 이미 문화적 섞임이 존재하며 평등한 기회라는 차분한 이미지 밑에서 젠더와 섹슈얼리티가 지글지글 소리를 내며 재구성되고 있다. 하지만 이것은 위기를 나타내는 지표이기는커녕 생산적 사건이다. 이러한 사건은 긴밀한 유대와 공동체를 건설하고 힘을 강화하기 위해 아직

---

11 (옮긴이) 'affect'는 스피노자 철학에서 사용된 후 들뢰즈와 과타리에 의해 발전된 개념으로, 특히 이들은 실천학의 동력으로서의 정서에 주목한다. "정서는 실재적인 변화, 생성을 일으키는 에너지, 또는 생성 그 자체로 이해되어야한다"는 것이다. "스피노자에서 정서는 감정(sentiment)에 보다 가까이 있었다면, 들뢰즈에게는 그러한 감정과 더불어 그것이 유발하는 행동을 포함한다. 예를 들어, 무서워서 도망치는 것이나 놀라서 소리지르는 것을 말한다. 더 나아가 경우에 따라서는 소화나 운동 같은 신체들의 변용 자체를 가리키기도 하는데, 따라서 들뢰즈는 'affect'라는 개념어를 'affecter' 동사에 상응하는 명사 형태로 사용하고 있다고 말할 수 있다"(이찬웅, 「들뢰즈의 기호와 정서」(2011), 375-76 참조). 여기서는 문맥에 따라 'affect'는 '정서' 혹은 '변용태'로, 'affectivity'는 '정서' 혹은 '정서적 변용'으로, 'affective'는 '정서적'으로 번역한다.

건드려지지 않은 가능성을 작동하게 하는 새로운 출발점이다. 이와 비슷하게, 우리 시대의 유전공학, 환경과학, 신경학과 다른 과학들이 인도한 현재의 과학혁명은 주체성에 대한 기존의 정의와 실천에 강력한 대안들을 만들어낸다. 휴머니즘적 과거가 제도화한 사유의 퇴적된 습관들로 되돌아가는 대신, 포스트휴먼 곤경은 우리가 앞으로 도약하여 우리 시대의 복잡성과 역설 안으로 들어갈 것을 권한다. 이 임무를 위해 새로운 창조적 개념이 필요하다.

탈-인간중심주의:
종 너머 생명

조지 엘리엇(George Eliot)이 내가 좋아하는 철학자 스피노자를 영어로 번역했음을 알기 전부터 나는 그녀의 글을 좋아했다. 메리 에번스(*조지 엘리엇의 본명)는 뛰어난 재능을 가진 여성으로 『미들마치(Middlemarch)』의 도로시아나 『플로스 강의 물방앗간(The Mill on the Floss)』의 매기와 하나가 되었던 독자는 자신이—자신도 모르는 사이에 그리고 치명적으로—세상을 움직이는 그 교차하는 정서적 관계들의 일원론적 우주에 발을 내디뎠다는 사실을 인지하지 못한다. 조지 엘리엇이 영어로 쓴 다음의 글은 내가 좋아하는 문장이다.

> 우리가 평범한 인간의 모든 삶을 보고 느낄 수 있는 날카로운 감각이 있다면, 그것은 풀이 자라고 다람쥐의 심장이 뛰는 소리를 듣는 것과 같을 것이며, 우리는 침묵 저편의 굉음 때문에 죽을 것이다. 바로 그렇기 때문에, 아무리 감각이 예민한 사람들도 둔하기 짝이 없는 상태로 돌아다닌다. (Eliot, 1973: 226)

틀지워진 정체성과 효과적인 사회의 상호작용을 허용하는 세련되고 문명화된 얇은 판 너머의 굉음은 문명과 사회와 그 주체들을 형성하는 날것 상태의 우주적 에너지를 가리키는 스피노자적 지시들이다. 생기론적 유물론(vitalist materialism)은 그러한 바깥 차원을 이해하는 데 도움이 되는 개념이며, 그것은 주체 안에 우주적 진동의 내면화된 기록으로 주름잡혀 있다 (Deleuze, 1992; Deleuze and Guattari, 1994). 생기론적 유물론은 인간중심주의를 극복하고자 하는 포스트휴먼 감수성의 핵심이다.

  조금 난해한 이 개념을 상세히 설명해보겠다. '일원론적 우주(monistic universe)'는 물질, 세계, 인간이 안과 밖 대립 원리에 따라 구성된 이원론적 존재들이 아니라는 스피노자의 중심 개념을 말한다. 여기서 분명한 비판

대상은 데카르트의 그 유명한 정신-신체 구분이다. 하지만 스피노자는 일원론적 우주 개념을 그보다 멀리 가져간다. 즉, 물질은 하나이며, 자기 표현의 욕망으로 추동되고, 존재론적으로 자유롭다고 본다. 부정과 격렬한 변증법적 대립을 전혀 언급하지 않았다고 해서 스피노자는 헤겔과 마르크스-헤겔주의자들에게서 격렬한 비판을 받았다. 스피노자의 일원론적 세계관은 정치적으로 효과적이지 못하고 전체론적이라고 여겨졌다. 하지만 이러한 상황은 1970년대 프랑스에서 극적으로 바뀌었다. 새로운 바람을 몰고 온 학자들은 말하자면 마르크스주의의 몇몇 모순에 대한 해독제로서 그리고 헤겔의 마르크스에 대한 관계를 해명하고자, 스피노자의 일원론을 되살려냈다.[1] 헤겔 체제에 대한 대안으로 유물론 자체를 비변증법적으로 이해하여 변증법적 대립들을 극복하자는 것이 중심 개념이었다(Braidotti, 1991; Cheah, 2008). 그래서 '스피노자의 유산'은 매우 적극적인 일원론 개념이며, 현대 프랑스 철학자들은 이를 통해 물질이 생기 있고 자기조직적이라고 정의함으로써 '생기론적 유물론(vitalist materialism)'이라는 놀랄 만한 조합을 만들어냈다. 이러한 접근 방식은 모든 형태의 초월성을 거부하기 때문에 '근본적 내재성(radical immanence)'이라고도 한다. 일원론은 '차이'를 변증법의 체제 바깥에 놓고 내적인 힘과 외적인 힘 둘 다에 의해 틀지워지고 다수의 타자들과의 관계가 중요한 '차이화의 복잡한 과정'으로 다시 자리 매겨준다.

이러한 일원론적 전제들은 나에게는 고전적 휴머니즘에 의지하지 않고 인간중심주의를 신중하게 피하는 포스트휴먼 주체성 이론을 세우기 위한 블록들이다. 스피노자가 중요하게 여긴 모든 물질의 단일성에 대한 고전

---

1   알튀세르를 둘러싼 집단이 1960년대 중반에 이 논의를 시작했다. 들뢰즈의 선도적인 스피노자 연구는 1968년(영어로는 1990년)부터 시작된다. 마슈레(Macherey)의 헤겔-스피노자 분석은 1979년(영어로는 2011년)에, 네그리(Negri)의 스피노자 상상력에 대한 작업은 1981년(영어로는 1991년)에 나왔다.

적 강조는 최신 과학이 생명 물질을 자기조직적, 즉 '스마트' 구조로 이해함으로써 강화된다. 이러한 개념들은 최근의 생명과학, 신경 및 인지과학의 새로운 발전과 정보과학의 지지를 받고 있다. 포스트휴먼 주체들은 전례 없는 정도로 기술공학으로 매개되어 있다. 예를 들어, 오늘날 네오스피노자적 접근 방식은 정신-신체 상호관계에 대한 신경과학의 새로운 발전으로 지지되고 확대된다(Damasio, 2003). 나는 일원론, 모든 생명체의 단일성 그리고 우리 시대 주체성을 위한 일반 준거틀로서의 탈-인간중심주의 사이에 직접적인 연관이 있다고 본다.

1. 지구적 경고

조지 엘리엇의 작품은 이 유물론적 (혹은 이 장 후반에서 내가 주장하듯 '물질-실재론적(matter-realist)') 세계관으로 들어가는 데 좋은 통로다. 이러한 도움이 반가운 것은 탈-인간중심적 우주의 많은 전제와 가정을 직관적으로 이해하기가 다소 어렵기 때문이다. 이 용어가 최근에 널리 쓰이고 있음에도 그러하다. 예를 들어, 주류의 공적 논의에서는 포스트휴먼이 대개 과도한 기술적 개입과 위협적인 기후변화에 대한 불안으로 감싸여 있거나 혹은 인간 향상의 잠재력에 대한 흥분으로 감싸여 있다. 다른 한편 학계에서는 내가 앞 장에서 분석한 포스트-휴머니즘의 변형 의제보다 인간중심주의에 대한 비판이 훨씬 더 파괴적이다. 탈-인간중심적 선회는 지구화와 기술 주도 매개형식들의 복합적인 영향에 연결되어서, 인간의 심장에 타격을 가하고 안트로포스(anthropos)를 정의했던 매개변수들을 바꾼다.

나는 이 장에서 탈-인간중심주의와 관련된 포스트휴먼 문제는 포스트-휴머니즘에서와는 전적으로 다른 질서의 것이라고 주장하고자 한다. 포스트-휴머니즘은 주로 분과 학문인 철학, 역사, 문화 연구와 고전적인 인문학 전반을 동원한다면, 탈-인간중심주의 논의는 과학과 기술공학 연구, 뉴미디어와 디지털 문화, 환경운동과 지구과학, 유전공학, 신경과학과 로봇공학, 진화론, 비판적 법이론, 영장류동물학, 동물권과 과학소설까지도 소환한다. 이러한 고도의 초학제성만으로도 이 논의는 점점 더 복잡해진다. 내가 던질 중요한 질문은 다음과 같다. 탈-인간중심적 접근 방식이 우리 시대의 주체성과 주체-형성을 어떻게 이해하게 하는가? 인간중심적 주체 이후 무엇이 오는가?

사람들이 이런 관점의 변화에 반응하는 방식은 그들이 기술과 맺고 있는 관계에 따라 크게 다르다. 새로운 기술을 좋아하는 나는 아주 낙관적이다. 나는 새로운 기술을 예측 가능한 보수적 측면에 연동하거나 개인주의를 조장하고 확대하는 이윤추구 체계에 연동하려는 사람들과 반대로 기술의 해방적이고 일탈적이기도 한 잠재력을 확고하게 믿는다. 나는 정말로 우리 시대의 가장 명백한 모순 중 하나가, 한편으로 우리의 기술적으로 매개된 세상을 위한 새롭고 정치적이며 윤리적 행위성을 가진 대안적 양식들을 발견해야 하는 긴급성과 다른 한편으로 기존의 무력한 정신적 습관 사이에서 형성되는 긴장이라고 생각한다. 해러웨이는 늘 그러듯 재치있게, 기계들은 너무 생기가 넘치고, 인간들은 너무 무기력하다!(Haraway, 1985)고 말한다. 이 말을 반영하는 듯 요즘 과학과 기술은 학문적 제도에서 번성하는 영역인 반면, 인문학은 심각한 문제를 겪고 있다.

인간중심주의의 탈중심화가 발생하고 있는 지구화된 맥락의 몇몇 측면을 설명하면서 논의를 시작하는 것이 유용할 듯하다. 내가 다른 곳에서 주장했듯이(Braidotti, 2002, 2006), 신진 자본주의는 치이들을 생산하여 그것들을 적극적으로 상품화시키는 방적기다. 탈영토화된 차이들을 번식시키는 번식자다. 이 탈영토화된 차이들은 '새롭고 역동적이며 타협 가능한 정체성'과 소비재의 무한한 선택이라는 이름으로 포장되어 판매된다. 이러한 논리가 양적 선택을 급격하게 증가시키고 흡혈귀 같은 소비를 일으킨다. 탈영토화된 차이들은 퓨전 요리에서 '세계 음악'에 이르기까지 많은 부분이 문화적 '타자들'과 관련되어 있다. 재키 스테이시(Jackie Stacey)는 새로운 유기농 음식 산업을 분석하면서(Franklin et al., 2000), 우리가 문자 그대로 지구적 경제를 먹고 있다고 주장한다. 폴 길로이(Paul Gilroy, 2000)와 셀리아 루리(Celia Lury, 1998)도 우리가 날마다 지구적 경제를 입고 스크린에서 그것을 듣고 본다고 상기시킨다.

상품, 데이터, 자본과 정보의 비트와 바이트들의 지구적 순환은 우리 시대 주체들의 일상적인 상호작용을 만들어낸다. 소비자들은 모든 단계에서 여러 개 중 하나를 선택해야 하는 상황에 직면한다. 예를 들어, 지역 은행에 전화를 거는 간단한 일에서 일어난 변화를 살펴보자. 이제 우리는 점점 더 자동화된 포스트휴먼 시스템이 응답하여 숫자들로 이루어진 하부 세트를 제공함으로써 우리를 미리 녹음해놓은 메시지의 관계망에 연결시킬 것을 예상한다. 혹은 실제 사람의 목소리를 듣는 편안함을 반기면서도 그 목소리가 세계의 개발도상국 중 어디 먼 곳의 콜센터에서 걸려오는 것임을 안다. 전화 통화의 비용은 그 어느 때보다 낮아졌지만 실제로 통화 길이는 확실히 더 길어지고 있다. 전화를 건 사람이 여러 개의 새로운 장애물을 건너야 하기 때문이다. 물론 인터넷 소통이 이 모든 것을 대체하고 있지만, 내가 주장하고자 하는 것은, 차이를 만들어내는 경제 시스템의 힘 때문에 제자리에 머물러 있기 위해서 두 배는 더 빨리 달려 자동화된 대답이나 대륙횡단 전화선을 건너야 한다는 것이다.

우리 시대 지구적 경제의 가장 두드러진 특징은 기술과학적 구조다. 이 구조는 예전에는 구별되어 있던 각양각색의 기술 분야들을 융합하고 있으며, 나노기술, 생명공학, 정보기술, 그리고 인지과학이 포스트휴먼을 이끄는 아포칼립스의 네 마부로 주목받고 있다. 포스트휴먼 논의에서 특히 중요한 것은 우리 시대 자본주의의 유전공학적 구조다. 여기에는 휴먼 게놈 프로젝트, 줄기세포 연구, 동물, 씨앗, 세포, 식물에 대한 생명공학기술적 개입 등을 포함한다. 본질적으로 선진 자본주의는 살아있는 모든 것을 과학적이고 경제적으로 통제하고 상품화시키기 위해 투자하고 그로써 이익을 얻는다. 이러한 맥락에서 '생명(Life)' 자체를 기꺼이 거래하는 시장 세력의 역설적이고 기회주의적인 탈-인간중심주의 형태가 생산된다.

그러나 유전공학적 선진 자본주의에 의한 '생명'의 상품화는 복잡한 문제다. 내 주장은 이러하다. 분자생물학에서 거둔 놀라운 과학적 진보는 물질이 자기조직적(자기생성적)이라는 사실을 가르쳐주고, 일원론적 철학은 물질이 구조적으로 관계적이며 다양한 환경과 연계되어 있다고 덧붙인다. 이러한 통찰은 지능적 생기성(intelligent vitality)이나 자기조직적 능력이 인간 개체의 자아 내부에 있는 피드백 루프에만 제한된 힘이 아니라 모든 생명 물질에 있는 힘이라고 정의한다. 그렇다면 물질은 어떻게 지능적인가? 그것은 물질이 정보 코드들에 의해 추동되기 때문이다. 이 정보 코드들은 자신의 정보 표시줄을 이용하기도 하고, 사회적, 정신적, 생태적 환경과 여러 방식으로 상호작용하기도 한다(Guattari, 2000). 이렇게 힘과 데이터 흐름이 복잡한 장 안에서 주체성은 어떻게 되는가? 주체성은 확장된 관계적 자아가 되고, 이 모든 요인의 축적된 효과에 의해 생성된다는 것이 나의 주장이다 (Braidotti 1991, 2011a). 포스트휴먼 주체의 관계적 능력은 우리 종에만 국한되지 않으며, 인간의 형상을 하지 않은 모든 요소도 포함한다. 생명 물질은—육체를 포함해서—지능이 있고 자기조직적이다. 그것은 바로 생명 물질이 유기적 생명의 나머지 부분과 분리되어 있지 않기 때문이다. 그래서 나는 사회구성주의적 방법으로만 작업하지 않는다. 그보다는 '생명'의 인간-아닌 생기적 힘(vital force)을 강조한다. 그것을 나는 조에(zoe)로 코드화한다.

탈-인간중심주의의 특징은 "생명 자체의 정치학"의 등장이다(Rose,

2007). '생명'은 인간이라는 한 종이 다른 모든 종에 대해 배타적으로 소유한 것 혹은 양도할 수 없는 권리로 코드화되거나 미리 수립된 주어진 것으로 신성화되기는커녕, 상호작용적인 과정, 결말이 열린 과정으로 제시된다. 생명 물질에 대한 이러한 생기론적 접근은 전통적으로 안트로포스에게 유기적·담론적으로 할당한 생명 부분인 비오스(*bios*)와 조에라고 알려진 더 넓은 범위의 동물과 인간-아닌 생명 사이의 경계를 흔든다. 생명 자체의 역동적이고 자기조직적 구조인 조에(Braidotti 2006, 2011b)는 생성적 생기성을 나타낸다. 그것은 이전에는 분리되어 있던 종과 범주와 영역을 가로질러 재연결하는 횡단적 힘이다. 나에게는 조에중심의 평등주의가 탈-인간중심적 선회의 핵심이다. 즉, 선진 자본주의 논리인 기회주의적이고 종 횡단적인 생명의 상품화에 대한 유물론적이고 현실에 토대를 둔 비감상적 반응이며, 또한 사회이론과 문화이론이 과학 문화라는 다른 문화가 이루어낸 대단한 진전에 대해 보여주는 긍정의 반작용이기도 하다. 둘 사이의 관계는 4장에서 다룰 것이다.

포스트휴먼 주체 이론은 우리 시대의 생명공학기술로 매개된 신체들이 무엇을 할 수 있는지 실험하고자 하는 경험적 기획이다. 우리 시대 주체성에 대한 이 비영리적 실험들은 자연-문화 연속체로 기능하며 기술적으로 매개된 확장된 관계적 자아의 잠재적 가능성을 현실화한다.

주체성의 다른 실천들에 대한 이와 같은 비영리적 실험적 접근은 당연히 현대의 자본주의 정신은 아니다. 소비자로서 수적으로 다양한 선택이 가능한 개인주의로 가장한 이 체제는 동일성과 지배 이데올로기에 대한 순응성을 효과적으로 촉진한다. 선진 자본주의는 새로운 주체 형성을 실험할 잠재력을 이윤 원리에 매인 그리고 과도하게 부풀려진 소유적 개인주의(MacPherson, 1962)라는 개념에 재부착시킴으로써 왜곡되었고, 또 부인할 수 없는 성공을 거두고 있다. 이는 나의 포스트휴먼 주체성 이론이 옹호하는 강도 있는 비영리적 실험들과 완전히 반대 방향이다. 유전공학 자본주의의 기회주의적인 정치경제는 생명/조에(Life/zoe), 즉 인간과 인간-아닌 지능적 물질을 사업과 영리를 위한 상품으로 전환시킨다.

신자유주의 시장 세력들이 뒤쫓아가며 경제적으로 투자하는 것은 생명 물질이 가진 정보적 힘이다. 생명 물질의 자본화는 새로운 정치경제를 생산하는데, 멜린다 쿠퍼(Melinda Cooper, 2008)는 이를 "잉여 생명(Life as surplus)"이라고 부른다. 그것은 생명정치 통치성에 대한 푸코의 작업에 들어 있던 인구통계 관리에서와는 아주 다른 담론적이고 물질적인 인구통제 기법을 도입한다. 위험에 대한 경고들은 이제 전 지구적이다. 오늘날 우리는 사회적이고 국가적인 시스템 전반에 대해서뿐만 아니라 세계적 위험 사회에 속한 인구 집단의 모든 부문에 대해서도 '위험 분석'을 시도한다(Beck, 1999). 아주 진부한 차원에서 페이스북의 성공이 보여주듯, 개인의 유전공학 정보, 신경 정보, 매체 정보에 관한 데이터 뱅크가 오늘날의 진짜 자본이다. '데이터 채굴'은 각양각색의 유형과 특징을 확인하고 그것들을 자본 투자를 위한 특별한 전략 목표로 부각시키는 프로파일링(*여러 데이터를 수집, 분석하여 성격. 유형 등에 대해 추론하는 것)을 포함한다. 인간에 대한 이러한 예측 분석은 '라이프 채굴(Life-mining)[2]에 해당하며, 그것의 핵심 기준은 가시성, 예측 가능성, 그리고 추출 가능성이다.

쿠퍼는 이 정치경제의 함의를 명쾌하게 요약한다(2008: 3).

생명이 미생물이나 세포 차원에서 작동할 때, (재)생산이 끝나고 기술적 발명이 시작되는 시점은 어디인가? 사유재산법이 생명의 분자적 요소(생물학적 부모)에서부터 생물권의 사고(대 재해 채권들)에 이르는 모든 것을 포괄하

---

2   이 정보에 대해 Jose van Dijck에게 감사한다.

도록 확장한다면, 어떤 문제가 생기는가? 생물학적 성장, 복합성, 진화에 대한 새로운 이론과 최근의 신자유주의적 축적 이론들은 어떤 관계인가? 신근본주의적 생명정치의 덫에 빠지지 않고 이러한 새로운 독단주의에 어떻게 대적할 수 있는가(예를 들어, 생명권 운동이나 생태학적 생존론)?

쿠퍼가 '자연법' 옹호자들의 생물학적 결정주의나 생태학적 총체성 같은 신근본주의적 입장의 위험을 강조하고 있음에 주목해야 한다. 현재 우리의 사회정치적 맥락에서 이러한 본질주의는 아주 위험하다. 그래서 그 대신 자연-문화 연속체라는 포스트휴먼 개념에서 출발하는 학자의 지속적이고 비판적인 검토가 필요하다.

퍼트리샤 클라우(Patricia Clough)는 "정서적 선회(affective turn)"(2008)를 비슷한 노선으로 분석한다. 선진 자본주의는 신체들을 에너지 자원면에서 그것들의 정보 기체(informational substrate)로 환원시키기 때문에, 다른 범주적 차이들을 없애고 "한 생명 형식을 다른 생명 형식에, 한 생기적 능력을 다른 생기적 능력에 견주어 가치를 평가하는 등가성을 발견할 가능성을 모색한다"(Clough, 2008: 17). 우리의 사회 체제에서 자본이 되는 중요한 가치를 구성하는 것은 정보 자체의 축적, 그것에 내재한 생기적 자질과 자기조직 능력이다. 클라우는 정서적으로 감응하는 혹은 '생명공학으로 매개된' 신체들의 능력을 시험하고 감독하기 위해 "인지자본주의"(Moulier Boutang, 2012)가 사용하는 구체적인 기술의 목록을 인상적으로 제시한다. DNA 테스팅, 뇌 지문, 신경 이미지화, 체열 감지, 홍채나 손 인식 등이 그것이다. 이 모든 것은 시민사회에서 그리고 테러와의 전쟁에서 즉각 작동할 수 있는 감시 기술이다. 이 죽음정치적 통치성은 다음 장에서 다룰 주제이다.

지금 내가 강조하려는 핵심 주장은 다음과 같다. 즉, 유전공학 자본주의의 기회주의적 정치경계는 인간과 다른 종에서 이윤을 얻으려 할 때,

둘 사이의 구별을 실제로 지우지는 않아도 모호하게 한다. 씨앗과 식물, 동물과 박테리아가 인류의 다양한 표본들과 나란히 이 만족할 줄 모르는 소비 논리 안으로 들어간다. 스타벅스 커피 컵에 그려져 있는 다 빈치의 비투르비우스적 인간 이미지(그림 2.1)는 지구적 자본이 생성한 포스트휴먼 연계들의 저속한 속성을 반어적으로 포착한다. "나는 쇼핑한다 그래서 나는 존재한다!"가 그것의 적절한 모토다.

지구적 경제는 궁극적으로 시장의 명령으로 모든 종을 통합하고 그 과도함이 우리 행성 전체의 지속가능성을 위협한다는 점에서 탈-인간중심적이다. 범인류적 취약성이 부정적인 세계시민적 상호연계를 수립한다. 환경위기와 기후변화를 다루는 최근 연구의 규모만으로도 이러한 비상 상태와 정치적 행위자로서의 지구의 등장이 증명된다. 탈-인간중심주의는 특히 대중문화에서 번성하며 비판을 받는다(Smelik and Lykke, 2008). 인간과 기술 장치, 즉 인간과 기계 사이의 변형된 관계를 신고딕 양식의 공포로 재현하는 부정적인 경향 때문이다. 우리와 다른 종의 멸종을 다루는 문학과 영화는 재난 영화를 포함해 그 자체로 성공적인 장르로 폭넓은 대중적 인기를 누리고 있다. 나는 이렇게 편협하고 부정적인 사회적 상상력에 '기술기형적'이라는 이름을 붙였다(Braidotti, 2002). 다시 말해, 문화적 찬양과 탈선의 대상으로서 그렇다는 말이다. 우리 시대 자본주의의 유전공학적 구조에 대한 디스토피아적 반영이 이 장르의 대중성을 설명해준다.

우리 종과 우리의 휴머니즘적 유산의 미래에 대한 불안을 공유하는 사회이론을 다룬 문헌 역시 풍부하고 다채롭다. 하버마스(Habermas, 2003) 같은 중요한 사유주의 사상가와 후쿠야마(Fukuyama, 2002) 같은 영향력 있는 사상가들은 슬로터다이크(Sloterdijk, 2009)와 보라도리(Borradori, 2003) 같은 사회 비판가들처럼 이 문제에 특별한 경계심을 나타내고 있다. 이들은 각각 다른 방식으로 인간의 지위에 깊은 우려를 표명한다. 특히 포스트휴

그림 2.1 스타벅스 커피 컵의 비트루비우스적 인간
출처: Guardian News & Media Ltd 2011

먼 선회의 미래 전망에 대해 도덕적이고 인식적 공포에 압도된 듯하며, 우리의 선진 기술을 비난한다. 나도 그들과 같은 우려를 하고 있지만 분명한 반휴머니즘 감정을 가진 포스트휴먼 사상가인 나는 인간의 중심성이 사라지는 미래에 대해 공포를 덜 느끼며, 그러한 진화가 가진 장점도 볼 수 있다.

예를 들어보자. 일단 이런 탈-인간중심적 실천이 범주(남성/여성, 흑/백,

인간/동물, 죽은/살아있는, 중심/변두리 등)를 나누는 질적인 분리선뿐만 아니라 각각의 범주 안에 있는 분리선까지 흐려지게 하면, 인간은 '생명'을 주된 목표 대상으로 취해온 통제와 상품화의 지구적 그물망 안에 포함된다. 그 결과 인간의 종적 형상이 곤경에 빠진다. 해러웨이는 그 상황을 다음과 같이 말한다.

> 우리의 진정성(authenticity)을 보장하는 것은 인간 유전체에 대한 데이터베이스다. 과학적 진보와 산업적 진전을 위해 공적으로 사용 가능하게 하라는 명령을 받아, 분자적 데이터베이스가 국립연구소에 법적으로 등록된 지적 재산으로 정보 데이터베이스 안에 담겨진다. 분류학적 유형의 인간(Man the taxonomic type)이 브랜드 인간(Man the brand)이 된 것이다. (1997: 74)

우리는 이제 보편적 양식으로 제시된 '인간'의 기준이 편파적이라는 이유로 널리 비판받고 있음을 알고 있다(Lloyd, 1984). 보편적 '인간'은 사실 암묵적으로 남성이고 백인이며 도시화되고 표준 언어를 사용하고, 재생산 단위로서 이성애적이며, 승인된 정치 조직의 완전한 시민으로 가정되어 있다(Irigaray, 1985b; Deleuze and Guattari, 1987). 당신은 어떻게 이런 대표성을 띠지 않을 수 있을까? 이러한 비판이 충분하지 않다는 듯, '인간'은 또한 안트로포스의 종 특이성(species specificity) 때문에도 질책을 받는다(Rabinow, 2003; Esposito, 2008). 즉 위계적이고 헤게모니적이며 대체로 폭력적인 종의 대표자라고 질책을 받는다. 과학적 발전과 지구적 경제 문제가 결합하여 이 종의 중심성에 도전한다. 브라이언 마쑤미(Brian Massumi)는 이 현상을 '전-인간(Ex-Man)'이라고 지칭한다. 즉 "인간의 물질성 안에 새겨져 있는 유전적 매트릭스" (1998: 60) 자체가 중요한 돌연변이를 겪고 있다고, "종의 본래 상태(species integrity)를 인간의 물질적 변이 가능성을 표현하는 생-화학적 양태에서 상실행다"(1998: 60)고 말한다.

이런 분석이 보여주는 것은 유전공학적 자본주의의 정치경제가 그 구조는 탈-인간중심적이지만, 그렇다고 반드시 혹은 자동적으로 포스트-휴머니즘적인 것은 아니라는 사실이다. 또한 그것은 다음 장에서 살펴볼 것처럼, 매우 비인간적/비인도적이기도 하다. 따라서 탈-인간중심주의의 포스트휴먼 차원은 해체적 움직임으로 볼 수 있다. 그것이 해체하는 것은 종적 우월성이다. 그것은 또한 동물과 인간-아닌 존재들의 생명인 조에와 범주적으로 구별되는, 안트로포스와 비오스와 인간 본성에 대해 남아 있는 어떤 개념에도 타격을 가한다. 대신 앞으로 나오는 것은 내가 이미 주장한 것처럼 확장된 자아의 체현된 구조 바로 그것의 자연-문화 연속체다. 이러한 선회는 창조의 왕이라는 인간에 대한 지배적인 형상에서 벗어나는 "인간학적 대탈출"(Hardt and Negri, 2000: 215)이다. 그 종에서 일어나는 어마어마한 혼종화다.

일단 안트로포스의 중심성이 도전을 받으면, '인간'과 그의 타자들 사이의 여러 경계선이 눈사태처럼 무너져 내리면서 뜻밖의 관점이 열린다. 고전적인 휴머니즘의 위기가 성차화, 인종화된 인간 '타자들'의 힘을 강화시켜 그들이 자신들을 주인-노예 관계의 변증법에서 해방시키게 하고, 그럼으로써 포스트휴먼을 시작하게 한다면, 안트로포스의 위기는 자연화된 타자들의 악마적 힘을 풀어놓는다. 동물, 벌레, 식물과 환경, 즉 지구행성과 우주 전체가 소환된다. 이런 상황은 우리 종에게 다른 책임을 지우는데, 우리 종이 혼란을 일으키는 주된 원인이기 때문이다. 우리의 지질학적 시대가 '인류세(anthropocene)³로 알려져 있다는 사실은 안트로포스가 획득한 기술적

---

3 이 용어는 2002년에 노벨상을 받은 화학자 파울 크뤼천(Paul Crutzen)이 만들었고 널리 받아들여지고 있다.

으로 매개된 힘을 강조하고 동시에 그 힘이 다른 모든 존재에게 치명적인 결과를 가져올 잠재력이 있음을 강조한다.

더 나아가, 자연화된 타자들의 변위(transposition)⁴는 인간중심주의 비판에 연결되어 있는 여러 가지 개념적, 방법론적 어려움을 제기한다. 학문으로서의 철학은 인간 의식의 초월적 토대를 지속적으로 주장하지만, 실제로 사실은 우리 모두가 자연의 일부이며 우리 모두가 체현되고 환경에 속한 존재이기 때문이다. 이러한 유물론적 인식을 비판적 사유의 임무와 어떻게 타협시킬 수 있을까? 생기론적 유물론의 한 유형인 포스트휴먼 이론은 인간중심주의의 오만과 싸우고 초월적 범주인 '휴먼(the Human)'의 '예외주의'와 싸운다. 포스트휴먼 이론은 대신 조에의 생산적이고 내재적인 힘, 생명

---

4 (옮긴이) 'transpositions'은 브라이도티가 2006년에 출판한 책의 제목이기도 하다. 브라이도티는 음악과 유전학에서 이 개념에 대한 통찰을 얻었다고 말하면서, 'transpositions'란 상호텍스트적이고 경계를 가로지르며 횡단하는 전이를 의미하며, 단지 복수적인 증식이라는 양적 의미만이 아니라 복합적 복수성이라는 질적 의미에서, 하나의 코드, 하나의 장, 하나의 축에서 다른 코드, 다른 장, 다른 축으로 도약하는 것이라고 말한다. 음악에서는 불연속적이지만 조화를 이루는 패턴을 지닌 변주곡들과 음조 변화를 의미하고, 유전학에서는 비선형적인 방식으로 발생하면서도 무작위적이거나 자의적이지 않은 과정인 유전자의 변이과정 혹은 유전정보의 전수과정을 지칭한다. 유전체 자체의 유연성을 강조하는 이 개념은 유전학을 이해하는 열쇠가 과정 자체 즉 조직화된 체계의 연속계열이며, 유전정보가 요소들의 연속계열 안에 담겨 있고 유전요소들의 기능과 조직이 변이가능하고 상호의존적임을 뜻한다. 브라이도티는 이러한 음악과 유전학적 개념을 주체와 대상 사이에 근본적이고 필연적인 통일성이 있다는 가정에 기대어 이원론적 분열을 비판하는 모델, 대안적인 다른 앎의 방식을 발생시키는 창의적 통찰의 경험을 강조하는 과학적 이론으로 확대한다. 특히 브라이도티는 자신의 책 *Transpositions* 자체도 복수적이고 복합적이며 여러 층위에서 동시 발생적인 트랜스포지션들, 즉 여러 분과 학문과 담론증위 사이에서 일어나는 이동싱과 싱호 참조를 지칭하고 텍스트와 그것의 사회적 역사적 맥락이 물질적이고 담론적 의미에서 서로 연결되는 지점을 설명하고자 하는 복합적인 의미를 가지고 있으며, 너무나 자주 떨어져 있는 담론 공동체들 사이를 왔다갔다 하면서 상호 연결점을 만들고 창의적인 연결점을 제시하고자 한다는 점에서 '변위/트랜스포지션' 개념에 적절성을 가진다고 설명한다 (*Transpositions*, PP. 5-6 참조).

의 인간-아닌 측면들과의 연대를 구성한다. 이러한 상황은 비판적인 생각은 말할 것도 없고, 도대체 생각한다는 것이 의미하는 바에 대해 우리가 공유하는 이해를 돌연변이적으로 변형시키라고 요구한다.

이번 장의 나머지 부분에서는 이 통찰을 탈-인간중심적 탐색의 서로 관련된 여러 영역들로 발전시켜볼 것이다. 나는 포스트휴먼 곤경의 생산적 측면을 강조하고자 한다. 그것이 주체성의 구조와 이론과 지식 생산 둘 다를 긍정적으로 변형시키기 위한 관점을 상당히 열어준다는 점을 강조하고자 한다. 나는 이 과정을 '동물-되기, 지구-되기, 기계-되기'로 이름 붙였다. 이는 들뢰즈와 과타리의 철학을 준거로 한다. 비록 내가 그들과의 관계에서 매우 독자적이지만 말이다. 동물-되기라는 변형의 축은 인간중심주의를 박탈하고 종을 횡단하는 연대를 인정하게 한다. 종을 횡단하는 연대는 우리가 환경에 기반을 두고 있다는 사실, 즉 우리가 체현되고 환경에 속해 있으며 다른 종과 공생한다는 사실에 근거한다(Margulis and Sagan, 1995). 지구 행성적 차원, 즉 지구-되기 차원은 생태와 기후변화 문제를 특히 강조하면서 환경적이고 사회적인 지속가능성 문제를 전면으로 가져온다. 기계-되기 축은 인간과 기계 회로를 나누는 분할선에 틈을 내어 생명공학기술로 매개된 관계를 주체 구성에 근본적인 것으로 도입한다. 4장의 중심이 될 개념을 미리 전개하면서 결론을 내보면, '생명'이 중심에 서 있는 윤리적 가치 체계를 위한 토대인 '물질-실재론'의 생기론적 유형은 생명과학뿐만 아니라 21세기 인문학 연구에도 적용될 필요가 있다. 각각의 경우를 차례로 살펴보며 시작해보자.

2. 동물-되기로서의 포스트휴먼

탈-인간중심주의는 종에 위계가 있으며, 모든 사물의 척도인 '인간'에 하나의 공통 기준이 있다는 개념을 배제한다. 이렇게 열린 존재론적 틈 안으로 다른 종들이 질주해 들어온다. 이렇게 진행되는 현상을 비판이론의 언어와 관습적인 방법론으로 말하기는 훨씬 어렵다. 언어는 특히 탁월한 인간 중심적 도구가 아니던가? 우리는 앞 장에서 휴머니즘적 사유 이미지가 '인간'과 그 자신과의 관계를 자축하도록 틀지우는 것을 보았다. 이러한 상황은 그가 '타자'로 배제하는 것이 그러하듯 그가 자신의 핵심적 특성으로 포함하는 것이 지배적인 주체를 확정하고 있음을 보여준다.

휴머니즘의 주체는 그의 주권적 입지를 유지하고자 내적으로 모순된 주장을 한다. 그는 추상적인 보편이면서 동시에 어떤 우수한 종의 대변자다. 즉 '휴먼(Human)'이면서 동시에 안트로포스다. 논리적으로 불가능한 이런 주장은 이른바 정치적 해부학에 의존한다. 그것에 따르면 '이성의 힘'에 대응하는 짝은 '인간'이 '합리적 동물'이라는 개념이다. 1장에서 살펴본 것처럼 후자는 완전한 기능을 가진 물리적 신체에 거주한다고 생각되었고, 암암리에 백인의 남성성, 정상상태, 젊음과 건강이라는 이상을 모델로 한다. 타자성의 변증법은 휴머니즘적 인간에게 힘을 주는 내부 엔진이다. 그것은 통치 도구인 위계의 저울에 차이를 할당한다. 체현의 다른 양태들은 모두 주체 입지에서 쫓겨난다. 그들 안에는 의인화된 타자들, 즉 백인-아닌, 남성-아닌, 정상-아닌, 젊지-않은, 건강하지-않은, 신체장애가 있거나 기형이거나 향상된 사람들이 포함된다. 또한 그것들은 '인간'과 동물 형상의 혹은 유기적인 혹은 대지의 타자들 사이의 더 존재론적 범주의 분리들도 포함한다. 이 모든 '타자들'은 타락으로 간주되고 병리화되고 정상성 바깥으로 내몰린다. 비정상, 일탈, 괴물성과 야만성 편에 놓인다. 이 과정은 백인, 남성, 이성애, 유럽 문명에 기반을 둔 미학적이고 도덕적인 이상을 떠받치고 있다는 점에서 본질적으로 인간중심적이고, 젠더화되고, 인종화되어 있다.

부정적 차이의 변증법에 관련된 메커니즘을 동물의 관점에서 더 면밀히 살펴보자. 동물은 안트로포스에게 필요하고 익숙하며 아주 소중한 타자다. 하지만 이런 친밀함은 위험으로 가득하다. 루이스 보르헤스(Louis Borges)는 재치 있고 조롱하는 듯한 말투로 동물을 세 집단, 즉 우리가 텔레비전을 같이 보는 동물, 우리가 먹는 동물, 그리고 우리가 무서워하는 동물로 분류했다. 이렇게 예외적인 고도의 경험적 친밀함은 인간-동물 상호작용을 고전적 매개변수들, 즉 오이디푸스적 관계(너와 내가 같은 소파에 함께 있다), 도구적 관계(너는 궁극적으로 소비되리라), 그리고 환상적(fantasmatic)[5] 관계(이국적이거나 멸종한 자극적인 인포테인먼트 대상들)에 국한시킨다.

이제 각각을 간단히 분석해보자. 인간과 동물의 오이디푸스적 관계는 평등하지 않으며 인간이 동물을 포함한 타자들의 신체에 자유롭게 접근하고 소비하는 것을 당연하게 여기는 습관의 틀, 인간 지배적이고 구조적으로 남성중심적인 습관의 틀에 담겨 있다. 관계의 한 양태로서 오이디푸스적 관계는 투사, 금기, 환상으로 가득 차 있다는 점에서 신경증적이다. 또한 그것은 인간 주체가 지닌 최상위의 존재론적 권리 의식을 나타내는 징표이기도 하다. 자크 데리다는 동물에 대한 인간 종의 권력을 "육식-남근중심주의(carno-phallogocentrism)"라는 말로 나타내면서(Derrida, 2006) 인식론적이며 물리적인 폭력이라고 비판한다. 버거와 세가라(Berger and Segarra, 2011)는 동물성에 대한 데리다의 작업이 계몽주의 기획의 한계를 분석하는 그의 작업에 주변적인 것이 아니라 핵심적인 것이라고 주장한다. 따라서 인간중심주의에 대한 데리다의 공격은 고전적 휴머니즘에 대한 비판의 불가피한 상관물이다. 이 둘 사이의 강력한 논리적 역사적 연계는 서양의 이성이 다수의

---

5 (옮긴이) 'fantasmatic'은 환상에 속한 무엇인가를 표현하기 위해 정신분석에서 사용하는 형용사다. 라캉적 정신분석에서 매우 특정한 의미를 가진 개념인데, 이때 환상은 단지 상상된 것 혹은 만들어진 것이라기보다는 우리가 그것을 통해 세계를 이해하는 서사적(환상적) 틀을 말한다.

타자들에게 가한 손상을 정치적으로 비판하는 틀이 된다. 취약성을 공유함으로써 연결되어 있다는 인식은 새로운 형식의 포스트휴먼 공동체와 공감할 수 있게 한다(Pick, 2011). 인간과 동물 사이의 이 익숙한 오이디푸스적 관계는 양가적이며 조작가능해서 다양한 방식으로 표현되어왔으며, 그 방식들은 우리의 정신적이고 문화적인 습관 안에 단단히 새겨져 있다. 그 첫 번째가 은유화다.

동물은 오랫동안 인간을 위해 미덕과 도덕적 탁월성의 사회적 문법을 말해왔다. 이 규범적 기능은 동물을 규범과 가치를 은유적으로 나타내는 대상으로 변화시킨 도덕 해설집과 교훈적 우화집의 규칙이 되었다. 리비(Livy)와 몰리에르(Moliere)가 불멸의 존재로 만든 고귀한 독수리, 속이는 여우, 겸손한 양과 귀뚜라미와 꿀벌의 그 빛나는 문학적 가계도를 생각해보라. 이러한 은유의 관습이 인간-동물 상호작용의 환상적 차원에 들어갔고, 우리 시대 문화에서 그 상황은 〈킹콩〉에서 〈아바타〉의 파란 하이브리드 피조물에 이르는 인간의 형상을 한 등장인물의 오락적 가치에 의해 잘 표현되어 있다. 스필버그의 〈쥐라기 공원〉에 등장하는 인기 있는 공룡들도 잊지 말자.

사회적 차원에서 인간-동물의 상호작용에 대한 증거는 강력하다. 흔히 그것은 재현의 문제이기도 한다. 해러웨이가 "동반종(companion species)"(2003)이라 부른 동물들은 역사적으로 종을 횡단하는 감정적 친족 관계를 수립한 서사들, 동반종을 아기처럼 취급하는 서사들 안에 제한되어왔다. 이런 서사들이 많이 만들어낸 것은 개의 무조건적 충성심과 헌신에 대한 감상적 담론이다. 해러웨이는 이에 대해 격렬하게 반대한다. 자연문화적 합성물인 개는, 다른 테크노 과학의 산물과 다르지 않게, 비록 소중한 타자이기는 해도 철저한 타자다. 개는 대부분의 인간처럼 사회적으로 구성된다. 유전자 검색뿐만 아니라 건강과 위생 규제, 다양한 미용 서비스를 통해서도 그러하다. LA의 화려한 교외 지역에서 애완동물의 다이어트 클리닉이 성공했다는 뉴스를 듣고 의미심장한 웃음을 애써 누르지 않는 사람이 얼마나 되겠는가? 이러한 포스트휴먼 시대에는 서로 다른 생명-형식들에서 놀랄 만한 물질적 등가 형식이 발견된다. 우리는 우리 시대의 인간-아닌 동물의 복잡성과 동물과 인간의 근접성에 어울리는 재현 체계를 고안해야 한다. 이제 중요한 것은 새로운 관계 양태로 나아가는 것이다. 동물은 더 이상 인간의 자기 투사와 도덕적 열망을 지탱하는 의미화 체계가 아니다. 동물은 신-문자적 양태, 그들 자신의 코드 체계, 즉 '동물존재론'으로 접근해야 한다(Wolfe, 2003).

인간과 동물의 친밀함이 모순적이고 문제적이라는 두 번째 중요한 징후는 시장경제와 노동력에 연결되어 있다. 고대부터 동물은 인간이 운용하는 종 위계 안에서 일종의 동물-프롤레타리아였다. 동물은 기계시대 이전부터 지속적으로 인간을 위한 자연적 노예로, 물자와 사람의 수송을 도와주는 존재로 고된 노동에 이용되었다. 더 나아가 동물은 그 자체로 산업 자원이다. 동물의 몸은 우유와 식용 고기에서 시작하여 가장 기본적인 물질 생산물이다. 하지만 코끼리의 상아, 대부분의 생물의 가죽, 양의 털, 고래의 기름과 지방, 애벌레의 비단 등도 생각해보라.

서문의 두 번째 삽화에서 내가 제시한 숫자들이 보여주듯, 이 대규모의 담론적이고 물질적인 착취의 정치경제는 오늘날에도 지속되고 있으며, 동물은 과학 실험, 우리의 생명공학기술 농경, 화장품 산업, 제약 산업과 다른 경제 부문들을 위해 생명 물질을 제공한다. 돼지와 쥐 같은 동물은 이종-이식 실험에서 인간을 위한 장기를 생산하기 위해 유전자가 변형된다. 동물을 시험 사례로 사용하고 복제하는 것은 이제 과학적 실천으로 확립되었다. 온코마우스와 복제 양 돌리는 이미 역사의 일부다(Haraway, 1997; Franklin, 2007). 선진 자본주의에서 모든 동물과 종은 거래할 수 있고 쓰다 버릴 수 있는 신체가 되었고, 탈-인간중심적 착취의 지구적 시장 안에 기입되었다. 앞에서 언급하였듯이, 동물 매매는 오늘날 세계에서 세 번째로 규모가 큰 불법거래다. 마약과 무기 다음이지만 여성보다는 앞서 있다. 이런 상황이 인간과 동물 사이에 새로운 부정적 유대를 만들어낸다.

냉전이 절정에 달해 미국과 소련 사이에서 격화되던 경쟁과 초기 우주 탐험 프로그램의 일환으로 개와 원숭이들이 우주 궤도로 쏘아 올려질 때, 조지 오웰(George Orwell)은 "모든 동물은 평등하지만 어떤 동물은 다른 동물보다 더 평등하다"(Orwell, 1946)고 반어적으로 말했다. 세 번째 천년의 새벽, 기술적으로 매개된 끝없는 전투에 사로잡힌 세계에서 그런 은유적 웅장함은 공허하게 들린다. 탈-인간중심주의는 그 반대를 시사한다. 어떤 동물도 다른 어떤 동물보다 더 평등하지 않다. 왜냐하면 동물들은 그들을 모두 유사하게 상품화하고 평등하게 일회용으로 만드는 지구행성적 교환의 시장경제에 평등하게 기입되어 있기 때문이다. 다른 모든 구별은 흐려진다.

동시에, 오래된 관계 양태가 현재 재구성되고 있다. 동물과 더 평등한 관계를 가지라고 고무하는 조에평등주의적 선회가 일어나고 있다. 우리 시대의 탈-인간중심적 사유는 모든 차원에서 돌연변이들을 생성하는 급변하는 기술문화 내부에 반오이디프스적 동물성을 생산한다. 내가 보기에 오늘날 해결해야 할 문제는 실체의 형이상학과 이것의 필연적 결과인 타자성의 변증법을 뛰어넘기 위해 인간-동물의 상호작용을 어떻게 탈영토화, 즉 유목화시킬 것인가 하는 문제다. 이것은 또한 인간의 본성과 그것을 활성화하는 생명의 세속화를 수반한다. 탈-인간중심적 사유의 선구자이면서 인간-동물 상호작용의 냉민한 분석가인 해러웨이는 동반종을 비트루비우스적 자세로 그린 반어적인 만화 그림으로 이러한 근본적 선회를 포착한다(그림 2.2와 2.3을 보라). 고양이나 개가 정확히 모든 사물은 아니라도 적어도 몇몇 사물의 척도는 될 수 있을까? 그것이 휴머니스트들의 자기재현을 암

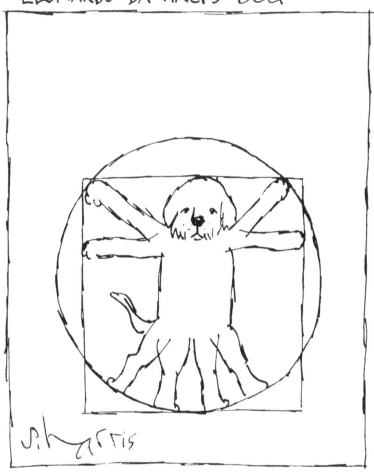

그림 2.2 S. 해리스, "레오나르도 다 빈치의 개"
출처: www.cartoonstock.com

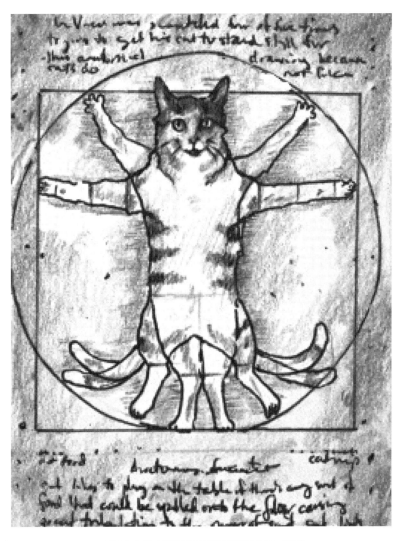

그림 2.3 매기 스티브베이터, "비트루비우스적 고양이"
출처: Maggie Stiefvater via Flickr

암리에 지지하는 유전자적 위계를 자리바꿈할 수 있을까? 여기서 우리는 생명의 탈-인간중심적 정치학 자체의 모순된 결과를 본다. 이에 대해서는 앞에서 설명했다.

　　탈-인간중심주의라는 의미에서 본 포스트휴먼은 변증법적 대립 도식을 축출하고, 잘 수립되어 있는 이원론 대신 인간과 동물 사이에 있는 깊은 조에평등성을 인정한다. 인간과 동물의 유대가 가지는 힘은 그들이 영토 혹은 환경으로서 이 지구행성을 더 이상 그렇게 분명하게 위계적이지도 않고 또 자명하지도 않은 조건으로 공유하고 있다는 사실에 의거한다. 이러한 중요한 상호연계는 종차별주의에서 벗어나서 신체들(인간의, 동물의, 다른 존재들의)이 할 수 있는 것을 윤리적으로 인정해주는 쪽으로 나아간다는 점에서 관계의 질적 전환을 제시한다. 스피노자적 윤리학에 기반을 둔 힘의 행태학(ethology)이 인간-동물 상호작용을 변화시키기 위한 주된 준거점으로 부상한다. 행태학은 새로운 정치적 틀을 추적하는데, 나는 이를 긍정의 기획으로 본다. 선진 자본주의의 기회주의적 논리인 생명의 모든 형태의 상품화에 반응하는 긍정의 기획으로 본다.

　　이러한 탈-인간중심적 접근은 우리의 재현들의 토대를 실생활의 조건과 긍정의 방식에 두기 위해 더 많은 상상력을 발휘해야 한다고 요구한다. 이런 점에서 개와 고양이 그리고 오늘날 집 안에 있는 여러 동반종을 정서적으로뿐만 아니라 유기적으로도 종 분할선을 가로지르는 존재로 다시 생각해야 한다. 자연-문화 합성물인 이 동물들은 사이보그의 특질을 가진다. 혼합된 피조물이고 포스트휴먼 관계성의 벡터들이다. 많은 점에서 복제 양 돌리는 생명공학으로 매개된 복잡한 시간성과 새로운 탈-인간중심적 인간-동물 상호작용을 나타내는 친밀성을 위한 이상적인 형상화이다. 그녀/그것은 자신의 종의 마지막 표본—임신으로 재생산되는 양의 계보적 혈통—이면서 동시에 새로운 종, 즉 필립 K. 딕(Philip K. Dick)이 꿈꾼 전자

양, 『블레이드 러너(Blade Runner)』(1982)의 안드로이드 사회의 선구자인 새로운 종의 최초의 표본이다. 성적으로 임신되지 않고 복제되었으며 유기체와 기계의 이질적 혼합인 돌리는 재생산의 고리가 끊어지면서 가계와 단절되었다. 돌리는 그녀/그것의 오래된 종에 속하는 어떤 일원의 딸이 아니라 고아이면서 동시에 그녀/그 자신의 어머니다. 새로운 젠더의 첫 존재인 그녀/그것은 가부장제 친족 체제의 젠더 이분법도 넘어선다.

원본이 없이 만들어진 복제본 돌리는 포스트모던 시뮬라크르의 논리를 극단적인 왜곡으로까지 밀고 간다. 그녀/그것은 '무염시태(無染始胎, 원죄 없는 잉태, Immaculate Conception)'의 생명공학적 제3세기 버전이다. 돌리가 너무 익숙하고 평범한 관절염으로 죽었음을 기억하면 그 아이러니는 애처로울 정도다. 그후 그녀는 상처에 경멸을 더하는 최후의 수모를 겪는다. 박제가 되고 희귀한 과학적 표본으로 방부 처리되어 과학박물관에 전시된다. 그녀/그것은 19세기에 거주하면서 동시에 미디어 명사로서 20세기와 화음을 맞춘다. 고풍스러우면서 동시에 초현대적인 돌리는 다수의 시대착오로 구성되어 있고, 서로 다른 연대기적 시간 축들을 횡단하여 위치한다. 그녀/그것은 복합적이고 자기모순적인 시간대에 거주한다. 우리 시대의 다른 기술기형적 동물이나 존재들처럼(온코마우스가 생각난다), 돌리는 시간의 선형성을 깨뜨리고 연속적인 현재에 존재한다. 이 테크노-전자적 무시간적 시간은 비동시성으로 침윤되어 있다. 구조적으로 한 점에 고정되어 있지 않다. 돌리에 대해 생각하면 우리가 과거에서 물려받은 사유의 범주들은 흐려진다―그녀/그것은 사유에 깊이와 밀도와 모순을 더하면서 사유 자체의 위도와 경도를 잡아당겨 늘인다. 그녀/그것은 복합성을 체현한다. 그래서 더 이상 동물은 아니지만 아직 완전히 기계도 아닌 이 존재는 포스트휴먼 조건의 아이콘이다.

해러웨이는 인간-동물 연속체를 위한 새로운 이미지와 비전과 재현이 필요하다고도 강조한다. 그녀는 온코마우스의 혼종적 형상화를 통해 인간-동물의 상호작용을 다시 생각해보자고 제안한다. 세계에서 처음으로 특허 받은 동물이자 연구 목적으로 창조되고 형질전환된 온코마우스는 포스트휴먼이라는 용어의 모든 가능한 의미에서 포스트휴먼이다. 그것은 연구소와 시장 사이에서 이루어질 이윤을 창출하기 위한 거래를 목적으로 창조되었으며, 특허 사무실과 실험실 작업대 사이를 항해한다. 해러웨이는 이 형질전환 동물과 친족 의식을 수립하려 한다. 해러웨이는 온코마우스를 "남성 혹은 여성인 〔……〕 나의 형제자매, 그녀/그는 나의 누이다"(1997: 79)라고 부르면서 온코마우스가 피해자이면서 동시에 유방암 치료법을 발견하여 많은 여성의 삶을 구하기 위한 희생제물로서 자신을 희생하는 예수 같은 인물이라고 강조한다. 다른 포유류를 구하는 포유류다. 온코마우스는 계통의 순수성을 파괴하기 때문에 유령 같기도 하다. 돌리와 마찬가지로 그것은 태어난 것이 아니라 만들어진 것이라는 그 단순한 사실 때문에 자연의 질서를 오염시키는 결코 죽지 않는 존재다. 그/그녀는 기존의 코드들을 뒤섞어 포스트휴먼 주체의 안정성을 흔들 뿐만 아니라 재구축하기도 하는 사이버그적 장치다. 돌리나 온코마우스 같은 형상화들은 은유가 아니다. 우리의 이해력을 현재의 변화하는 전경 안에 상상적으로 위치시키는 수단이다.[6]

탈-인간중심적 선회에 대한 나의 유쾌한 지지가 누군가에게는 과도한 열정으로, 심지어는 승리에 벅차 의기양양한 듯이 보일 수 있다는 것을 잘 알고 있다(Moore, 2011). 앞 장에서 말한 것처럼, 우리가 포스트휴먼과 맺는 관계는 무엇보다도 인간에 대해 각자가 지닌 비판적 평가의 영향을 받

---

6 이 점에서 이 형상들은 들뢰즈의 개념적 인물(*conceptual personae*)과 같은 기능을 수행한다(Deleuze and Guattari, 1994; Braidotti, 2011a, 2011b).

는다. 내 안에 있는 깊은 반휴머니즘적 성향은 내가 안트로포스의 퇴거를 기꺼이 환영한다는 데서 나타난다. 하지만 포스트휴먼에 대한 나의 열정이 우리 시대의 인간-동물 상호작용에 작동하는 잔인한 모순과 권력 차이들을 보지 못하게 하는 것은 아니다. 물론, 동물을 도구로 보는 오래된 중요한 행동 양식이 여전히 음식과 양털, 가죽 생산품, 농업 노동력과 산업과 과학을 위해 사용되는 동물에 작동하고 있다. 지구적 갈등과 금융 위기가 죽음정치경제를 악화시키고 있다. 선진 자본주의는 생명의 유전공학적 구조 자체를 시장 판매하고 그것에서 이윤을 얻는다는 면에서 인간중심주의의 퇴거에 기여한다. 동물은 이중으로 구속받고 있다. 한편으로는 그 어느 때보다 비인간적 착취의 대상이면서 다른 한편으로는 울타리를 수선하며 유지되는 인간화(humanization)의 잔여 형태들에게서 혜택을 받는다. 이러한 상충하는 상황 때문에 나는 탈-인간중심주의는 인간과 동물 둘 다에게 은총이자 저주라고 결론 내린다. 이를 설명해보겠다.

3.   보상적 휴머니즘

20세기 후반 내내 '동물권(animal rights)'은 대부분의 선진 자유민주주의 국가에서 논의해야 할 문제로 부각되어왔다. 녹색당이나 동물당처럼 전적으로 비인간중심적 타자들의 안녕에 헌신하는 정당들이 북유럽 여러 국가의 의회에서 자리를 차지하고 있다. 그들은 종차별주의를 모든 타자의 신체에 접근권이 있다고 생각하는 지배 종인 '인간'이 지닌 인간중심적 오만을 비판한다. 동물권 운동가들은 인간의 우월성을 가정하는 '인간신격화(anthropolatry)'가 끝나야 한다고 주장하면서, 다른 종과 다른 생명 형태의 이해관계를 더 존중하고 우선으로 여기라고 요청한다.

동물권 이론에서 이러한 탈-인간중심적 분석 전제들은 네오휴머니즘과 결합한다. 휴머니즘적 가치들의 타당성을 재평가하기 위해 이러한 휴머니즘적 가치들이 인간 형상을 한 자아들에 관련되어 있고 이 자아들은 단일하게 통일된 정체성, 자기성찰적 의식, 도덕적 합리성, 감정이입과 연대 같은 감정을 공유하는 능력이 있다고 가정된다. 인간의 형상이 아닌 타자들도 같은 미덕과 능력이 있다고 간주된다. 이런 입장을 강조하는 인식론적인 도덕적 가정들은 계몽주의 이후 존재해왔다. 다만 이전에는 동물이나 식물 같은 인간-아닌 행위자를 모두 희생시키면서 인간만을 위해 보존되었다면, 내가 탈-인간중심적 네오휴머니스트라고 규정하는 동물권 지지자들은 이러한 가치들을 모든 종에 확장하고 유지해야 한다는 점에 동의한다.

가장 널리 알려진 '동물권'의 옹호자 피터 싱어(Peter Singer)는 동물에 대한 도덕적 합리주의를 선호하는 공리주의적 입장을 옹호한다. 누스바움(2006) 같은 자유주의적 휴머니스트는 종 평등성 추구에 동의한다. 고전적 자유주의 전통에서 작업하는 메리 미즐리(Mary Midgley, 1996)는 '인간중심주의'라는 말도 신임하지 않고, 그것이 단지 '휴먼 쇼비니즘'을 의미할 뿐이라고 말한다. 즉, 그것은 "민족적, 인종적, 젠더적 쇼비니즘에 비견되는 공감의 편협성이며, 환대하고 포용하며 우호적인 것과 대립되는 배타적 휴머니즘이다"(1996: 9-10). 미즐리가 지지하는 대안은, "우리는 종으로도 개체로도 자기독립적이거나 자기충족적이지 않다. 우리는 깊은 상호의존성으로 살고 있다"(1996: 105)는 것을 인정하는 것이다. 밸 플럼우드(Val Plumwood, 2003)도 이성이 초래한 환경적 위기를 깊게 분석하면서 인간이 가진 특권의 탈중심화에 기반을 둔 새로운 종 상호 간의 대화적 윤리를 요청한다.

급진적 에코페미니스트들은 공리주의도 자유주의도 부족한 방식이라고 본다. 전자는 인간-아닌 타자들을 봐주듯이 내려다보며 접근하고, 후자는 인간이 동물을 통제하고 지배하고 있음을 위선적으로 부인하기 때문이다. 이러한 비판은 이기주의와 잘못된 우월감을 수반하는 인간의 개인주의의 파괴적 측면으로까지 확장할 수 있다. 페미니스트들(Donovan and Adams, 1996, 2007)은 이러한 개인주의가 남성의 특권과 여성의 억압에 관련되어 있고 남성 지배에 대한 일반 이론을 지지한다고 본다. 과거와 현재의 페미니스트 채식주의자와 완전 채식주의자의 비판이론은 육식을 합법화된 식인행위의 한 형태라고 비판한다(Adams, 1990; MacCormack, 2012). 종차별주의는 성차별주의와 인종주의처럼 부당한 특권으로 설명되어야 한다고 주장한다. '성-종(sex-species)' 위계 체제가 얼마나 널리 퍼져 있는가는 동물권 운동의 작업틀 내부에서도 인식되지도 않고 비판받지도 않는다. 페미니즘의 교정적 영향력은 소중하다. 페미니즘이 집단성과 감정적 유대 맺기 둘다의 정치적 중요성을 강조하기 때문이다.

　　동물의 지위를 분석하는 새로운 자료들은 현재 인류학, 영장류동물학, 고생물학, 과학과 기술학의 학제적 도구들을 통해 분석되고 있다. 이 분야에서 가장 유명한 탈-인간중심적 네오휴머니스트 중 한 명은 프란스 드 발(Frans de Waal, 1996)이다. 그는 감정이입과 도덕적 책임 같은 고전적 휴머니즘 가치들을 상위 영장류로 확장한다. 유인원에 대한 엄밀한 경험적 관찰을 바탕으로 드 발은 공격성이 종을 발전시키는 동력이라는 주장에 도전하고 진화와 진화생물학에 대한 우리의 생각을 변화시킨다. '내 안의 유인원'[7]과 난쟁이침팬지에 대한 드 발의 선구적 작업은 소통과 성적 교환을 공동체 형성의 핵심에 놓으며, 종의 암컷들이 진화에 기여하는 역할을 강조한다. 최근에 나온 책에서 드 발(2009)은 인간이 아닌 영장류들 사이의 감정적 소통, 즉 감정적으로 매개된 소통 형태로서의 감정이입이 중요하다고 강조

7　　(옮긴이) 프란스 드 발(Frans De Waal)의 책 *Our Inner Ape: A Leading Primatologist Explains Why We Are Who We Are* (2005)는 『내 안의 유인원: 영장류를 통해 바라본 이기적이고 이타적인 인간의 초상』(2005)의 제목으로 번역본이 출판되었다.

한다.

포스트휴먼 주체성 이론의 견지에서 볼 때, 감정이입에 대한 강조는 몇몇 중요한 목적을 달성한다. 우선, 감정이입을 강조하면서 소통을 진화적 도구로 재평가한다. 둘째, 이성보다 감정에서 의식의 열쇠를 찾는다. 셋째, 는 해리 후네만(Harry Hunneman)이 '자연주의의 해석학적 형식(a hermeneutical form of naturalism)'이라고 정의한 것을 발전시킨다. 사회구성주의 전통에 비판적 거리를 두고, 도덕적 가치들을 타고난 자질로 자리 잡아준다. 이는 자연-문화 연속체 이론의 의미 있는 확장이다. 드 발은 우리 종이 "집단을 이루도록 되어 있다"고 주장한다(2006: 4). 더 나아가, 주체에 대한 드 발의 견해는 이성의 초월성보다는 유물론적이며 감정과 열정을 정체성 형성의 핵심으로 보는 데이비드 흄(David Hume)의 방식에 끌린다. 마지막이지만 역시 중요한 점으로, 나는 드 발을 관대하고 호혜적인 이타성으로 서로를 지지하는 사회적 하부구조를 창조하는 데 매우 헌신적인 탈-인간중심적 사회민주주의자로 보고 싶다. 도덕적 선은 전염한다는 그의 생각은 감정이입의 '거울 뉴런(mirror neurons)'[8] 이론이 뒷받침한다. 그는 인간과 상위 영장류 사이의 윤리적 연속성을 강조하면서, 우리가 너무 손쉽게 우리의 공격적 경향성을 동물에게 투사하고 선의 자질을 우리 종의 특권으로 보유한다고 주장한다. 드 발(1996)은 진화가 도덕성을 위한 요건도 마련해준다고 주장하면서, 인간 우월론자들의 "의인화 부인(anthropodenial)"[9](2006: xvi)을 공격한다. 타고나고 유전적으로 전해지는 도덕적 경향으로서의 감정이입, 즉 도덕의

---

8   (옮긴이) 'mirror neurons'은 타인의 행동이나 의도, 감정을 머릿속에서 추측하고 모방하며 그로 인해 인간의 공감 능력을 담당한다고 알려진 신경세포다. 1996년 이탈리아의 파르마대학의 신경심리학자인 자코모 리촐라티(Giacomo Rizzolatti) 교수팀이 짧은 꼬리원숭이를 대상으로 뇌가 어떻게 운동 행위를 조직하는지 알아내기 위해 관찰하다 발견했다.

자연화는 유행하게 되고, 이기적 유전자와 탐욕은 확고히 사그라든다. 이 모든 면이 포스트휴먼 주체 이론에 지극히 적절하다.

하지만 내가 탈-인간중심적 네오휴머니즘에 다소 의혹을 가지는 이유는 그것이 고전적 휴머니즘 자체에 대해 비교적 무비판적이기 때문이다. 동물에게 보상하려는 노력은 현재 지구화, 기술과 '새로운' 전쟁들로 정신적 외상을 입은 이 지구행성의 인간 거주자들과 그들의 동물 타자들 사이에 때늦은 연대로 보이는 것을 만들어낸다. 이러한 연대는 종을 가로지르는 부정적인 유대 의식을 고전적이고 고결하다는 휴머니즘의 도덕적 주장들과 결합한다는 점에서 기껏해야 양가적이다. 이러한 종 횡단적 포용에 휴머니즘이 종 평등주의라는 방패 아래 무비판적으로 재기입되고 있다.

나는 포스트휴먼 주체에 대한 작업을 하면서 앞 장에서 대략 언급한 휴머니즘의 한계들을 기꺼이 비판적으로 인정한다. 나는 우리가 인류세의 시기, 즉 지구의 생태 균형이 인류에 의해 직접적으로 통제되는 그런 시기에 살고 있다는 사실을 분명하게 알고 있다. 인간 사회의 가치들이 심각한 인식론적, 윤리적, 정치적 위기를 겪는 시기에, 휴머니즘 가치의 특권을 다른 범주로 확장하는 시도를 이타적이거나 관대하거나 특별히 생산적인 움직임으로 간주하기는 매우 어렵다. 인간과 다른 종 사이에 생기적 유대(vital bond)가 있다고 강력하게 주장하는 것은 필요한 일이기도 하고 괜찮은 일이기도 하다. 이 유대는 취약성을 공유한 결과라는 점에서 부정적이며, 공유된 취약성은 인간이 환경에 가한 행위의 결과다. 그렇다면 이 경우는 인간

---

9 (옮긴이) 'anthropodenial'은 프란스 드 발(Frans De Waal)이 제안한 개념이다. 그는 인간의 정신적 특징들이 인간 아닌 유기체에도 속해 있다는 사실을 부인하는 것은 잘못이라고 주장한다. 다른 동물의 인간 같은 특징이나 우리 안에 있는 동물 같은 특징을 보지 못하는 것은 인간과 다른 동물의 왕국 구성원들을 분리시키면서 인간은 영혼을 지녔지만 동물은 단지 자동기계에 불과하다고 주장하는 데카르트의 전통을 유지하는 것과 같다.

이 인간-아닌 존재들에게 자신의 미래에 대한 근본적인 불안을 확장하고 있는 것은 아닐까? 인간-아닌 동물들의 의인화는, 특히 '휴먼' 범주 자체가 도전받고 있는 역사적 시기에는, 대가를 치루며 이루어질 것이다.

동물들에게 도덕적 법적 평등성의 원칙을 확장하기 위해 그들을 의인화하는 것은 훌륭한 행위일 수 있다. 하지만 그것은 두 가지 점에서 내재적 결함이 있다. 첫째, 헤게모니의 범주인 인간을 타자들에게 자비롭게 확장함으로써 인간/동물을 이분법적으로 확실하게 구분한다. 둘째, 동물들을 획일적으로 감정이입이라는 종 초월적이고 보편적인 윤리적 가치의 상징으로 간주하기 때문에 동물들의 특수성은 완전히 부인된다. 내 생각에 포스트휴먼 관계에서 요점은 인간/동물의 상호-관계가 인간과 동물 각각의 정체성을 구성한다는 것이다. 그 상호관계는 각각의 '본성'을 혼종화하고 변화시키고 그들이 상호작용하는 중간지대를 전면에 드러내는 변형과 공생의 관계다. 이것이 인간/비인간 연속체의 '환경(milieu)'이다. 그 상호관계는 소위 보편적 가치나 자질에 대해 미리 도덕적 결론을 내리기보다는 열린 실험으로 탐구해야 한다. 그 특정한 상호작용의 중간지대는 새로운 매개변수들이 안트로포스의 동물-되기를 위해 출현할 수 있도록 규범적으로 중립으로 남아 있어야 한다. 안트로포스는 너무나 오랫동안 종의 우월성 주형에 담겨 있던 주체다. 되기의 강도 있는 공간들이 열려야 하며, 더 중요하게는 열린 상태가 유지되어야 한다.

기업의 신상품들, 제조되고 특허받은 생명공학 생산품들이 자연적 후손을 대체하는 시대에, 그것들과 관계를 맺고 안녕을 책임져야 할 윤리적 필요성이 그 어느 때보다 강력하고 긴박하게 제기된다. 이 도전에 맞추어 살기 위해서 우리는 새로운 계보학, 새로운 친족 체계를 나타낼 대안적인 이론적, 법적 재현들과 적절한 서사들이 필요하다. 포스트휴먼 주체성에 대한 나의 전망이 비판이론에 더 많은 개념적 창조성을 삽입할 수 있기를, 그리하여 더 긍정적인 포스트휴먼 사유로 작업해 나아갈 수 있기를 희망한다. 이른바 선진 자본주의의 포스트-산업적 주체로서 내가 거주하는 이 우주 안에서 여성 인간들과 온코마우스와 복제 양 돌리가 체현되고 환경 속에 놓이는 배치 방식은 상당히 비슷하고 공통점이 많다. 나는 나의 종이 특별하다는 휴머니즘적 이상에 빚지고 있는 그만큼, 유전공학적으로 처리된 동물의 왕국 구성원들에게도 빚지고 있다. 인간 종의 여성으로서 내가 놓여 있는 상황의 포지션이 나를 구조적으로 봉사하는 존재로 만든다. 그래서 나는 인간 종이 신성불가침적이고 온전하다는 개념과 가깝기보다는 오히려 장기와 세포를 원하든 원하지 않든 제공하는 유기체들과 더 가깝다.

이런 말이 조급하게 아니 무모하게 들릴 수 있다는 것을 알고 있다. 하지만 나는 이 입장을 고수한다. 나는 더 이상은 주체성의 지배적 범주들과 동일하지 않지만, 아직은 정체성의 울타리 밖으로 완전히 나와 있지도 않다. 즉, 나는 차이화를 지속하며 조에와 편안해하는 탈-인간중심적 주체다. 이런 나의 반항적 요소들은 체현된 여성이 무엇을 의미하는가에 대한 페미니즘 의식과 관련되어 있다. 즉 나는 늑대-암컷(she-wolf)이다. 모든 방향으로 세포들을 증식시키는 번식자다. 나는 생명 유지와 관련된 바이러스와 치명적 바이러스들의 인큐베이터이며 보유자다. 나는 어머니-대지, 미래를 발생시키는 존재다. 동일성(Sameness)의 우월성을 거짓된 보편적 양태로 단정하는 남근중심주의와 인간중심적 휴머니즘의 정치경제 안에서, 나의 성은 '타자성' 쪽으로 떨어지며, 경멸적인 차이로 혹은 보다-가치가-적은-존재로 이해된다. 포스트휴먼-되기가 나의 페미니즘적 자아에 호소력을 갖는 이유는 나의 성이 역사적으로 한 번도 완전한 인간이 되어 본 적이 없기 때문이다. 그 범주에 대한 나의 충성심은 결코 당연한 것이 아니다. 기껏해야 절충적이다.

4. 지구-되기로서의 포스트휴먼

인간중심주의의 추방은 인간과 동물의 관계를 철저하게 재구성한다. 비판이론은 인간과 동물의 상호작용을 공고히 해준 다양한 상상적 정서적 유대 위에서 그 도전에 응할 수도 있다. 하지만 지구행성적 관점으로의 탈-인간중심주의적 선회는 '인간'의 동물-되기와는 전혀 다른 규모의 개념적 지진이다. 이 사건은 인문학과 비판이론의 장을 가로지르는 지진파를 보낸다. 클레어 콜브룩은 으레 그렇듯 재치 있게 이를 "비평적 기후변화(critical climate change)"[10]라고 부른다.

인류세 시대에 '지구형태변형(geo-morphism)'이라고 알려진 현상은 보통 환경 위기, 기후변화, 생태적 지속가능성 같은 부정적 용어로 표현된다. 하지만 우리가 '자연'이라고 부르던 우리의 복합적 거주지와의 관계를 재구성한다는 의미에서는 긍정적인 차원도 있다. 환경문제의 지구적 혹은 행성적 차원은 다른 무엇과도 다른 수준의 관심거리다. 지구가 우리의 공통 토대인 한, 이것은 다른 모든 문제에 내재되어 있는 문제라 할 수 있다. 지구는 이 특정한 시대 이 특정한 행성의 인간과 인간-아닌 거주자, 우리 모두의 '환경'이다. 행성적인 것은 내재적 유물론의 차원에서 우주적인 것으로 열린다. 다시 말하지만, 나는 이런 관점의 변화가 주체성을 갱신하기 위한 대안을 풍부하게 가지고 있다고 주장한다. 지구를 중심에 두는 주체는 어떤 모습일까?

나의 출발점은 여전히 자연-문화 연속체다. 하지만 이제는 제너비브 로이드(Genevieve Lloyd)의 말처럼 이 작업틀 안에 우리가 모두 "자연의 일부" (1994)라는 일원론적 통찰을 삽입할 필요가 있다. 스피노자 철학에 기반을

---

10 이것은 콜브룩(Colebrook)이 the Open Humanities Press를 위해 편집하는 온라인 총서의 제목이다.

둔 일원론적 존재론의 틀을 가진 이 진술은 우리를 고무하기도 하고 정신이 번쩍 들게도 한다. 세 번째 천년의 시민인 우리에게 상황을 더 복잡하게 하는 것은, 우리가 기술적으로 매개되어 있으면서 동시에 지구적으로 강요된 그런 자연-문화 연속체에 거주한다는 사실이다. 이 말은 우리가 자연주의적 토대주의를 당연한 것으로 간주하는 주체성 이론을 가정할 수도 없고, 생태의 차원을 부인하는 사회구성적이고 이분법적인 주체 이론에 기댈 수도 없음을 의미한다. 비판이론은 그 대신 잠재적으로 모순적인 요구들을 충족시켜야 한다.

우선은, 생기 있고 자기조직적인 물질성이라는 역동적이고 지속가능한 개념을 발전시켜야 하고, 다음으로는 앞 절에서 대략 설명한 탈-인간중심적 관계들의 횡단선을 따라 주체성의 틀과 영역을 확대해야 한다. 인간-아닌 행위자들을 포함하는 배치로서의 주체성 개념은 다음과 같은 결과를 가져온다. 첫째, 주체성이 안트로포스만의 배타적 특권이 아니라고 암시한다. 둘째, 주체성이 초월적 이성에 연결되어 있지 않다고 암시한다. 셋째, 주체성이 재인의 변증법(dialectics of recognition)에서 풀려났음을, 마지막으로는 주체성이 관계들의 내재성에 기반을 두고 있다고 함의한다. 비판이론이 응해야 할 도전은 중대하다. 우리는 주체를 인간과 우리의 유전자적 이웃인 동물과 지구 전체를 포괄하는 횡단체(a transversal entity)로 시각화해야 하며, 이해할 수 있는 언어 안에서 해야 한다.

잠시 멈춰 인문학과 비판이론에 아주 중요한 재현의 문제를 제기하는 이 마지막 문제에 대해 생각해보자. 탈-인간중심주의에 적합한 언어를 찾는다는 것은 비판적 지성의 도구들과 더불어 상상력의 자원을 이 일에 소집해야 한다는 것을 의미한다. 자연-문화 분리가 붕괴됨으로써 우리의 포스트휴먼적인 체현되고 환경에 속한 주체성의 요소들을 지시하는 새로운 형상화와 새로운 어휘를 고안할 필요가 생겨났다. 사회구성주의의 방법은 여기서 한계를 드러내며, 더 풍부한 창조적 개념들로 보강해야 한다. 사회이론의 훈련을 받은 우리는 대부분 우리 주체성의 어떤 요소가 사회적으로 구성된 것이 아닐 수 있다는 생각에 조금 마음이 불편하다. 자연 질서와 녹색 정치에 대한 뿌리 깊은 의혹 안에는 일부 마르크스주의적 좌파 유산이 들어 있다.

자연적인 것에 대한 이러한 불신이 적절하지 않다는 듯, 우리는 기술 인공물과의 관계를, 자연과의 관계에서 그랬던 것처럼, 친밀하고 가까운 것으로 재개념화해야 한다. 기술 장치는 우리의 새로운 '환경'이며 이 새로운 환경과의 친밀성은 근대성이 만들어낸 보철적, 기계적 확장보다 훨씬 더 복잡하고 발생적(generative)이다. 이러한 매개변수들의 변화를 다루면서, 위치의 정치학을 늘 염두에 두고 이 모든 의문을 제기하는 '우리'가 정확히 누구인지 지속적으로 살펴보고자 한다. 포스트휴먼 주체성을 재고하기 위한 이 새로운 도식은 복잡한 만큼 풍요롭지만 긴급하고 절박하게 우리에게 닥친 현실의 세계역사적 조건에 토대를 두고 있다.

디페시 차크라바르티(Dipesh Chakrabarty, 2009)는 기후변화에 대한 논의가 역사의 실천에 야기한 결과를 조사하면서 이러한 문제를 다룬다. 그는 기후변화에 대한 연구가 공간적 어려움과 시간적 어려움을 모두 야기한다고 주장한다. 기후변화에 대한 연구는 우리의 사유 규모를 변화시켰다. 우리는 이제 인간들이 하나의 생물학적 존재보다 더 큰 존재가 되어 지질학적 힘을 휘두르고 있음을 인정하고, 우리의 사유에 행성적, 즉 지구중심적 차원을 포괄해야 한다. 기후변화에 대한 연구는 또한 분과 학문으로서의 역사를 유지해온 연속성의 기대에서 벗어나 멸종의 개념을 숙고하도록, 말하자면, '우리'가 없는 미래를 숙고하도록 시간적 매개변수들을 전환시킨다. 더 나아가, 이러한 기본 매개변수들의 전환은 "자연의 역사와 인간의 역사 사이에 있던 인위적이지만 오랫동안 인정해온 구별을 파괴"함으로써 역사

연구의 내용에 영향을 준다(Charkrabarty, 2009: 206). 비록 차크라바르티가 탈-인간중심주의의 노선을 취하지는 않지만, 그는 나와 같은 결론에 도달한다. 즉, 지구중심적 관점과 인간의 위치 변화, 생물학적 행위자에서 지질학적 행위자로의 인간의 위치 변화가 주체성과 공동체 모두의 재구성을 요청한다는 결론이다.

지구중심적 선회는 다른 심각한 정치적 함의도 가지고 있다. 첫째는, 계몽주의 모델에 담긴 고전적 휴머니즘의 한계에 관한 것이다. 차크라바르티는 포스트식민 이론에 기대어, "자유를 논하는 철학자들은 주로 다른 사람들이 혹은 인간이 만든 체제가 강요한 부당함, 억압, 불평등, 혹은 획일성에서 사람들이 어떻게 벗어나고자 했는가에 관심을 두어왔으며, 이러한 시도는 이해할 만하다"(2009: 208)고 말한다. 어떤 특정한 문화의 휴머니즘 개념과 짝을 이룬 이들의 인간중심주의는 오늘날 그들의 적절성에 한계를 부여한다. 기후변화 문제와 인간멸종이라는 망령은 "과거 20여 년 동안 포스트식민주의와 포스트제국주의 역사가들이 전후의 탈식민주의와 지구화에 반응하여 사용한 분석 전략"(Chakrabarty, 2009: 198)에도 영향을 미친다. 나는 마르크스주의적, 페미니즘적, 포스트식민적 분석의 사회구성주의적 접근이 탈-인간중심적 혹은 지구중심적 선회가 생성하는 공간적·시간적 스케일의 변화를 다루기에 충분치 않다고 덧붙이고 싶다. 이런 통찰이 내가 옹호하는 근본적인 탈-인간중심주의 입지의 핵심이며, 나는 이것을 세 번째 천년을 위해 비판이론을 업데이트하는 방식으로 본다.

많은 학자들이 서로 다른 길을 거쳐 같은 결론에 도달하고 있다. 예를 들이, 사회주의 이론이니 페미니즘 입장 이론(Harding, 1986) 혹은 포스트식민 이론(Shiva, 1997)의 탈-인간중심적 네오휴머니즘 전통들이 환경문제를 탈-인간중심적으로, 혹은 최소한 비남성중심적 즉 비남성지배적 방식으로 접근했음을 앞 장에서 살펴보았다. 인간중심주의에 대한 이 비판은 생태학적 자각의 이름으로 표현되었고, 여성들처럼 사회적 소수자들과 비서구 민족들의 경험을 강조했다. 다문화적 관점을 인정하고 제국주의와 자민족중심주의를 비판하는 것은 지구-되기의 논의에 중요한 측면을 더한다. 그런데 요즘 그것들도 스스로의 내적 모순에 빠져 있다.

예를 들어, '심층 생태학'의 경우를 살펴보자. 아르네 네스(Arne Naess, 1977a, 1977b)와 제임스 러브록(James Lovelock, 1979)의 '가이아(Gaia)' 가설은 총체성을 되살리고 지구 전체를 하나의 신성한 유기체로 보는 개념으로 복귀하자고 제안하는 지구중심적 이론이다. 이 전체론적 접근은 풍부한 관점을 가지고 있지만, 생기론적, 유물론적 포스트휴먼 사상가에게는 매우 문제적이다. 러브록의 접근에서 문제가 되는 부분은 전체론보다는 오히려 그것이 기반을 두고 있는 사회구성주의적 이원론이다. 즉, 지구를 산업화에, 자연을 문화에, 환경을 사회에 대립시키고는 확고하게 자연 질서의 편을 든다. 그 결과 소비주의와 소유적 개인주의를 비판하고 기술 관료적 이성과 기술 문화를 강하게 고발하는 정치 의제들이 등장한다. 이러한 접근에는 두 가지 단점이 있다. 첫째, 심층 생태학의 기술 혐오는 우리가 사는 이 세상을 고려할 때 그 자체로는 별로 도움이 되지 않는다. 둘째, 심층 생태학은 역설적으로 자신이 극복하고자 하는 바로 그 이분법을, 즉 자연과 제작된 것 사이의 범주적 분리를 재기입한다.

내가 이 입장에 동의하지 않는 이유는 무엇인가? 두 개의 서로 관련된 개념들 때문이다. 첫째, 내가 옹호하는 자연-문화 연속체 개념은 사회구성주의의 이원론적 방법론을 거부한다. 탈-인간중심적 네오휴머니스트들은 자연 질서를 최대한 존중하지만 결국 자연과 문화를 또다시 구별한다. 둘째, 나는 인류세 시대에 인간들과 인간-아닌 존재들 사이에 등장하는 부정적인 유대 맺기를 의심스러운 눈으로 본다. 모든 종을 포괄하는 이 유대는 대재앙이 임박했다는 인식에 기반을 두고 있다. 우주의 군사화는 말할 것도 없고, 환경 위기와 지구적 온난화/경고(grobal warm/ning)가 모든 종을 비슷하게 취약한 상태로 환원시킨다는 인식이다. 이 입장은 명시적으로 내세우는 목적과 정반대로 환경을 전체적으로 인간화시킨다는 문제가 있다. 나에게는 이것이 유럽 문화의 낭만주의 단계가 지닌 감상성을 상기시키는 퇴행적 움직임으로 보인다. 그래서 나는 심층 생태학이 지구-우주 결합관계를 잘못 이해하고, 소유적 이기주의와 사리사욕의 구조를 확장하여 인간-아닌 행위자를 포함시킬 뿐이라는 밸 플럼우드(Val Plumwood, 1993, 2003)의 평가에 동의한다.

　이 전체론적 접근이 스피노자의 일원론을 참조하면서도 들뢰즈와 과타리, 푸코 혹은 다른 급진적 대륙 철학 분파들이 시도한 동시대의 스피노자 다시 읽기들은 피해간다는 것은 의미심장하다. 정신과 영혼이 하나라는 스피노자의 개념은 살아있는 모든 것이 성스러워서 최대한 존중받아 마땅하다는 믿음을 지지하기 위해 사용된다. 이러한 자연 질서의 우상화는 스피노자의 신에 대한 비전과 인간과 자연이 하나라는 비전에 연결되어 있다. 그것은 인간과 생태적 거주지 사이의 일종의 통합(synthesis)을 제안하기 위해, 둘 사이의 하모니를 강조한다. 그래서 심층 생태학은 영적으로 충만하며 그 방식은 본질주의적이다. 경계선이 없고 모든 것이 서로 연결되어 있으므로 자연을 해치는 것은 결국 우리 자신을 해치는 일이다. 지구라는 환경 전체는 인간과 똑같은 윤리적, 정치적 고려를 받을 자격이 있다. 이러한 입장은 도움이 되지만, 나에게 그것은 환경을 인간화하는 방식으로 보인다. 즉, 인간-아닌 지구행성의 행위자들에게 선의를 가지고 잔여적인 의인화된 규범성을 적용하는 형식으로 보인다. 보상적 휴머니즘은 두 얼굴을 가진 입장이다.

　이 입장과는 다르지만 또한 이 입장의 몇몇 전제들을 받아들이면서 나는 스피노자주의의 최신 브랜드를 제안하고자 한다(Citton and Lordon,

2008). 나는 스피노자의 일원론과 그에 근거한 철저한 내재론적 비판을 존재론적 평화주의를 촉진하는 민주적 움직임으로 본다. 탈-인간중심주의적 세계의 종 평등성은 인간의 오만과 인간이 초월적이고 예외적인 존재라는 가정에서 나온 폭력과 위계적 사유를 문제 삼으라고 촉구한다. 나는 일원론적 관계성이 그와 달리 주체성의 보다 공감적인 측면을 강조한다고 본다. 들뢰즈와 과타리와 더불어 다시 읽힌 스피노자의 접근 방법은 우리가 이원론적 사유의 함정을 피하여 환경문제의 복잡성을 충분히 다룰 수 있게 한다. 우리 시대의 일원론은 앞 장에서 살펴본 것처럼 물질을 생기 있고 자기 조직적으로 본다. '생명'을 역동적이고 발생적인 힘인 조에로, 인간을 넘어 정의한다. 우리 시대의 일원론은 "정신의 체현과 신체의 두뇌화"(Marks, 1998)에 관한 것이다.

들뢰즈는 이 생기 에너지를 거대한 동물, 우주적 '기계'라고 말하는데, 그것은 기계론적 혹은 공리주의적 의미에서가 아니라, 한편으로는 생물학적 결정론을 피하고 다른 한편으로는 과도한 심리학적 개인주의도 피하기 위해서다. 들뢰즈와 과타리(1987)는 또한 우리가 대부분 무시하고 싶어 하는 우주적 에너지의 '굉음'을 지칭하고자 '카오스(Chaos)'라는 용어를 사용한다. 하지만 그들은 조심스럽게 카오스가 무질서한 상태가 아니라, 모든 잠재적 힘들의 무한한 확장을 포함한다고 말한다. 이 잠재력들은 실용적이고 지속가능한 실천들을 통해 현실화되기를 요청하는 실재이다. 잠재적인 것과 실재적인 것 사이의 이 긴밀한 연결을 나타내기 위해 그들은 문학으로 눈을 돌려 제임스 조이스(James Joyce)의 신조어 '카오스모스(chaosmos)'를 빌려온다. 이 말은 '카오스'와 '코스모스(cosmos)'의 줄임말이며, 영원한 에너지의 원천을 나타낸다.

난해해 보이는 이 용어들의 선택은 언어와 재현의 문제를 다시 부각시킨다. 나의 비판이론 스승들이 칭찬받을 만한 점은 조롱당할 위험을 무룹쓰고 기존의 관습에 충격을 주는 언어, 상상적이고 감정적인 반응을 의도적으로 자극하는 언어를 실험하였다는 점이다. 비판이론의 핵심은 상식적 의견(doxa)을 승인하는 것이 아니라 그것을 전복하는 것이다. 비록 이러한 접근이 학계의 반대에 부딪쳤지만(4장에서 살펴볼 것이다), 나는 그런 태도를 의도적으로 위험을 감수하는 관대한 몸짓, 학문의 자유를 옹호하는 진술이라고 본다.

따라서 나는 유목적 주체에서 다른 개념적 인물(conceptual personae)에 이르기까지 사나운 탈-인간중심주의의 곤경의 바다를 항해하도록 도와줄 나 자신의 대안적 형상화들을 실험한다. 철저히 유물론적인 나의 유목적 사유는 탈-개인주의적 주체 개념을 옹호한다. 그 주체의 특징은 일원론적, 관계적 구조이지만, 그렇다고 계급, 젠더, 섹슈얼리티, 민족성과 인종의 사회적 좌표들의 견지에서 그 주체가 구분되지 않는 것은 아니다. 유목적 주체성은 복잡성 이론의 사회적 분파다.

이러한 상황에서 우리의 지구-되기는 어디에 위치하는가? 우리는 사실 그 한가운데 있다. 포스트휴먼 주체 개념에서 논의를 재개해보자. 인간-아닌 다른 범주들과 나란히 위험에 빠진 종으로 새롭게 부정적으로 재구성된 '휴먼' 개념을, 현재 동물권 운동가에서 에코-페미니스트들에 이르기까지, 모든 탈-인간중심적 네오휴머니스트들이 찬양하고 있다는 사실을 여러분은 아마 기억할 것이다. 그들은 환경 위기가 보편적인 휴머니즘 가치들을 재기입할 필요가 있음을 보여주는 증거라고 본다. 이 과정을 추동하는 도덕적 열망에 나는 전혀 불만이 없으며 같은 윤리적 갈망을 공유한다. 하지만 반동적으로 가정된 범-인간적 유대의 결합인자로 고전적 휴머니즘을 무비판적으로 재주장하는 시도가 보여주는 한계에 대해서는 심각하게 염려한다. 소위 '인류(humanity)'의 새로운 (부정적으로 연동된) 재구성을 인식한다고 해서 성차화/인종화/자연화의 축들을 통해 여전히 행해지고 작동되는 모든 권력 격차를 간과하거나 없던 것으로 만들어서는 안 된다. 선진 유전공학 자본주의의 방적기가 바로 그 권력 격차들을 재편하고 있기 때문이다. 비판이론은 모호해진 범주적 차이들을 고려하면서 바로 그 범주적 차이들이 생명정치적이고 생명공학으로 매개된 정치경제의 새로운 형태들로 재주장되는 현상도 동시에 고려해야 한다. 차이들의 새로운 형태가 배제와 지배라는 익숙한 패턴을 보이고 있기 때문이다. 예를 들어, 디페시 차크라바르티는 고전적 휴머니즘의 한계와 마르크스주의적 포스트식민 이론의 한계라는 이중의 한계를 분석하면서 매우 적절한 의문을 제기한다. 만약 더 부유한 나라들과 더 가난한 나라들의 탄소 배출량의 차이를 고려한다면, 기후변화의 위기를 '인간' 공통의 문제로 보는 것이 정말 공정한가? 더 나아가 이렇게 물어보자. 다른 모든 차이에도 불구하고 인류에 대한 부정적인 형상화를 모든 인간에게 적용되는 단 하나의 범주로 인정하는 것은 위험한 일이 아닌가? 그 차이들이 정말로 존재하고 또 지속적으로 중요하다면, 우리는 그 차이들을 어떻게 해야 할까? 지구-되기의 과정은 지구행성에 대해 질적으로 다른 관계를 지시한다.

차이의 문제는 권력의 문제를 다시 제기하고, 위치의 정치학과 윤리적-정치적 주체성 이론의 필요성도 제기한다. 다시 말해, 공통의 위협이 두려워 연대한 이 범인류의 '우리'는 정확히 누구인가? 차크라바르티는 이에 대해 다음과 같이 명확히 말한다. "(인간)종은 기후변화라는 위험한 계기를 보여주는, 인간들의 새롭게 부상하는 보편사의 속도를 조절하는 속도조절자의 이름이 될 수도 있다"(2009: 222). 따라서 나는 비판이론가들이 선진 자본주의의 왜곡된 물질성과 의도적 유동성이 야기한 차이의 중립화에 반대하고 단호하고 일관되게 저항의 소리를 내야 한다고 주장한다.

더 평등한 조에중심의 길은 지배자 쪽에 약간의 선의를 보이라고 요구한다. 이 경우는 인간-아닌 타자들에 대한 안트로포스의 선의다. 물론

이것이 많은 것을 요구하는 것임을 알고 있다. '인간'을 특권화하는 위계적 관계에서 벗어나는 탈-인간중심적 선회는 주체에게 스스로에게서 벗어나 자신의 위치를 근본적으로 재설정하라고 요구한다. 이를 수행하는 최선의 방법은 주체에 대한 지배적인 견해에 비판적 거리를 두는 낯설게 하기 전략이다. 탈동일시는 필연적으로 창조적 대안의 길을 열기 위해 필요한, 익숙한 사유 습관과 재현 습관의 상실을 포함한다. 들뢰즈는 이를 적극적 '탈영토화'라고 부른다. 인종 이론과 포스트식민 이론도 낯설게 하기 방법론과 정치적 전략에 중요한 기여를 해왔다(Gilroy, 2005). 나는 이 방법을 여성다움과 남성다움에 대한 지배적인 재현과 제도처럼 익숙해서 규범이 된 가치들과의 동일시에서 벗어날 수 있는 방법으로 옹호해왔고, 이 과정을 통해 성적 차이를 소수자-되기 과정으로 만들고자 했다(Braidotti, 1994, 2011a). 이와 비슷한 방식으로, 모이라 게이튼스와 제너비브 로이드(Moira Gatens and Genevieve Lloyd, 1991) 같은 스피노자적 페미니즘 사상가들은 역사에 토대를 둔 사회적 변화를 일으키려면 우리의 '집단적 상상하기'를 질적으로 변화하고 변혁에 대한 욕망을 공유해야 한다고 주장한다. 내가 낯설게 하기를 위해 받아들인 개념적 준거틀은 일원론이다. 일원론은 결말이 열려 있고 상호관계적이며 성별이 다양하고 종을 횡단하는 되기의 흐름들을 함의하고, 다수의 타자들과 상호작용을 통한 되기의 흐름들을 담고 있다. 그렇게 구성된 포스트휴먼 주체는 지구행성적 차원을 획득하기 위해 인간중심주의의 경계와 보상적 휴머니즘의 경계를 모두 넘어선다.

5. 기계-되기로서의 포스트휴먼

탈-인간중심주의가 일으키는 곤경의 중심에 기술의 문제가 있다는 것은 앞에서 이미 여러 번 언급했다. 우리 시대에 인간과 기술적 타자의 관계는 그 친밀성과 침투성에서 전례가 없을 정도로 변화했다. 이런 포스트휴먼 곤경은 유기체와 비유기체, 태어난 것과 제조된 것, 살과 금속, 전자회로와 유기적 신경 체계 같은 존재론적 범주나 구조적 차이의 분할선을 바꾸라고 강요할 정도다.

이러한 움직임은 인간과 동물의 관계가 그러했듯이 은유화를 넘어선다. 체현된 인간의 능력을 모방한 인간중심적 장치인 기계가 근대에 충족시켰던 은유 혹은 유추의 기능은 오늘날 시뮬레이션과 상호변형을 통해 신체를 기계에 더 긴밀히 연결시키는 더 복잡한 정치경제로 대체되었다.

안드레 후센(Andreas Huyssen, 1986)의 주장처럼, 전자 시대의 전선과 전기 회로망은 산업기계의 피스톤이나 분쇄 엔진과는 또 다른 매력이 있다. 이 관점에서 보면 정보를 전달하는 플라스틱 상자와 금속 전선 같은 전자기계들은 참으로 비물질적이다. 그러한 전자기계들은 어떤 것을 '재현'하기보다는 명확한 명령을 전달하고 명확한 정보 패턴을 재생산한다. 미시전자의 매력은 그것이 실제로 신경처럼 되어 있어서 인간의 의식과 일반 전자 네트워크의 융합을 전면에 드러낸다는 점이다. 우리 시대의 정보기술과 소통기술은 인간의 신경 시스템을 전자적으로 외화(exteriorize)하고 복제한다. 이로써 우리의 지각장은 변화되고, 재현의 시각적 양태들이 시뮬레이션의 감각적-신경적 양태들로 대체되었다. 퍼트리샤 클라우의 말처럼, 우리는 "생명기술로 매개된(biomediated)" 신체가 되었다(2008: 3).

이제는 '사이보그'가 풍부한 정치적, 경제적 의미를 지니고 사회 곳곳에서 활발하게 활동하는 지배적인 사회적, 문화적 형성물이라는 가정에서 출발해도 안전할 듯하다. 비트루비우스적 인간은 이제 사이버네틱한 존재가 되었다(그림 2.4를 보라). 나는 모든 기술이 그것이 상호교차하는 체현된 주체에 강력한 생명정치적 효과를 낸다고 덧붙임으로써 이 진술을 약간 수정해보겠다. 이렇게 되면, 사이보그는 하이테크 제트전투기 조종사, 운동선

수, 영화배우의 멋진 몸뿐만 아니라, 기술이 주도하는 지구적 경제에 접속하지도 않으면서 그 경제에 연료를 공급하는 익명의 저임금 디지털 프롤레타리아 대중도 포함하게 된다(Braidotti, 2006). 이 잔인한 정치경제는 다음 장에서 다시 다루겠다.

나의 다음 주장은 기술적 매개가 포스트휴먼 주체성이라는 새로운 전망에 가장 중요하며 그것이 새로운 윤리적 주장의 토대를 마련한다는 것이다. '몸을 가진 확장된 관계적 자아'라는 포스트휴먼 개념은 지속가능한 변형의 윤리로 기술에 대한 지나친 흥분을 저지한다. 이 냉철한 자세는 향수의 치명적인 매력에도 저항하고 트랜스휴머니즘의 판타지나 다른 테크노유토피아들의 판타지에도 저항하라고 호소한다. 또한 그것은 "접속에의 욕망(desire to be wired)"이라는 수사를 "몸이 있다는 자부심(proud to be flesh)"이라는 더 근본적인 유물론적 의식에 병치시킨다(Sobchack, 2004). 내재성을 강조함으로써 우리는 신체와 기술적 타자들 사이의 상호의존적 유대는 존중하지만 동시에 몸에 대한 경멸과 몸을 가진 자아의 유한한 물질성에서 벗어나고자 하는 트랜스휴머니즘적 판타지는 피할 수 있다. 다음 장에서 살펴볼 것처럼, 죽음과 필멸성의 문제가 불가피하게 제기된다.

나는 생명공학기술로 매개된 타자를 생기론적 관점으로 보자고 주장한다. 이 기계의 생기성(machinic vitality)은 결정론이나 내장된 목적, 혹은 합목적성(finality)에 관한 것이 아니라 되기와 변형에 관한 것이다. 이것은 들뢰즈와 과타리가 '기계-되기'라고 부르는 과정을 들여온다. 초현실주의자들의 '독신남 기계들(bachelor machines)'에서 영감을 받은 이 과정은 기계에 대해 기능주의에 기반하지 않은 기술과 유희적이고 즐거운 관계를 의미한다. 들뢰즈는 이 과정을 인간의 체현을 사회화된 생산성과의 연동에서 해방시켜 '기관 없는 신체(bodies with organs)'로 만드는 기획에 연결시킨다. 즉 조직된 효율성을 없애는 기획이다. 이는 감각들의 히피적 반란이 아니라 세심한

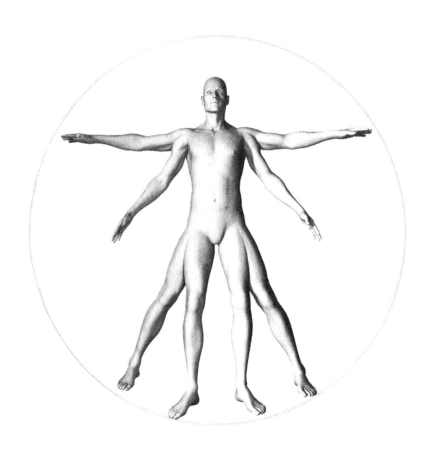

그림 2.4 빅토르 하빅(맨인블랙),
레오나르도의 비트루비우스적 인간 스타일의 로봇
출처: 클리비아–픽스맥(Cliva–Pixmac)

숙고를 거친 프로그램이며, 두 가지 목적을 추구한다. 하나는, 우리의 신체
를 그 심층 구조에서 자연-문화 연속체의 일부로 다시 보게 한다. 또 다른
하나는 겉으로만 그럴듯한 선진 자본주의의 효율성과 가혹한 기회주의와
정반대 방향으로 신체의 물질성을 재구성하는 작업틀을 설정하여 정치적
차원을 더한다. 우리 시대의 기계들은 은유가 아니라, 힘과 에너지를 포착하

고 처리하며 상호관계와 다양한 접속과 배치를 촉진하는 엔진이며 장치다. 우리 시대 기계들은 생산성과 더불어 근본적인 관계성과 기쁨도 의미한다.

이런 특정한 의미로 이해된 '기계-되기'는 주체의 관계적 힘들을 지시하고 실현한다. 주체는 더 이상 이원론의 틀로 구성되지 않으며, 다수의 타자와 중요한 유대를 맺고 기술로 매개된 지구행성 환경과 융합하는 주체다. 인간과 기술의 결합은 새로운 횡단적 복합체, 새로운 생태지혜적(eco-sophical) 통일성을 발생시키는데, 이는 동물과 지구행성 거주지 사이의 공생관계와 다르지 않다. 이것은 헤겔이 스피노자를 두고 비난한 전체론적 융합이 아니라 근본적이고 횡단적인(transversal) 관계들이며, 이 횡단적 관계들은 새로운 주체성 양식들을 발생시키고 힘의 행태학에 의해 통제된다. 그것들은 서로 종을 횡단하여 상호의존하는 생기론적 윤리를 유지한다. 이것은 일반 생태학이며, 생태지혜(eco-sophy)라고도 알려져 있고, 그 목적은 주체의 여러 층을 내면에서 외면까지 그리고 그 사이의 모든 것을 횡단적으로 가로지르는 것이다.

내가 말하는 '탈-인간중심적 포스트휴머니즘'은 바로 이러한 과정을 의미한다. 나는 이 책에서 한결같이 이 과정을 옹호한다. 이 과정은 도덕적 합리성, 단일하게 통일된 정체성, 초월적 의식, 타고난 보편적 도덕 가치 같은 개념들과의 근본적인 분리를 포함한다. 초점은 전적으로 가능한 윤리적 관계와 주체의 형성 둘 다가 가지고 있는 규범적으로 중립적인 관계적 구조에 두어진다. 집단적으로 이루어지는 비영리적 강도 실험들, 우리가 실제로 어떤 되기가 가능한지를 실험하는 작업은 포스트휴먼 주체를 위해 새로운 규범적 작업틀을 정교하게 발전시킨다. 이러한 강도 실험들은 '상식적 믿음(doxa)'이 아니라, 현실에 근거한 공유된 실천(praxis)이다. 나의 유목적 주체 개념은 이러한 접근을 구현하며, 관계성이 행하는 존재론적 역할을 전경화함으로써 비단일적 주체성에 윤리적 설명책임을 결합시킨다.

펠릭스 과타리(Felix Guattari)에 따르면, 포스트휴먼 곤경은 사회적, 정치적, 윤리적, 미학적 차원과 그 차원들 사이를 잇는 횡단적 연결고리들을 포함하는 새로운 잠재적 사회생태학을 요청한다. 이 전망을 설명하기 위해 과타리는 세 개의 기본적인 생태학, 즉 환경의 생태학, 사회적 결합관계의 생태학, 그리고 마음의 생태학을 제안한다. 더 중요하게는 이 세 개의 생태학을 횡단하는 선들이 만들어져야 한다고 강조한다. 이러한 설명은 중요하다. 나는 이를 내가 앞에서 이론적으로 상기한 주장, 즉 포스트휴먼 비판이론의 주요 방법으로 낯설게 하기를 실천하고 다르게 생각하기를 배울 필요가 있다는 주장과 연결시켜보고자 한다.

예를 들어, 온실효과, 여성의 지위, 인종주의와 외국인 혐오, 그리고 과도한 소비주의 사이의 상호연계성을 인식하는 것은 매우 중요하다. 우리는 이러한 현실들의 파편화된 한 부분에 멈춰서기보다는 그 부분들 사이의 횡단적 상호연계성을 추적해야 한다. 주체는 존재론적으로 다성적이다. 주체는 이미 실현된 실재인 "영토화된 실존적 영토"와 아직 잠재적 실재인 "탈영토화된 무형의 우주"를 모두 포함하는 공속면(plane of consistency)에 의존한다(Guattari, 1995: 26). 과타리는 주체성 생산을 집단적으로 재전유해야 한다고 말하면서, 그 방법으로 다른 여러 범주의 '카오스모스적(chaosmic)' 탈−분리를 제안한다. 여러분이 기억할지 모르지만, '카오스모스(Chaosmos)'는 잠재력, 즉 변형적 가치들을 펼친다는 의미에서 '되기'를 위한 준거 우주다. 만약 주체성이 우리의 역사적 시대의 특징인 상품화 체제에서 빠져나오기를 그리하여 잠재적 가능성들을 실험하기를 원한다면 질적인 도약이 필요하다. 우리는 주체성을 한 벌의 돌연변이 가치들로 재발명하고자 적극적으로 열망하는 그런 주체가 되어야 한다. 우리는 익숙한 체제의 영속이 아니라 새로운 주체성의 재발명에서 즐거움을 이끌어내는 그런 주체가 되어야 한다.

이렇게 움베르토 마투라나와 프란시스코 바렐라(Humberto Maturana and Francisco Varela, 1972)의 작업은 자아와 타자의 공동결정(codertermination)의 윤리, 비칸트적 윤리이면서 환경에 구속된 탈-인간중심주의적 윤리를 재설계하는 데 중요한 영감을 준다. 권리의 도덕철학이 지속가능성의 윤리로 대체되면서 그만큼 재인(recognition) 개념이 공동의존(codependence) 개념으로 대체된다. 이 개념은 내가 조에중심 평등주의라고 부르는 움직임에 구체적인 상황에 근거한 그래서 설명책임을 가진 관점들이 중요하다고 반복해서 강조한다.

과타리는 현재 발생하는 "집단적인 실존적 돌연변이들"(1995: 2)을 분석하면서, 바렐라가 구분한 자기생성적(자기조직적) 체제와 타자생성적 체제를 언급한다. 과타리는 바렐라의 구분을 넘어서서, 자기생성의 원리(바렐라가 생물 유기체에 적용한 원리)를 기계나 기술적 타자까지 포함하도록 확장한다. 과타리에 의하면, 주체성(subjectivity)의 또 다른 이름은 자기생성적 주체화(autopoietic subjectivization), 즉 자기양식화(self-styling)이다. 자기생성적 주체화는 살아있는 유기체이며, 자기를 조직하는 시스템인 인간과 비유기적 물질인 기계 둘 다를 설명한다.

과타리의 기계의 자기생성은 유기물질과 기술적이거나 기계적인 인공물을 질적으로 연결한다. 이 개념은 기계를 지능적이기도 하고 발생적이기도 한 것으로 철저히 새롭게 정의한다. 기계들은 자신들만의 시간성을 가지고 '세대들'을 통해 발전한다. 자신들 고유의 잠재성과 미래성을 가지고 있다. 결과적으로 기계들은 인간에 대해서뿐만 아니라 자신들 사이에서도 고유의 타자성 형식들을 가지고 있으며, 개체화(individuation)의 전제 조건인 준(準)안정성을 만들어내고자 한다. 자기조직화와 준안정성의 강조는 포스트휴먼 주체의 기계-되기 기획의 틀이 된다. 또한 그것은 우리가 과학적 환원주의를 피하면서 기술적으로 매개된 횡단적 주체성을 다시 생각하도록 돕는다. 안셀 피어슨(Ansell Pearson, 1997)은 과장된 생명공학기술적 생기론을 비판하면서, 선진화된 생명공학기술적 자본주의에 의해 매개된 재자연화된 진화 개념이 가지는 치명적인 판타지를 경고한다. 내 생각에 포스트휴먼 곤경의 핵심은 진화를 비결정론적 방식으로 재고하면서, 동시에 탈-인간중심적 방식으로 재고하는 데 있다. 진화에 대한 고전적인 선형적이고 목적론적인 개념들(Chardin de Teillard, 1959)과 반대로, 나는 포스트휴먼 주체를 구성하는 요인들의 복잡성, 즉 동물과의 새로운 근접성, 지구행성적 차원과 고도의 기술적 매개 등을 더 적절히 이해하고자 하는 집단적 기획을 강조하고자 한다. 기계의 자기생성(machinic autopoiesis)이 의미하는 바는 기술적인 것이 탈-인간중심적 되기의 터이며 많은 가능한 세계들로 넘어가는 문턱이라는 점이다.

물질적이고 상징적인 구체적이고 담론적인 관계의 선들이나 힘들 사이의 횡단적 접속들을 따라가는 탈-인간중심적이고 포스트휴먼적인 주체에게는 관계들의 횡단성(transverality of relations)이 핵심 개념이다. 횡단성은 윤리학으로 그리고 대안적인 포스트휴먼 주체성 형식을 위한 방법으로 조에 중심적 평등주의를 실현한다. 관계와 상호의존의 우선성에 기반한 윤리학은 조에 자체를 높이 평가한다.

나는 이와 같은 기계-되기 실천들을 "근본적 신유물론(radical neo-materialism)"(Braidotti, 1991), 혹은 "물질-실재론(matter-realism)"(Fraser et al., 2006)이라고 지칭한다. 이러한 개념들은 물질의 개념적 구조에 대한 이해가 변화하면서 가능해졌고, 둘은 서로 교차하기도 한다(De Landa, 2002; Bennett, 2010). 그것은 우리 시대의 유전공학과 정보기술의 영향으로 일어난 변화다. 일원론적 정치적 존재론으로의 스피노자적 선회는 과정들, 생기적 정치, 그리고 비결정론적 진화 이론들을 강조한다. 정치적으로는, 관계들의 미시정치학에 강조점이 주어진다. 이때 관계들의 미시정치학은 물질적이고 상징적인, 구체적이고 담론적인, 선들 혹은 힘들 사이의 횡단적 접속들을 추적하는 포스트휴머니즘적 윤리다. 여기서 핵심은 정서(affect)의 힘과 자율성, 그리고 그것을 현실화하는 실행 계획이다(Massumi, 2002). 횡단성은 관계의 우선성, 상호의존성의 우선성에 기반을 둔 윤리를 실현하며, 이 윤리는 인간-아닌, 비인격적 '생명'에 가치를 부여한다. 나는 이것을 포스트휴먼 정치학이라고 부른다(Braidotti, 2006).

6. 비(非)-일자의 원리인 차이

이제 안트로포스의 죽음이 시작한 복잡한 토론에서 우리가 얼마나 진전했는지 정리해보자. 우선, 나는 우리 시대의 자본주의가 살아있는 모든 것을 통제하고자 한다는 점에서 '생명정치적'이라고 주장했다. 그것은 이미 "생물자원 해적행위(bio-piracy)"(Shiva, 1997)의 형태가 되었다. 여성, 동물, 식물, 유전자, 그리고 세포들의 생식력을 착취하고 있기 때문이다. 둘째로 이러한 상황은 인간과 인간형상의 타자들이 인간형상이 아닌 동물이나 '대지'의 타자들과 하나의 연속체로 재배치되었음을 의미한다. '휴먼(Human)'을 그의 자연화된 타자들과 분리시킨 범주적 구별은 '휴먼'의 기본 준거 단위가 무엇인가에 대한 휴머니즘적 가정들을 급격하게 뒤흔들면서 전환시켰다. 셋째로 이 인간중심적 과정은 인간을 종말을 두려워하는 위험에 빠진 종이라는 부정적 범주로 만들고, 인간과 다른 종 사이에 새로운 통일성을 강요한다. 그 방식은 인간-아닌 타자들에게 휴머니즘적 가치와 권리를 보상적으로 확장하는 형태다. 넷째로 이 똑같은 체제가 배제, 착취, 억압이라는 익숙한 패턴을 영속시킨다. 차이화의 고전적 축들을 가로지르는 횡단적 상호접속과 관계성에 기반을 둔 포스트휴먼 주체가 가지는 장점에 대한 나의 주장에 토대를 세우기 위해, 다음 단계로, 차이의 문제를 논하고자 한다. 이 새로운 탈-인간중심적 풍경에서 차이의 위상과 기능을 비판적으로 살펴보자.

앞 장에서 주장한 것처럼, '물질'에 대한 최근의 과학적 재정의에서 가장 두드러진 특징은 차이의 자리를 이분법에서 리좀학으로 바꾼 것이다. 성/젠더 혹은 자연/문화에서, '생명(Life)' 자체 즉, 물질의 생기성을 주 대상으로 삼는 성차화/인종화/자연화 과정으로 바뀌었다. 리좀학 체제는 이분법적 차이들을 의도적으로 흐려놓지만, 그것이 그 자체로 권력 차이들을 해결하거나 개선하지는 않으며, 여러 방식으로 권력 차이들을 증가시킨다. 다른 말로 하면, 지구적 경제의 기회주의적이며 탈-인간중심적 효과는 '잉여 생명(Life as surplus)' 개념과 인간이 공유한 취약성이라는 개념을 도입함으로써 부정적인 세계시민주의와 반동적인 범인간적 유대 의식을 낳는다.

정치적인 문제 제기의 출발점은 주체성에 대한 핵심적 질문을 제기하는 이러한 견고한 위치이어야 한다. 예를 들자면, 캐서린 헤일스(Katherine Hayles)는 "신체성을 삭제하고 기계와 인간의 지능을 사이보그 형상에 융합하는 것과 젠더화된 신체는 어떤 관계인가?"라고 묻는다(Hayles, 1999: xii). 유사한 관점에서, 신체는 언제나 이미 젠더와 인종의 표식을 지닌다고 믿는 발사모(Balsamo)는 다음과 같이 묻는다(1996, 6). "인간의 신체가 장기, 유체(流體, fluids), 유전자 코드들로 쪼개지면, 젠더 정체성에는 어떤 일이 일어나는가? 신체가 기능적인 부분들과 분자 코드들로 쪼개지면, 젠더는 어디에 위치하는가?" 역사적으로 완전한 인권이 아닌 "축축한 신체"(Grosz, 1994)를 지닌 여성들, 게이와 레즈비언들, 그리고 다른 대안적 세력들이 발생적 '웨트웨어(wetware)'인 포스트휴먼 유기체의 힘을 재주장하고 그 잠재력을 강화하리라 믿어보자.

유전공학과 생명공학기술 때문에 체현된 주체들의 분류에 질적인 개념적 혼란이 우리 시대에 발생했다. 내가 앞에서 주장했듯이, 신체들은 자신의 물질성과 생기적 능력을 나타내는 정보 기체로 환원되었다. 이것이 의미하는 바는, 조직화와 차이의 분포를 나타내는 표식들이 이제는, 살아있는 유기체의 세포와 종 전체의 유전자 코드 같은, 생기적 물질성의 미시 사례들 안에 있음을 의미한다. 차이를 경험적 성차, 인종, 종들 사이에 시각적으로 입증되는 해부학적 차이로 표시하던 그 거친 시스템에서 우리는 이제 먼 길을 왔다. 우리는 푸코가 비교해부학으로 설명한 생명권력에서 오늘날의 분자적 조에 권력의 통치에 기반한 사회로 이동했다. 우리는 또한 훈육 사회에서 통제 사회로, 파놉티콘의 정치경제에서 지배의 정보학(informatics of domination)으로도 전환했다(Haraway, 1990, 1992, 2003). 하지만 차이와 권력 불균형의 문제는 언제나처럼 중심 문제로 남아 있다.

이 포스트휴먼적인 정치 풍경이 반드시 더 평등주의적이거나 덜 인종주의적이거나 덜 이성애주의적인 것은 아니다. 예를 들어, 〈아바타〉(2009) 같은 할리우드 블록버스터들은 비록 은하계의 우주인이지만 보수적인 젠더 역할이나 가족적 가치를 지지한다. 범주적 차이의 축들을 뒤흔드는 현대의 테크노문화의 힘은 권력관계들을 악화시키고 그것들을 새로운 죽음정치적 높이로 끌어올린다. 그것은 또한 테크노초월성 같은 오도하는 경향으로 나타나기도 하는데, 소비자 중심의 자유주의적 개인주의 브랜드와 짝을 이룬 테크노초월성은 지구적 자본주의의 사회적 상상계가 보여주는 특징으로 부상하고 있다.

기술 장치가 더 이상 성차화, 인종화, 자연화되지 않고 섞임과 혼종성과 상호접속성의 형상들로 중립화되고, 트랜스섹슈얼리티를 지배적인 포스트휴먼 토포스(topos)로 만든다는 사실은 어떤 결과를 가져오는가? 만약 기계가 자기조직적이면서 동시에 트랜스젠더라면, 그 오래된 인간의 유기적 신체는 다른 곳에 재위치되어야 한다. 선진 자본주의 정치경제에 대한 리오타르(Lyotard)의 경고를 염두에 두면서, 나는 그것이 생성하는 불확정성 상태와 경계를 흐리는 효과들을 믿어서는 안 된다고 생각한다. 포스트휴먼의 체현된 주체들이 성차화된 차이나 인종화된 차이 너머에 있다고 가정하는 것은 아무리 유혹적이어도 잘못된 가정일 것이다. 재현의 정치와 그에 따른 성차화된, 인종화된, 자연화된 차이들의 위치는 비록 상당히 변하기는 했지만 여전히 강력하게 제자리에 있다(Bukatman, 1993). 우리가 앞에서 보았듯이, 전자공학의 최전선에서 기술적으로 매개된 준거점은 유기적/비유기적도 아니고, 남성/여성도 아니며, 특별히 백인성도 아니다. 선진 자본주의는 고도의 양성성을 수용할 수 있고 성차의 범주적 구분이 상당히 흐려진 포스트젠더 시스템이다. 그것은 또한 사람들과 문화를 더 이상 피부색을 토대로 분류하지 않지만, 그럼에도 여전히 심하게 인종차별적인 포스트인종적 시스템이기도 하다(Gilroy, 2000). 포스트휴먼 주체성이라는 강력한 이론은 우리가 이러한 과정을, 이론적이고 그리고 또한 정치적으로, 분석 도구로서 뿐만 아니라 자아를 형성하는 대안적 토대로 재전유하도록 도울 수 있다.

고전적 휴머니즘에서 범주적 경계를 나타냈던 성차화된, 인종화된, 자연화된 차이들은 이제 흐트러져 대안적인 횡단적 주체성의 양태들을 정교화시키는 힘으로 작동하고 있다. 이 대안적인 주체성 양태들은 젠더와 인종을 넘어설 뿐만 아니라 인간/휴먼도 넘어선다. 내 생각에, 포스트휴먼 생태철학은, 과타리가 말하듯, 현 시대 주체들이 자신들의 여러 생태계인 자연적인 것, 사회적인 것, 정신적인 것과 맺는 관계를 나타내는 정교한 상호관계의 망을 유물론적 방식으로 다시 생각하려는 시도다. 현재 논의를 위해 더 중요한 것은 생명정치 통치의 기둥이었던 성차화, 인종화, 자연화 과정들이 폐기되기보다는 심하게 재구성된다는 사실이다.

페미니즘 정치학의 견지에서 보면, 이는 우리가 젠더들 없는 섹슈얼리티를 재고해야 한다는 의미다. 이러한 시도는 인간의 섹슈얼리티의 다형적인 구조 그리고 프로이트가 말하는 '도착적인'(재생산적이 아니며 유희적이라는 의미에서) 구조로 생기론적으로 되돌아감으로써 출발할 수 있다. 우리는 또한 여성적 체현의 생성적 힘도 재평가할 필요가 있다. 이때 젠더는 신체의 많은 잠재력을 포획하는 역사적으로 우연한 메커니즘일 뿐이며, 신체의 생성 능력, 재생산의 능력도 이러한 잠재력의 일부다. 언어학적이고 사회적인 구조주의 전통에서 퀴어 이론이 시사하듯(Butler, 1991), 젠더를 힘의 유일한 초역사적 매트릭스로 전환시키는 것은 정말로 개념적 오류다. 포스트휴먼 일원론의 정치경제의 관점에서 보면, 힘은 정적이거나 주어진 것이 아니라 효과들의 복잡한 전략적 흐름이며 그래서 실용적인 개입 정치학과 지속가능한 대안을 요청한다(Braidotti, 2006). 달리 말하면 포스트휴먼 신체들이 할 수 있는 것을 알아내려면 저항과 강도를 실험해야 한다. 젠더 체제는 이분법적 기계로 인간의 섹슈얼리티의 복잡성을 포획하고, 이분법적 기계는 이성애적 가족 형성을 특권화하고 우리에게서 다른 모든 가능한 신체들을 문자 그대로 훔치기 때문에, 성적 신체가 무엇을 할 수 있는지 우리는 더 이상 알지 못한다. 그러므로 우리는 인간/휴먼 형태와 포스트휴먼 형태의 섹슈얼리티를 나타내는 성의 복잡성 개념을 재발견할 필요가 있다. 탈-인간중심적 접근은 인간의 신체 물질이 다른 종의 경우처럼 이미 늘 성차화되어 있어서 복수성과 이질성의 축을 따라 성적으로 분화된다는 점을 분명하게 한다.

나는 물질-실재론적 즉 포스트휴먼 생기론적 페미니즘이 역동적인 일원론적 정치적 존재론에 기대어 강조점을 기존의 성차/젠더 구별에서 과정으로서의 섹슈얼리티로 이동시켰다고 주장해왔다. 이를 확장하면, 섹슈얼리티가 젠더 정체성과 제도를 탈영토화시킬 수 있는 힘이며 구성적 요소라는 의미다(Braidotti, 1994). 이러한 관점은, 신체를 잠재성들의 형체 없는 복잡한 배치로 보는 개념과 결합하여, 차이의 존재론적 우선성과 그것이 스스로를 변형시키는 힘을 사실로 가정한다. 예를 들어, 클레어 콜브룩(Claire

Colebrook, 2000)은 성적 차이는 해결해야 할 문제가 아니라 생산적인 출발지점이라고 주장한다. 퍼트리샤 맥코맥(Patricia MacCormack, 2008)도 비슷하게 다형적이고 복잡한 본능적 힘으로서의 섹슈얼리티로 돌아가 그것을 정체성 문제와 모든 이분법적 대립들 양쪽에서 분리해내야 한다고 강조한다. 포스트휴먼 페미니스트들은 대항 정체성을 형성하기보다는 성차화된, 인종화된, 자연화된 상호작용의 규범화된 패턴들을 뒤틀어 정체성을 탈구시키는 방식으로 전복을 시도한다.

성적 신체들이 무엇을 할 수 있는가에 대해 이런 실험들이 사회에서 차이가 더 이상 중요하지 않다거나 혹은 전통적인 권력관계들이 현실적으로 개선되었다고 말하는 것은 아니다. 반대로, 양극화된 성차의 극단적 형태들은 세계적으로 그 어느 때보다 강력하다. 그런 형태들은 지정학적 관계에 투사되어 소위 여성의 권리와 GLBT(*Gay Lesbian Bisexual Transgender)인들의 권리에 입각한 '문명들의 충돌'의 전투적인 젠더화된 비전들을 창조했다. 이러한 젠더 이분법의 반동적 발현은 단지 전체 그림의 일부일 뿐이다.

더 넓은 그림은 차이들을 나타내는 이전 체계가 혼란스러워지면서 차이를 중심적인 것이면서 동시에 비본질주의적인 개념으로 재주장하는 일이 훨씬 더 긴급한 일이 되고 있음을 보여준다. 나는 차이가 비-일자(not-One)의 원리, 다시 말해 차이화(differing)라고 주장했으며(Braidotti, 2002), 그것이 포스트휴먼 주체를 구성하고 그에 맞는 탈-인간중심적인 윤리적 설명책임의 형식을 발전시킨다고 강조했다. 포스트휴먼 윤리학은 우리에게 우리 주체성의 심층 구조에 있는 비-일자의 원리를 견디라고 촉구한다. 복잡한 상호관계의 생기적 망에서 우리를 복수의 '타자들'과 묶는 유대를 인정함으로써 그렇게 하라고 촉구한다. 이러한 윤리적 원리는 단일함과 총체성과 일자(one-ness)의 환상을 깨뜨리면서 동시에 시원적 상실, 비교 불가능한 결여, 회복 불가능한 단절이라는 대서사들도 깨뜨린다. 그 대신 내가 더 긍정의 태도로 강조하고 싶은 것은 관계의 우선성이다. 그리고 우리는 우리가 책임질 수 없는 우연한 만남들, 상호작용들, 정서적 변용과 욕망의 누를 수 없는 흐름들의 효과라는 사실을 인식하는 것이 중요하다고 강조하고 싶다.

이러한 일자가 아니라는 우리를 겸손하게 만드는 경험은 비단일적 주체를 구성하고, 주체를 타자성과, 즉 우리가 게으름과 습관 때문에 '자아'라고 부르는 그 실체(entity)를 구성하는 다수의 그리고 외부의 타자들과 윤리적 유대로 묶어준다. 포스트휴먼의 유목적 생기적 정치이론은 비-일자의 조건이 지니는 생산적 측면을 강조한다. 즉, 복잡성이라는 생산적인 개념이다. 시초에, 지능 있는 육체와 체현된 정신이 부여된, 정서적으로 감응하고 상호작용하는 실체와의 관계가 언제나 이미 있다. 즉 존재론적 관계성(ontological relationality)이다. 포스트휴먼 차이들의 유물론적 정치학을 작동시키는 것은 실현되기를 요청하는 잠재적 되기들이다. 잠재적 되기들은 집단적으로 공유된, 공동체에 기반을 둔 실천을 통해 수행되며, 실종된 종족(a missing people)을 생기론적이고 비단일적이지만 책임을 지는 방식으로 재조직하는 과정을 지원한다. 이것이 바로 탈-인간중심적으로 창조된 새로운 범인류가 환기하고 실현하는 그 '우리'다. 그 '우리'는 포스트휴먼-되기의 긍정의 차원, 윤리적 차원을 표현한다. 그것은 집단의 자기양식화를 시도하는 제스처다. 그 '우리'는 공유된 취약성, 조상의 집단적 폭력에 대한 죄의식, 갚을 수 없는 존재론적 부채의 멜랑콜리로 부정적으로 묶인 공동체가 아니라, 다수의 타자들과의 상호의존성을 공감하고 인정함으로써 묶인 공동체를 실현한다. 인류세 시기에 그 타자들 대부분이 인간의 형상이 아니라는 사실은 자명하다.

7. 결론

이 장에서 나의 목적은 두 가지였다. 탈-인간중심적 관점에서 포스트휴먼이란 무엇일 수 있을까 하는 문제에 대답을 제공했고, 주체성을 고려하는 포스트휴먼 이론을 옹호했다.

탈-인간중심적 이론에서 가장 심각한 정치적 문제는 유전공학적 자본주의와 개인주의의 도구적 제휴에서 야기되는데, 이때 개인주의는 주체에 대한 휴머니즘적 정의의 잔존물이다. 내가 보는 포스트휴먼적 사유는 그와 달리 매우 반개인주의적(anti-individualistic)이다. 또한 그것은 짐승의 뱃속에서 작동하는 것이며, 유기체설과 전체론적 조화라는 신화에 저항하면서 동시에 자본주의적 기회주의에도 저항한다. 캐서린 헤일스(1999: 286)는 우리 시대 포스트휴먼 신체에 강력하게 개입한다.

> 하지만 포스트휴먼이 정말로 인류의 종말을 의미하는 것은 아니다. 대신 그것은 어떤 인간 개념의 종말을 의미한다(……). 치명적인 것은 포스트휴먼 자체가 아니라 자유주의 휴머니즘적 자아 개념에 접붙여진 포스트휴먼이다. (……) 탈신체화된 정보가 아닌 체현된 실재에 기반한 포스트휴먼, 패턴/무작위성의 변증법 안에 놓인 포스트휴먼은 인간과 지능 있는 기계의 절합을 다시 사유하는 자원이 된다.

헤일스는 주체성과 의식의 행위성을 일치시키는 고전적 휴머니즘 개념을 공격한다. 그것은 휴머니즘적 과거가 저지른 몇몇 실수들, 특히 "자연을 지배하고 통제하는 명백한 운명"을 가진 자율적 주체라는 자유주의적 전망을 피하기 위해서다(Hayles, 1999: 288).

탈-인간중심적 신체-기계를 둘러싼 '과도한 선전'이 갖는 위험의 하나는 다원적 파편화를 내세우면서 실제로는 단단하고 단일한 주체 전망을 재생산할 위험이다. 우리는 기술적 매개를 통해 초월성을 재주장할 위험과 신보편주의적 기계적 에토스를 제안할 위험에 놓여 있다. 포스트휴먼 비판이론의 언어로 말하자면, 이러한 상황은 어떠한 질적 전환도 없이 양적 복수성이라는 속임수를 생산하는 것일 수 있다. 신자유주의적 행복감과 잘 어울리는 이 함정을 피하고 대신 질적 변혁을 수행하기 위해서 우리는 과장된 탈신체화와 트랜스휴머니즘적 도피의 판타지로부터 그리고 자유주의적 개인주의라는 재본질화되고 중심화된 개념으로부터 똑같이 거리를 둘 필요가 있다. 나는 포스트휴먼 신체들을 근본적인 관계성 안에 재기입하자고 제안한다. 그 관계성은 사회적, 정신적, 생태적, 미생물학적, 혹은 세포적 차원에서 권력관계의 망을 포함한다. 우리 과학의 탈-인간중심주의와 지구화되고 기술적으로 매개된 시대의 탈-인간중심주의는 '새로운 기술과학적 민주주의'를 향해 가는 작업을 긴급히 요구한다(Haraway, 1997: 95).

이전 장의 주제였던 근대 휴머니즘의 위상과 위치는 이러한 탈-인간중심주의 논의에 중요하다. 나는 대체로 탈-인간중심주의의 분석적인 형식을 지지하고 주체성의 문제를 피하거나 간과하는 비판이론가, 사회이론가, 과학이론가들의 정치적 중립성에 반대한다. 나는 또한 탈-인간중심적 주체가 반휴머니즘적 기획에도 의존한다고 주장한다. 이 말은 내가 하나로 통일된 주체의 보편적 가치라는 휴머니즘적 가정과 주체의 필요성을 완전히 간과하는 극단적인 과학 주도의 포스트-휴머니즘 둘 다에서 똑같이 거리를 두고 싶다는 의미다.

우리는 적어도 어떤 주체 입장이 필요하다. 이 주체 입장은 단일할 필요도 없고 배타적으로 인간중심적일 필요도 없지만, 정치적이고 윤리적인 책임의 터, 집단적 상상과 공유된 열망의 터가 되어야 한다. 체현되고 환경에 속한 주체의 본성을 설명할 대안적 방식들에 대한 철학적 탐구는 우리 시대의 복잡성에 맞는 주체성에 접근하는 방식을 개발하기에 적합하다.

4장에서 더 길게 논하겠지만, 이 논의는 인문학과 과학, 두 문화의 관계에 관한 문제를 다시 연다. 나는 과학의 사회학적 연구(Latour, 1993)가 선진 자본주의의 탈-인간중심주의적 테크노신체들을 둘러싼 복잡한 현상을 분석하는 유일한 도구도 가장 유용한 도구도 아니라고 주장한다.

　　다른 각도에서 이 문제를 다루어보자. 나는 조에평등주의가 유물론적이면서 동시에 생기론적인 생명의 힘인 조에를 표현한다고 주장해왔다. 이때 조에는 모든 종을 가로질러 흐르는 생성력이다. 포스트휴먼 주체들 사이에서 종을 가로지르는 새로운 횡단적 연대는 공동체를 재조직할 가능성과 휴머니티 개념 자체 그리고 새로운 형식의 윤리적 소속을 위한 뜻밖의 가능성을 열어준다. 이런 가능성들은 기후변화와 환경 위기, 멸종까지 포함하는 지구행성적 위협의 공유라는 부정적 유대에 국한되지 않는다. 내가 제안하는 것은 포스트휴먼 주체성을 더 긍정적으로 재정의하는 접근 방식이다. 앞에서 살펴본 횡단적이고 관계적인 유목적 배치라는 대항 모델에서, 혹은 앞 장에서 살펴본 고전적 휴머니즘 주체성에 대한 대안으로서의 확장된 자연-문화적 자아가 그러한 모델이다. 인류세의 각각 다른 위치에 있는 포스트휴먼 주체들인 '우리'가 어떤 되기가 가능할지에 대한 기획을 집단적으로 실험한다면, 우리는 더 많은 모델을 생각할 수 있고 가능하게 할 수도 있다.

　　우리는 모두 기존에 인간중심적이고 휴머니즘적인 '인간'의 '타자들'로 알려져 있던 이런 체현된 인간-아닌 주체들의 입지에서 탈-인간중심적이고 횡단적인 구조적 연결고리를 인정함으로써 많은 것을 얻을 수 있다. 이 기획의 윤리적 부분은 이 테크노타자들과의 새로운 사회적 접속 형식을 만들고 새로운 사회적 결합관계를 창조하는 것에 관련되어 있다. 기술적으로 매개된 유기체들의 자연-문화 연속체에서 어떤 종류의 유대가 성립할 수 있으며 그 유대를 어떻게 유지할 수 있을까? 인간 형상이 아닌 유기체적 타자들만이 아니라 우리 행성을 공유하는 기술적으로 매개되고 새롭게 특허 받은 피조물들을 위한 정서적 변용과 책임감의 고리들을 재고하는 방식으로 친족 관계와 윤리적 설명책임을 모두 재정의해야 한다.

우리 시대 정치를 지배하고 있는 향수적 경향이나 진보적 좌파의 멜랑콜리아 경향과 반대로(Derrida, 2001b; Butler, 2004a; Gilroy, 2005), 나는 '생명/조에' 자체에 대한 포스트휴먼적 강조가 긍정의 정치학을 발생시킬 수 있다고 주장한다. 비판적 탈-인간중심주의는 공포와 애도를 넘어서 더 실용 가능한 플랫폼을 생산하는 새로운 관점들을 만들어낸다. 우선, 비판적 탈-인간중심주의는 우리의 실제 삶의 조건에 더 적절한 지도를 그린다. 우리 시대의 기술적으로 매개된 신체들의 복잡성과 인간 체현의 사회적 실천에 대해 아주 정확하게 초점을 맞추기 때문이다. 더 나아가, 종들을 선명하게 구별하는 방식이 제한하지 못하는 이러한 유형의 생기론적 유물론은 인간-아닌 하지만 생성적인 생명의 힘으로서 조에 개념을 구성한다. 이러한 포스트휴먼적 접근은 본격 사이버 연구(Haraway, 1985; Hayles, 1999)를 넘어서서 포스트사이버 유물론(Braidotti, 2002)으로, 포스트휴먼 이론(Braidotti, 2006)으로 진입한다. 유목적인 조에중심적 접근은 포괄적인 생태철학을 발전시키기 위해서 인간을 인간-아닌 생명에 연결시킨다.

지적 자원뿐만 아니라 깊은 정서적 자원에도 의존하는 이러한 포스트휴먼적이고 탈-인간중심적인 감수성은 내가 의견, 즉 흔히 받아들이는 규범적 사유 이미지에의 적실화 원칙을 거부한다는 사실도 나타낸다. 포스트휴먼 곤경은 그 용어의 포스트-휴머니즘적이고 탈-인간중심적인 의미에서 사유 활동이 비판과 창조성을 결합할 때 실험적이어야 하고 나아가 심지어 일탈적이기까지 해야 한다는 것을 잘 보여준다. 들뢰즈와 과타리가 알려주듯, 사유하기는 새로운 개념과 새로운 생산적인 윤리적 관계를 발명하는 작업이다. 이런 점에서 이론은 지배적 가치를 조직적으로 낯설게 하는 한 형식이다. 비판적이기보다는 임상적인 포스트휴먼 이론은 주체성에 대한 고전적 전망의 핵심으로 바로 뚫고 들어가 생기론적이고 횡단적인 관계적 주체라는 더 확장된 전망으로 나아간다. 오늘날의 이론은 무엇이 인간으로 간주되는가에 대한 기본적인 준거 단위에서 일어난 전례 없던 변화와 변형들을 설명하고자 한다. 이러한 자기긍정적이고 프로그램화되지 않은 돌연변이는 새로운 개념들, 변용태들과 지구행성적 주체 형성들의 실현을 도울 수 있다. 포스트휴먼 신체가 무엇을 할 수 있는지 모르는 것처럼, 탈-인간중심적인 체현된 두뇌가 실제로 무엇을 생각해낼 수 있을지 우리는 짐작도 할 수 없다.

비인간:
죽음 너머 생명

마르셀 레르비에(Marcel L'Herbier)의 〈비인간(L'Inhumaine)〉(1924)은 내가 좋아하는 영화다. 페르낭 레제(Fernand Leger)와 로베르 말레-스테뱅스(Robert Mallet-Stevens)가 무대장치를 고안한 이 영화는 표현주의적 우아함, 구성주의적 현란함, 미래주의적 자신감의 선언문이다. 잘 만들어진 이 예술작품의 '비인간(inhuman)'적인 것은 당대 역사적 순간의 징후다. 이 영화는 인간의 역사와 진화의 진로를 조종하고 통제할 수 있는 여성의 슈퍼휴먼적 능력을 다룬다. 여성의 신체와 기술의 가속적 힘이 아주 유혹적인 제휴를 맺고 있다. 두려움과 욕망이라는 기술에 대한 양가감정이 강한 여성과 권력을 가진 여성에 대한 오래된 가부장적 의혹의 양태로 재구성된다. 여성적 신체-기계가 담고 있는 진보적 약속과 파괴적 잠재력이 면밀하게 계산된 균형 상태를 유지하고 있다.

모더니즘에서 기술적 인공물과 기계 '타자'는 젠더화되고 성애화되며, 기술이 주도하는 미래의 상징이 된다(Huyssen, 1986). 표현주의의 또 다른 걸작인 프리츠 랑(Fritz Lang)의 〈메트로폴리스(Metropolis)〉(1927)에서 여주인공 마리아(Maria)는 역사의 흐름을 왜곡시키는 악마 같은 로봇이다. 이 영화는 미래주의 소설인 『미래의 이브(L'Eve future)』(Villiers de l'Isle-Adam, 1977)(*빌리에 드 릴아당이 1877년부터 관련 주제로 여러 신문이나 잡지에 연재해오던 것들을 모아 1886년에 발행한 장편소설)를 기반으로 하는데, 이 소설은 산업혁명의 기계적 신체-타자를 강렬한 욕망의 대상으로 그린다. 살이 금속이 되어 자본을 성장시키는 연료가 된다. 진보는 기관차들이 성공적으로 서양 역사의 기차를 몰고 끝없이 터널들을 통과하는 환상적 장면으로 시각화된다. 기계-요부이면서 기도하는 사마귀이고, 처녀-어머니이면서 임신한 자살폭탄범, 레르비에의 〈비인간〉의 등장인물 클레어와 랭의 마리아는 20세기가 당대의 산업기술과 기계와 맺은 고도로 성차화되고 젠더화된 관계를 표현한다. 하지만 이 시각은 인간을 세계 진화의 중심에 위치시키는 의인화의 틀 안에 담겨 있을 뿐만 아니라, 곧바로 새로운 제휴로 재정의하기 위해서일지라도, 인간과 기술을 구별한다. 이로써 다면적인 비인간 세계가 생산된다.

모더니즘 시대는 기술의 힘을 강조했는데, 하나의 고립된 사건으로서가 아니라 제조된 사물들, 돈, 권력, 사회 진보, 상상력과 주체성의 구성 등을 포함하는 산업화의 배치에서 핵심적인 요소로 강조했다. 이 역사적 순간을 비판적으로 분석한 마르크스주의와 마르크스주의적 사회주의 휴머니즘은 우리에게 사물화가 사람들에게 정말로 수치스럽고 모욕적인 경험임을 가르쳐준다. 사물화는 사람들의 인간성을 완전히 부인한다는 점에서 사회의 기본적인 차원에서 정말로 비인간이라고 불릴 수 있다. 상품화 과정자체가 인간을 제조되어 이윤을 추구하는 기술로 매개된 사물의 지위로환원시킨다. 1장에서 분석했듯이, 이 통찰이 마르크스주의의 휴머니즘적감성의 핵심이다. 마르크스주의자는 인간관계를 '돈-권력'의 결합관계에 포섭하는 것을 일종의 비인간성의 형식이자 자본주의 생산 양식에 핵심적인사회적 불의로 본다. 이러한 규범적 입장은, 방법론적 관점에서 본 마르크스주의가 자연적 본질을 부정하고 차이의 자연화가 권력 전략임을 폭로한반휴머니즘 이론운동이기 때문에 더욱더 두드러진다. 1장에서 살펴본 것처럼, 마르크스주의적 사회구성주의는 매우 반본질주의적 방법론이었고, 헤겔의 역사철학에 기대어 기술이 주도하는 사회 진보를 확고하게 믿고 있었다. 레닌조차도 역사적 진보의 원동력인 사회주의를 평의회(현지 노동자들의 의회)에 전기(電氣)를 더한 것이라고 정의했다.

모더니즘적 열광과 그것의 마르크스주의적 여파는 비록 재난으로 귀결된 경우가 많기는 했지만 완전히 연기처럼 사라진 것은 아니었다. 마르셀레르비에의 영화로 되돌아가보면, 유혹적인 여자의 잔인함과 기계적 엔진의 가차 없는 에너지의 유사성은 슈퍼휴먼으로서의 비인간 개념을 생산한다. 여기서 기술은 초월적 타자로 제시된다. 또한 유혹적인 여자와 기계적 엔진의 유사성은 잔혹함이 성장과 진보 서사의 핵심적 요소라고 느끼게 하는데, 이는 이 새로운 기술들이 원하든 원하지 않든 새로운 친밀함의 형태로 인간의 유기적 신체를 변화시킬 수밖에 없다는 것을 이미 인식하고 있음을 보여준다.

따라서 모더니스트 정전에 의해 환기되는 비인간의 또 다른 측면이 있는데, 바로 예술 안에 표현된 상상력의 기능과 구조다. 모더니즘은 예술적 실천의 문제를 산업화된 모더니티의 핵심에 놓는다. 기술적 사물과 인공물은 모두 제조된 것이어서 비자연적 영역에 속한다. 그것들의 반자연주의적 구조가 바로 기계와 성적 도착성 사이의 공통분모다. 〈비인간〉과 〈메트로폴리스〉와 같은 예술 작품의 '팜 파탈(femme fatale)'이 지닌 생식력 없는 섹슈얼리티가 그것을 보여준다. 여성의 섹슈얼리티는 이 비인간 대본에 위협으로 기입되어 있지만, 동시에 저항할 수 없는 매혹으로도 기입되어 있다. 다양한 유혹을 담고 있는 테크노-이브들은 불안정한 미래로 가는 길을 가리킨다.

예술적 대상의 비인간 속성에는 비기능주의와 흥겨운 성적 유혹이 결합되어 있다. 이것이 초현실주의자들의 '독신남 기계들'이 의미하는 것이며, 들뢰즈와 과타리가 받아들여 '기관 없는 신체' 혹은 무(無)기능적 비(非)유기적 되기/생성의 구성틀 이론에서 변형시킨 개념이다. 들뢰즈에게 예술은 비판철학과 마찬가지로 생명의 무한한 가능성을 생각하고 지각하며 감각하는 새로운 방식을 창조하고자 하는 강도 있는 실천이다(Deleuze and Guattari, 1994). 한정된 정체성의 한계 너머로 우리를 변위시킴으로써 예술은 불가피하게 인간 아닌 것이라는 의미에서 비인간이 된다. 즉 우리를 둘러싼 동물과 식물, 땅의 힘과 행성의 힘에 연결된다는 점에서 그러하다. 더 나아가 예술은 우리의 체현된 자아가 할 수 있는 혹은 견딜 수 있는 것의 한계까지 우리를 데려가기 때문에 우주적 울림과 포스트휴먼 구조를 가지고 있다. 예술이 재현의 경계를 극한까지 최대한 잡아당겨 늘리면, 그것은 삶 자체의 한계에 도달하여 죽음의 지평과 마주하게 되고, 그 결과 한계 경험인 죽음과 연결된다(Blanchot, 2000). 나중에 죽음에 관한 포스트휴먼 철학을 논할 때 이 점을 다시 다루어보겠다.

테크노산업 문화의 비인간성에 대해 논하면서 이 단계에서 덧붙여야 할 것은, 과학적 이성과 과학 연구의 합리적 실천이 모더니즘 기획과 그것의 비인간적 측면 둘 다에서 전혀 이질적이지 않다는 점이다. 과학은 이 역사적 시기의 혼합된 유산을 공유하고, 산업화된 모더니티 기획에 중요한 공동 기금을 지원받고, 사회적으로 힘을 부여받는 과학적 실천들은 인상적인 산업용 기계에서 평범한 가정용 제품에 이르기까지 기계적 '타자들'에 눈독을 들인다. 그것들은 예술과 영화가 분명하게 보여주는 기술에 대한 두려움과 욕망의 혼합을 나타내는 또 다른 표현이기도 하다. 잔혹과 폭력을 포함하는 비인간 측면들은 모더니즘 시대에 과학적 이성(ratio)을 구성하는 핵심적 요소다. 폴 라비노(Paul Rabinow, 2003: 103)의 말을 들어보자.

> 20세기에는 지식과 군대 사이에 강력하고 악의적인 연계가 수립되었다 (……). 독가스(와 다른 화학 산업의 선물들)의 끔찍한 효과에서, 원자폭탄(과 다른 물리학과 공학의 선물들)을 거쳐, 인종 정화(와 인류학과 생명과학들의 다른 선물들)의 나치 악몽을 거쳐, 냉전 기간 과학 연구에 투입된 비용의 거의 3/4이 군사 목적으로 쓰였다는 받아들이기 어려운 사실에 이르기까지 그러하다. 타나토스(Thanatos; *고대 그리스의 의인화된 죽음)의 산업과 과학이 영광스러운 세기를 누려왔다.

여기서 죽음과 죽임의 문제가 제기되는데, 이번에는 과학 자체의 목적과 구조와 관련되어 제기된다. 장-프랑수아 리오타르(Jean-François Lyotard)는 『비인간(The Inhuman)』(1989)에서 한 장을 할애하여 이에 관한 중요한 논의를 펼친다. 고전이 된 자신의 대표작 『포스트모던 조건(The Postmodern Condition)』 (1984)에서 선언한 비판적 자세를 견지하면서, 비인간적인 것을 선진 자본주의가 인간을 소외시키고 상품화시킨 효과라고 정의한다. 기술의 침입과 기술에 의한 조정이 너무 심각해서 이 주체가 무자비한 효율성이라는 이름으로 탈인간화될 정도다. 리오타르는 기술을 불신하는 통찰에 머물지 않고 더 나아가 더 깊은 비인간성을 찾아내는데, 그것은 안트로포스 자체 (anthropos him/her-self)에 특유한 것이다. 리오타르에게는 구조적 기이함이나 생산적 소외의 그 내적 핵이 비인간의 무합리적이고, 무의지적인 핵인데, 그것이 우리를 인간으로 만드는 핵심적 요소다.[1] 그것은 주체의 비단일적 구조를 확인해줄 뿐만 아니라, 인류 자신의 기술이 주도하는 자본주의의 탈인간화 효과에 저항하는 결정적인 장소로도 기능한다. 이런 점에서 리오타르에게 비인간은 생산적인 윤리적 정치적 힘을 가지고 있으며, 이것이 포스트휴먼 윤리적 관계로 나아가는 길을 지시한다.

이 장에서 나는 현재의 역사적 맥락이 모더니즘적 비인간을 포스트휴먼적이고 탈-인간중심적인 실천들로 변형시켰다는 입장을 옹호한다. 비인간이 과거의 비인간이 아니다. 인간과 기술적 타자 사이의 관계가, 욕망, 잔인함, 고통을 포함해서 그 관계에 관련된 정서들이 우리 시대 선진 자본주의 기술들과 더불어 근본적으로 변화했다. 우선, 앞 장에서 살펴본 것처럼, 기술적 구성물과 육체가 전례 없을 정도로 뒤섞인다. 더욱이, 인간-기술의 상호작용의 성격이 젠더, 인종, 종들 사이의 경계선을 흐려놓는 쪽으로 돌아섰다. 이러한 추세를 리오타르는 우리 시대 비인간 조건의 두드러진 특징으로 평가했다. 오늘날의 기술적 타자―전기회로와 피드백 루프들의 배

---

1   프로이트의 '섬뜩함(the uncanny),' 라캉의 '실재(the real),, 크리스테바의 '비체(the abjection)'(1982)와 유사하다.

치에 불과한—는 철저한 불확정성의 영역은 아니어도 차이들이 평등주의적으로 흐려지는 영역에서 기능한다. 선진 자본주의의 새로운 남녀 양성적 특성을 웅변적으로 가장 잘 표현한 영화는 〈아바타〉(2009)로서, 〈아바타〉가 〈비인간〉에서 멀어진 거리는 아이폰이 아이콘에서 멀어진 거리와 같다. 오늘날 무엇이 더 유행하는지는 의심의 여지가 없지만 중요한 것은 그것이 아니다. 중요한 것은 기술의 특별한 진화와 그에 따른 뜻밖의 부수 효과들이다.

인간-기계 상호작용을 성애화한 모더니즘의 환상이 기술적 대상에 대한 포스트모더니즘적 환멸 혹은 적어도 반어적 거리두기로 변화하면서, 근본적인 무언가가 변화했다. 기존과 다른 정서적 정치경제(affective political economy)가 작동했다. 즉, 더 차가운 감수성이 우리 시스템 안으로 들어와 포스트휴먼으로 가는 길을 닦았다. 지그문트 바우만(Zygmunt Bauman, 1993, 1998)은 이 잔인하고 차가운 접근 방식을 처음 언급한 사람 가운데 한 명이다. 그는 에릭 홉스봄(Eric Hobsbawm)이 "그 짧은 20세기"(1994)라고 부른 역사적 시기에 일어난 역사적 재난들과 고통, 더 특정하자면 홀로코스트에 반응하면서, 그런 끔찍한 사건들이 폭력의 피해자뿐 아니라 가해자의 도덕적 성품과 윤리적 감수성에도 조종을 울렸다고 강조한다. 그 결과 우리의 도덕적 자아는 잔혹해지고, 인간들 사이에 도덕적 야만성이 증가했다. 에메 세제르(Aimé Césaire)와 프란츠 파농(Frantz Fanon) 같은 반식민적, 반인종주의적 사상가들도 이러한 통찰을 발전시켜 여성혐오자, 인종주의자, 파시스트들의 영혼에서 일어나는 도덕적 감수성의 분열을 설명한다. 이러한 윤리적 기준의 저하와 비교한다면, 폭력의 '피해자들'은 실제로 도덕적 우위에 있는 셈이다. 이러한 통찰이 포스트식민적인 비서구의 네오휴머니즘의 핵심에 놓여 있다. 이에 대해서는 1장에서 분석한 바 있다.

이제 질문해야 할 문제는 이런 것이다. 모더니티의 도덕적 위기는 어떻게 포스트휴먼 참조틀 안에서 일어나는가? 포스트휴먼 조건은 우리의 행성적 상호작용의 비인간적/비인도적 차원에서도 새로운 영역을 개척하는가? 포스트휴먼 조건은 탈인간화를 지구적 규모로 일으키는가? 만약 금융위기와 그것이 고용과 구조적 경제 불평등에 미친 결과에서 지정학적 갈등, 테러리즘, 인도주의적 무장 개입은 말할 것도 없고 기후변화와 그에 따르는 환경적 위기에 이르기까지 우리 시대 세계가 직면한 주요 문제들의 그 규모를 생각해보면, 포스트휴먼 조건이 그 자체의 비인간적/비인도적 차원을 발생시켜왔음은 분명하다.

이 장에서는 비인간이 죽음과 죽어감과 맺는 관계의 다양한 양태를 검토하면서 비인간이라는 여러 층위를 가진 문제를 다루어보고자 한다. 포스트휴먼 연속체인 조에라는 개념과 완벽한 대응관계를 이루는 '생명'에 대한 논의에서 나는 자기긍정적인 포스트휴먼 죽음 이론을 구축하기 위해 타나토스와 죽음정치학을 더 면밀하게 살펴보기를 제안한다. 존재론적 일원론에 기반을 둔 '물질-실재론적' 생기론으로의 개념적 전환이 우리 시대의 생명공학적으로 매개된 맥락 안에서 죽음과 필멸성을 재사유하는 우리의 이 기획에 도움이 된다고 생각한다. 정치적으로는, 생기적 긍정의 정치학이 지닌 장점을 평가해야 한다. 윤리적으로는, 인간 타자들과 인간-아닌 타자들 모두에 대한 돌봄과 연민을 이 새로운 틀 안에 재위치시켜야 한다.

1.   **죽어감의 방식들**

우리는 앞 장에서 생명 물질의 생명정치적 관리로 이해될 수 있는 포스트휴먼 곤경이 탈-인간중심적이고, 생명/조에중심적 접근의 필요성을 제기한다는 것을 살펴보았다. 이제 한 단계 더 나아가 포스트휴먼 생기적 정치학이 삶과 죽음 사이의 경계들을 전환시키며, 그 결과 살아있는 것의 통치 문제뿐만 아니라 죽어감의 실천까지 다룬다고 주장하고자 한다. 이것은 대부분 가난, 굶주림, 집 없음 같은 비인간적/비인도적인 사회적, 정치적 현상에 결부되어 있으며, 이러한 현상에 질라 아이젠슈타인(Zillah Eisenstein)은 "지구적 외설(global obscenities)"(1998)이라는 적절한 이름을 붙였다. 반다나 시바(Vandana Shiva, 1997)는 생명권력이 이미 상당히 '생물자원 해적행위'의 형태로 전환되었다고 강조하면서, 매우 현실적이고 구체적인 정치적 분석이 필요한 현상이라고 지적한다. 이렇게 차이를 나타내는 경험적 주체들(여성/토착인/대지 혹은 자연의 타자들)의 몸은 쓰다 버릴 수 있는 지구적 경제의 몸이 되었다. 우리 시대의 자본주의는 살아있는 모든 것을 통제하고자 한다는 점에서 푸코가 주장하듯 정말로 '생명정치적(bio-political)'이다. 하지만 생명(Life)은 인간만의 특권이 아니기 때문에, 조에정치적 혹은 탈-인간중심적 차원을 연다. 만약 멸종에 대한 불안이 핵 시대에 흔한 것이었다면, 인류세의 포스트휴먼 조건은 죽음의 지평을 대부분의 종으로 확장한다. 하지만 차크라바르티의 다음 같은 지적처럼 아주 중요한 차이가 있다. 즉, "핵전쟁은 현존하는 강대국들의 의식적인 결정이었다면, 기후변화는 종으로서 인간들이 한 행위가 가져온 의도하지 않은 결과다"(2009: 221). 앞 장에서 주장하였듯이, 이런 상황은 취약성을 공유함으로써 생겨난 유대로 인류를 재조직하는 부정적이거나 반동적 형식의 범인간적 행성적 유대를 출발시키고 인간을 다른 종의 운명에 연계시킨다. 죽음과 파괴가 이 횡단적 제휴의 공통분모다.

우리 시대의 죽어가는 방법들을 예로 들어 이 정치경제를 설명해보자. 지구화의 포스트휴먼 양상들은 선험적으로 비인도적은 아니지만 그래도 중요한 파괴적인 양상들을 촉발하는 현상을 많이 담고 있다. 탈세속주의적 상황은 기독교 근본주의를 포함한 다양한 종교적 극단주의를 성장시키고, 여성과 동성애자 및 모든 성적 소수자들의 권리를 정치적으로 후퇴시킨다. 재생산 권리의 퇴보와 여성들과 GLBT인들에게 가해지는 폭력의 증가가 이러한 후퇴를 나타내는 중요한 징후다. 지구적 금융망과 통제되지 않은 헤지 펀드들은 새로운 기술에 대한 불평등한 접근성이 일으킨 빈곤, 특히 젊은이와 여성들의 빈곤을 야기했다. 어린이들의 지위에 대해서는 별도로 한 장이 필요하다. 강제 노동에서 소년병 현상에 이르기까지 어린이들이 끔찍한 착취의 고리 안에 폭력적으로 밀어넣어지고 있다. 한편에서는 사이보그들이 출현하고 다른 한편에서는 새로운 취약한 형식들이 출현하면서 신체의 정치학이 바뀌고 있다. 그래서 사스, 에볼라, 인체면역결핍 바이러스(HIV), 조류독감 같은 세계적 유행병이 창궐하고 그 옆에서는 말라리아와 결핵 같은 익숙한 전염병이 재발해서 인권에 대한 관심만큼이나 건강이 공공정책의 문제가 되고 있다.

핵심은 생명/조에가 생성적인 힘이지만 바로 그만큼 위협적인 힘이기도 하다는 것이다. 지정학적 문제와 상당히 많은 건강과 환경문제가 정말로 삶과 죽음의 구별을 모호하게 만든다. 유전공학 자본주의와 자연-문화 연속체의 시대에 조에는 인간-하부의 힘(infra-human force)이 되었고 모든 관심은 이제 사라지는 자연이라는 비상사태로 쏠리고 있다. 예를 들어, 후쿠시마 원전과 일본의 쓰나미, 호주의 산불과 뉴올리언스의 허리케인 카트리나 같은 환경 재난이나 '자연적' 재난에 대한 공적 담론은 의미심장한 진퇴양난의 딜레마를 만들어내고 있는데, 한편으로는 새로운 생태주의적 인식을 표현하면서 동시에 자연과 문화를 다시 구별하고 있다. 프로테비(Protevi, 2009)가 주장하듯, 이러한 상황은 생명공학기술로 매개된 우리의 환경을 다시 자연화하는 역설적 결과를 낳는다. 지정학적 세력들은 다시 자연화되었고 동시에 인간 형상을 한 지배 주체의 정치가 결정하는 오래된 위계적 권력관계에도 종속되었다. 공공 담론은 환경의 비인간적 힘에 도덕주의적으로 접근하면서 동시에 인간중심적 오만을 영속시킨다는 점에서 매우 위선적이다. 이런 입장은 인간이 만든 재난 구조를 부정하고 재난들이 지구, 우주, '자연'처럼 우리의 집단적 통제력 너머의 힘 때문에 생긴다고 계속 주장하게 한다. 우리의 공적 도덕성이 기술적 진보가 일으키는 손상의 규모와 복잡성이 제기하는 도전에 부응하지 못하고 있는 셈이다. 이런 상황은 이중으로 윤리적 위기를 불러일으킨다. 하나는 자연 질서의 상실을 애도하는 경향과 불안을 어떻게 효과적으로 사회적, 정치적 행동으로 전환시킬 것인가이며, 둘째는 그와 같은 행동을 어떻게 미래 세대에 대한 책임감과 내가 다른 곳에서도 탐색한 사회적 지속가능성의 정신에 근거를 두게 할 수 있을까이다(Braidotti, 2006).

또 하나 중요한 사례는 내가 앞 장에서 분석한 포스트휴먼 디지털 우주로서, 그 자체의 비인간 변수들을 생성한다. 그러한 비인간 변수들을 가장 잘 보여주는 것은 바이러스들이 컴퓨터와 유기체 양쪽에서 모두 번성한다는 사실이다. 이들 중 일부는 동물에서 인간으로 그리고 역으로 옮겨진다. 질병은 유기체만의 특권이 아니라, 유기물—인간 형상이든 아니든—과 전자회로 사이의 상호 오염의 광범위한 실행도 포함한다. 다소 복잡한 공생 관계가, 육체와 기계 사이의 상호 의존이 우리의 사이버우주에서 나타나고 있다. 이런 상황은 몇몇 중요한 역설을 낳는다. 즉 육체라는 주체성의 터는 인간 향상의 실천과 테크노초월성을 통한 도피의 판타지에서 부인되지만, 동시에 육체의 취약성이 증가되면서 재강화되기도 한다. 발사모(Balsamo, 1996)가 주장하듯이, 디지털 기술은 불멸성이라는 꿈과 삶과 죽음을 통제한다는 꿈을 촉진한다. "그럼에도 신체의 기술적 미래의 '삶(life)'에 대한 믿음에는 항생물질 내성 바이러스, 무작위적 오염, 식육 박테리아 등 통제 불가능하고 신체를 크게 위협하는 요인들에 의한 죽음과 멸종에 대한 명백한 두려움이 덧붙여져 있다"(Balsamo, 1996: 1-2). 기술이라는 비인간 힘들이 몸 안으로 들어가서, 미래의 시체를 유령처럼 상기시키는 것들을 강화한다. 우리의 사회적 상상이 법의학적으로 전환되고 있다.

대중문화와 인포테인먼트 산업은 질병, 죽음, 멸종 같은 인간 신체의 종말이 의미하는 바가 변화하였음을 보여주는 이런 모순된 경향을 재빠르게 포착한다. 시체는 지구적 대중매체와 저널리즘 뉴스에 매일 등장할 뿐만 아니라, 우리 시대 대중문화, 특히 법의학 탐정물이라는 성공적인 장르에서 오락의 대상이다. 문화와 예술 작품들은 살인하는 여성들이 늘어나고 있음을 민감하게 반영한다. 헤큐베(Hecuba)와 메데아(Medea) 같은 고전을 다시 다루는 문학과 무대 공연의 성공이 이를 잘 보여준다. 물론 컴퓨터 게임의 세계에서 라라 크로프트(Lara Croft)의 정확한 사격이 전 지구적으로 인기가 있음은 말할 필요도 없다.

살인 사업에 남성과 여성이 점점 더 똑같이 참여하는 방향으로 젠더 역할이 진화하는 것은 우리 시대 젠더 정치에서 가장 문제가 되는 한 측면이다. 보편적 인권을 주장하는 오월 광장의 어머니회(Mothers of the Plaza de Mayno;*1976년에서 1983년까지 아르헨티나를 통치한 군사정부가 일으킨 추악한 전쟁 기간에 실종된 사람들의 어머니들이 만든 단체)의 입장이 체첸공화국 전쟁 미망인의 잔인한 개입, 임신한 여성 자살 폭탄 테러범들, '인도주의' 전쟁의 군사적 '휴머니즘'에서 여성들의 역할이 증가하는 것 등이 이러한 문제적 측면을 요약적으로 잘 보여준다.

정신적 죽음도 이 그림의 일부다. 중독들, 식이장애, 멜랑콜리아, 탈진, 무관심과 불만족 상태처럼 흔히 질병으로 인정하지만 결코 충분히 다루지 않는 우리 시대의 체현된 사회적 행위들을 고려해보면 그러하다. 나는 이러한 행위들을 단순히 자기파괴적인 것으로 분류할 것이 아니라, 살아있는 모든 것을 상품화하는 정치경제와의 상호작용과 그에 대한 저항이 규범 중립적으로 표현된 것으로 보자고 제안한다. 그러한 행위들은 '생명 자체(life itself)'의 정치시대에 살아있기와 죽어가기의 사회적 관계가 변화했음을 보여주는 사례들이다. 우리 시대 문화는 합법적인 약(리타린, 프로작)과 불법적인 약을 둘 다 유통시킴으로써 자기파괴와 유행에 따른 행동의 경계를 흐리고, '생명 자체'의 가치가 무엇인지 다시 생각해보도록 강요한다. 똑같이 중요한 마지막 문제로는 조력자살과 안락사 문제가 있다. 조력자살과 안락사는 '생명(Life)'에 자명한 가치가 귀속되어 있다는 암암리의 가정에 의존하라고 법에 도전하고 있다. 흔히 그렇듯 선진 자본주의는 정신분열, 즉 내적으로 모순된 움직임들에 의해 기능한다. 그래서 날씬한 몸과 건강과 영원한 젊음이라는 사회적으로 강요된 이데올로기와 다른 편에서 벌어지는 의료 서비스와 유아와 청년 사망률의 사회적 격차 증가가 나란히 손을 잡고 있다. '영원한 젊음'에 대한 집착이 안락사와 조력자살이라는 사회적 실천과 나란히 작동하며 그것의 대응-짝이 되고 있다.

우리가 죽음에 대해 생각하기 시작하자마자 죽음을 가하고 상실을 겪는 죽어가는 다양한 방식이 우리 주변에서 급증하고 있다. 하지만 그것들을 설명하고자 할 때 사회이론은 이 정치경제를 '생명(bio)'정치라고 말하는 경향이 있다. 하지만 생명/삶(life)(즉, 비오스[bios])과 그것이 무슨 관계가 있단 말인가? 푸코 이래 생명정치적(bio-political) 분석은 이 분야를 변형시켰고 살아있는 것의 관리에 관련된 것을 더 정확하게 이해할 수 있게 하였다. 그런데 왜 죽어감에 대한 죽음정치적(necro-political) 관리는 같은 수준으로 정밀하게 분석되지 않는 것일까?

죽어감의 사회적, 개인적 실천, 살해 방식과 멸종의 형태들, 창조적인 장례 의식과 애도의 필요성 등에서 발생한 변화는 그 규모와 양이 모두 거대하여 사회문화적 의제를 확장할 정도다. 여기에 새로운 담론 영역의 등장도 포함된다. '죽음 연구(Death Studies)'는 1970년대 반문화(countra-culture)에서 성장하여 진지한 학제적 영역이 됨으로써 학계의 풍경에 상당히 필요한 새로운 부가물이 되었다. 이 학제적 연구는 필멸성에 대한 도덕적, 종교적 토론뿐만 아니라, 사회적 문제와 정책과 보건 문제들을 연구하기도 하고,

전문가 훈련이라는 아주 실천적인 측면도 포함한다.[2] 새로운 '연구' 영역들의 이러한 확장에 대해서는 4장에서 다시 다루겠다.

2. 생명정치를 넘어서

'생명/삶(life)'을 생명정치적(bio-political)으로 관리하는 새로운 실천들이 생성적인 힘만 아니라 새롭고 더 미묘한 정도의 죽음과 멸종까지도 동원한다는 기본 통찰에서 다시 출발해보자. 생명/조에의 생기론적이고 자기 조직적 힘에 초점을 맞추면 살아있기와 죽어가기 사이의 선명한 구분이 사라지고, 조에는 포스트휴먼적이지만 긍정하는 생명력으로 개념화된다는 것이 나의 주장이다. 이 생기론적 유물론은 신스피노자주의적 정치적 존재론인 일원론과 근본적 내재성에 견고하게 의존하고 있으며, 포스트휴먼 곤경의 비인간적/비인도적 양상에 대항할 횡단적인 관계적 윤리를 낳는다.

나는 지금까지 포스트휴먼 곤경이 인간에 대한 전통적 이해를 교란시키는 만큼 비인간적이고 비인도적인 실천의 구조와 지위에도 중요한 변화를 이끌어낸다고 주장해왔다. 그렇다면, 다음 질문은 이러한 비인간의 새로운 형상들이 주체 이론과 사회와 문화 이론에 어떤 영향을 미치는가이다. 생명정치적 분석은 이 논의에 핵심적이지만 현재의 맥락에서는 푸코가 그의 선구적 작업에서 설명한 전제들을 넘어서고 있다. 생명과 죽음의 생명정치적 관리에 대해 새로운 사유들이 나타나고 있다. 예를 들면, 생명정치 시민권 학파가 등장하여 힘을 강화하면서 동시에 제한하는 통치성의 한

---

2 예를 들어, 영국의 바스대학(University of Bath)의 'Centre for Death and Society'가 있다. 여러 학술지들도 이 분야의 활력을 증명하는데 특히 *Death Studies* (Routledge, 1970, redesigned in 1985); *Journal of Death and Dying* (Baywood Publishing, 1970)와 *Journal of Near-Death Studies* (1978) 등이 있다.

사례로 '생명권력'의 윤리적 함의를 강조한다(Rabinow, 2003; Rose, 2007; Esposito, 2008). 이 학파는 정치적 계기를, 질병 및 다른 책임을 포함하여 자신의 체현된 자아의 유전자적 삶을 전적으로 책임지는 생명윤리적 주체가 감당해야 할 관계적이고 자기규율적인 책무 안에 둔다. 앞 장에서 보듯, 이들의 견해는 푸코 연구의 마지막 단계에 칸트주의의 잔존 유형을 등장시키며, 이와 더불어 자신의 건강과 삶의 스타일을 스스로 관리하는 개인의 책임을 강조한다. 이 견해의 장점은 포스트휴먼적인 생명공학적 유기체로서의 실존이 더 선명하게 드러난다는 점이며, 이는 자연주의 패러다임을 철저하게 버린다는 것을 의미한다. 하지만 이 견해는, 복지국가의 기둥인 국민보건 서비스가 신자유주의적으로 해체되고 민영화가 증가하는 정치적 맥락에서, 책임 개념을 개인주의 쪽으로 왜곡시킨다는 단점이 있다. 생명윤리 시민권은 보건 서비스 같은 기본적인 사회적 서비스에 대한 접근성과 비용을 개인의 능력에 연동시키고, 개인들은 잘못된 생활방식의 위험을 감소시키려고 노력함으로써 책임 있게 행동하도록 요구받는다. 다른 말로 하면, 여기서 생명윤리적 행위성은 자신의 유전자 자본을 적절하게 돌보는 것을 의미한다. 흡연, 과도한 음주, 비만에 반대하는 최근의 정부 캠페인은 신자유주의가 과잉된 개인주의를 규범적으로 지지하는 경향이 증가하고 있음을 보여준다.

푸코의 신칸트주의적 견해는 생명권력 개념에 심각한 이론적 문제를 제기한다. 우리 시대의 생명공학기술이 얼마나 빠르게 발전하고 그것이 인간의 지위에 어떤 도전을 가하고 있는지 고려하는 해러웨이(1997) 같은 비판가들은, 푸코의 작업이 현대 기술에 대해 시대에 뒤진 전망에 의존하고 있다고 비판한다. 해러웨이는 푸코의 생명권력이 더 이상 존재하지 않는 세계에 대한 지도를 제공하고 있으며, 우리가 이제는 지배의 정보학(informatics of domination) 시대에 들어섰다고 말한다. 다른 비판이론들은 공격 목표가 더 분명해서, 페미니스트, 환경주의자, 인종 이론가들은 선진 자본주의에서 체현과 차이의 위상이 지구적 사회관계들의 복잡성을 반영하는 방식으로 변화하고 있다고 말한다.[3]

푸코의 생명권력 개념과 우리 시대의 포스트휴먼 구조의 가장 중요한 차이는 인간중심주의의 자리가 박탈된 것과 관계가 있다. 2장에서 나는 선진 자본주의의 유전공학적 구조가 신체들을 생명 정보의 운반자로 축소시켰고, 그런 신체들은 금융 가치로 투자 대상이 되고 자본화되었다고 주장했다. 신체들은 인구 집단 전체를 새롭게 분류하는 자료를 제공했다. 분류 기준은 유전자적 소인과 자기를 조직하는 생명 능력이다. 경제적 성장과 생물학적 성장 사이에 구조적 이종동형이 존재하며, 이러한 상황이 우리 시대 신자유주의적 자본주의의 권력관계를 포드 시대보다 더 거칠고 더 노골적으로 만든다(Cooper, 2008). 죽어감의 정치학이 담고 있는 조에 차원에 중요한 영향을 미치는 것은 이러한 상황이다.

유전자 정보가 심리적 속성이나 신경의 특징처럼 불평등하게 제공되기 때문에, 이러한 시스템은 본질적으로 차별적이면서 기본적으로 인종차별적이다. 퍼트리샤 클라우(2008)는 인체면역결핍 바이러스(HIV)를 막는 의약품이나 말라리아를 치유하는 대규모 백신의 이용 가능성에 대한 공적 토론을 분석하면서 우리 시대 정치경제가 보여주는 이러한 면을 탐색한다. 위의 예들은 우리 시대 포스트휴먼 생명 관리의 몇몇 사례에 불과하다. 유전자적으로 과도하게 노출되고 사회적으로 보험의 혜택을 충분히 받지 못하는 쓰다 버릴 수 있는 신체들인 다수의 하층 계급이 서양 세계 내부와 새롭게 출현하는 지구적 경제들 내부에서 동시에 만들어지고 있다. 이런 방

---

3 특히 길로이(Gilroy, 2000), 브라이도티(Braidotti, 2002), 바라드(Barad, 2003), 버틀러(Butler, 2004b)와 그로츠(Grosz, 2004) 참조.

식의 인구 집단 통제는 훈육하고 통제하는 테크닉이 아니라 유전공학적인 데이터 경영과 '생물자원 해적행위'(Shiva, 1997)에 의해 기능한다. 그래서 푸코의 생명정치적 분석을 넘어간다. 마크 핼시(Mark Halsey)가 말하듯, "이전에는 광기, 젊음, 여성, 유랑자, 일탈자를 통제하는 것이 주된 목적이었다면, 최근에는 인간 아닌 것, 비유기적인 것, 비활성적인 것, 요약하자면, 소위 '자연 세계들'을 저지하는 것이 목적이 되었다"(Halsey, 2006: 15). 이것은 생명정치적 통치성이 아니라 포스트휴먼 조에 정치학이다.

다시 말하지만, 일원론적 포스트휴먼 철학은 이렇게 도전적인 새로운 역사적 조건들을 사유하고 돌파해가는 데 큰 도움이 된다. 클라우는 마쑤미의 렌즈로 들뢰즈를 읽으면서 자유주의적 개인들이 아니라 유전공학적 '분할체(dividuals)'들을 포획하는 새로운 메커니즘을 연구한다.

> 〔분할체들은〕신체 능력의 분석표로 드러나는 인구 집단으로 통계학적으로 재구성되는데, 신체 능력 분석표는 어떤 신체가 지금 무엇을 할 수 있는지 그리고 미래에는 어떤 능력을 보여줄 수 있을지를 나타내는 표다. 컴퓨터에서 위험 요소로 모의실험되는 신체들의 정서적 능력은 주체 없이 심지어는 개별 주체의 신체도 없이 가능한 것으로 파악될 수 있다. 그 결과 인구 집단의 생명을 보호한다면서 정치적 명령과 관료적 통제 절차들이 경쟁적으로 생겨난다. (2008: 18)

정치적 통제 형식과 위험 요소의 평가를 연결하는 이러한 방식은 푸코가 인종주의로 정의한 테크닉이다. 왜냐하면 그와 같은 방식이 인구 집단 전체를 위계적 구조 안에—'인종화된' 방식으로—구성하기 때문이다. 단지 이번에는 피부색이 아니라 다른 유전자적 특성에 의해 결정될 뿐이다. 이 정치적 실행의 목적은 기존의 어떤 인구 집단이 생존할 가망성 혹은 멸종할 가망성을 평가하는 것이므로, 살아있는 것들의 생명정치적 관리는 종 횡단적이고 조에 주도적일 뿐 아니라, 본질적으로 죽음과 연결되어 있다. 이것이 탈-인간중심주의의 얼굴, 즉 죽음에 묶인 죽음정치적 얼굴이며, 탈-인간중심주의의 비인간적/비인도적 성격의 핵심이다. "어떤 인구 집단들의 건강한 삶이 다른 이들, 특히 자연의 퇴화된 존재들과 건강하지 못한 이들의 죽음을 불가피하게 여기도록 허용한다"(Clough, 2008: 18).

죽음정치적 차원은 오늘날 체현된 주체들에 대한 정치적 재현이 더 이상 푸코(1978)적 의미의 생명정치적 시각 경제 안에서 이해될 수 없음을 의미한다. 몸을 가진 주체들의 재현은 포스트플라톤적 의미의 시뮬라크럼(simulacrum)에서 그러하듯 관측할 수 있다는 의미의 시각적이 아니다. 그것은 또한 타자로서/와 자아의 대립적 인정이라는 변증법적 도식에서 시각을 재정의하는 정신분석 양태에서 그러하듯 거울처럼 반사하는 것도 아니다. 체현된 주체들의 재현은 시뮬레이션(simulation)으로 대체되었고, 내적으로 분열되어 정신분열증적이 되었다. 그것은 유령같기도 하다. 신체는 늘 그랬던 상태인 잠재적 시체와 겹쳐지고 끝없는 순환의 시각 경제에 포획된 자기 복제적 시스템으로 재현된다(Braidotti, 2002). 우리 시대의 사회적 상상은 이러한 끝없는 순환의 논리 안에 잠겨 있어서 상상된 자아의 삶과 죽음의 사이클 저 너머에 임시로 유보되어 있다. 유전공학적 상상은 시체인 신체와 관계를 맺고 신체가 더 이상 통제하지 않는 삶의 흔적을 찾아다닌다는 점에서 법의학의 특성을 가지게 되었다. 우리 시대의 체현된 주체들은, 한편으로는 유전공학적 담지자로, 다른 한편으로는 글로벌 미디어의 현금 흐름 회로 안에서 순환하는 시각적 상품으로, 그것들이 지닌 잉여 가치라는 견지에서 설명되어야 한다. 이러한 정보의 많은 부분은 지식에 의해서가 아니라 미디어에 의해 부풀려졌다. 그래서 순전한 오락과 구별되지 않는다. 따라서 우리 시대의 체현된 주체들은 유전공학적 코드와 정보적 코드로 이중으로 매개되어 있다.

우리는 이제 우리 시대의 생명정치가 내가 앞 장에서 분석한 생태철학적 차원과 교차하면서 현재의 사회정치적 권력관계의 부정적인 면을 드러내준다는 것을 안다. 이러한 혼종적이고 다소 자기분열적인 사회적 현상을 포스트휴먼 조건의 비인간 측면에 대한 저항의 지점으로 전환시키는 것이 우리가 해결해야 할 도전 과제다. 푸코의 정치적 해부가 보여준 핵심적 통찰은 여전히 유효하다. 즉 생명권력은 죽어감의 관리도 포함한다. 달리 말하면, 생명의 통치 문제는 멸종의 문제도 포함한다. 하지만 이 놀라운 통찰의 윤리적이고 정치적인 잠재력을 충분히 이용하려면 우리는 그의 두 번째 단계의 신칸트적 해석을 오도해서는 안 되며, 초기의 푸코로 되돌아가야 한다.

초기 작업에서 푸코(1977)는 명시적으로 주체성 생산에 작동하는 권력 메커니즘의 비판적 분석에 초점을 맞추고 있다. 주체성은 담론적인 효과들의 순환과 물질적인 효과들의 순환 과정으로 정의된다. 그 과정은 생산적이다. 제한적인 것만은 아니다. 권력을 이런 방식으로 강조하는 것은 포스트휴먼 곤경을 이해하는 데 아주 중요하다.

3. 법의학적 사회이론

푸코 이후 사회이론과 정치이론에는 인간과 인간의 지위에 대한 이론의 변화가 반영되어 있다. 예를 들어, 법의학적 선회에 대해 가장 의미 있는 반응의 하나인 조르조 아감벤(Giorgio Agamben, 1998)의 반응이 이를 잘 보여준다. 아감벤은 '생명/조에'를 통치 권력이 체현된 주체에 치명적으로 개입한 결과라고 정의하며, 이때 체현된 주체는 '벌거벗은 생명(bare life)'으로, 소멸의 경계에 닿아 있는 극단적 취약성을 가진 인간-아닌 지위로 환원된다. 여기서 생명권력은 타나토스 정치를 의미하며 그것의 탈인간화 효과가 산업화된 모더니티 기획을 고발한다는 것이 아감벤의 견해다. 식민지 대농장은 이러한 정치경제의 원형이며, 노예가 된 인간은 '호모 사케르(homo sacer)'의 거의 완벽한 예다. 이 통찰은 근대화와 폭력 사이에, 근대성과 공포 사이에, 통치권과 살인 사이에 본질적인 연결고리를 그려준다.

아감벤이 비인간을 근대화의 효과로 본다는 점에서는 리오타르와 다르지 않다. 하지만 그는 한나 아렌트(Hannah Arendt, 1951)에게 전체주의 현상을 타자의 인간성의 궁극적 부인으로 보는 시각도 배웠다. 하지만 아렌트는 이러한 정치적 극단들에 대항하는 강력한 대안을 구축했는데, 모든 사람에게 특히 탈인간화된 '타자들'에게도 인권이 필요하다고 강조함으로써 그렇게 했다. 세일라 벤하비브의 멋진 표현에 의하면, 아렌트는 "주저하는 모더니스트"(1996)다. 이에 비해 아감벤은 덜 혁신적이며 '생명(life)' 논의의 초역사적 지평으로 필멸성, 즉 유한성을 취하는 철학적 관행을 영속시킨다. 아감벤에게 '벌거벗은 생명'은 생성적인 활력이 아니라 통치권이 죽일 수 있는 인간 주체를 구성하는 취약성이다. 제한받지 않은 권력의 전제적 힘 안에서 신체를 쓰다 버릴 수 있는 물질로 만드는 것이 바로 그것이다. 이는 동물적 생명의 소멸에서 힘을 이끌어내는 하이데거(Heidegger)의 존재론에 연결되어 있다. 유한성(finitude)이 주체성의 작업틀 안에서 구성적 요소로 도입되며, 이러한 상황이 주체의 핵심에 있는 상실과 멜랑콜리아의 정서적 정치경제에 연료를 제공한다.

니체가 한 세기도 전에 비판했고 오늘날 비판적 논의에서도 여전히 나오는 타나토스에 대한 이러한 고착은 당황스럽다. 타나토스에 대한 고착은 흔히 권력에 대해서만이 아니라 생명권력 체제를 몰아가는 기술 발전에 대해서도 우울하고 비관적인 전망을 만들어낸다. 나는 '삶/생명'을 지속가능한 변형의 조에 윤리로 이해하는데, 이는 아감벤이 '벌거벗은 생명' 혹은 부정적 조에라고 부르는 것과 상당히 다르다. 나는 조에의 문제를 죽음의 지평 위에서 혹은 생명-아님이라는 문턱 상태의 지평에서 다루는 습관에서 벗어날 것을 요청한다. 이렇게 필멸성과 소멸 가능성의 지평을 지나치게 강조하는 것은 멸종의 유령과 서양 모더니티 기획의 한계에 사로잡힌 현대 사회 문화이론의 '법의학적 선회'가 지닌 특징이다. 죽음을 기본적인 참조항으로 과도하게 강조하는 것은 우리 시대의 생기적 정치학에 부적절하다. 그래서 나는 스피노자적 틀[4] 안에서 작업하는 다른 중요한 학자들을 살펴보고자 한다. 이들은 가차 없는 생성적 힘, 죽음을 포함하면서 그 너머로 나아가는 생명 자체의 정치학을 강조한다. 그러기 위해서는 인간의 힘과 인간과 무관한 힘의 상호관계에서 일어나는 전환을 탐색해야 한다.

환경에 속해 있고 체현되어 있는 여성 주체, 미래와 인간 종을 재생산할 수 있는 여성 주체의 입장에서 발화하는 내가 보기에는 유한성의 형이상학은, 우리가 '생명'이라고 부르는 것의 한계 문제를 다루기에는 근시안적 방식이다. 이 장의 후반부에서 주장하겠지만, 우리는 죽음, 즉 최종의 빼기인 죽음을 생성적인 과정의 또 다른 단계로 재고해야 한다. 죽음이라는 가차 없는 생성적 힘이 나에게 가장 가깝고 가장 소중한 것, 즉 나 자신, 나 자신의 생기적 현존재(vital being-there)를 억압하라고 요구하는 것은 대단히 유감스럽다. 정신분석이 우리에게 알려주듯, 자기애적 인간 주체에게 나의 현존재 없이도 생명이 계속된다는 것은 생각할 수도 없는 일이다(Laplanche, 1976). '나' 혹은 어떤 '인간'을 그 중심에 가지고 있지 않은 생명을 생각할 수 있다는 사실에 정면으로 대면하는 과정은 정말로 정신이 번쩍 드는 교훈

---

4 들뢰즈와 과타리(Deleuze and Guattari, 1977, 1987), 과타리(Guattari, 1995), 글리상(Glissant, 1997), 발리바르(Balibar, 2002), 그리고 하트(Hardt)와 네그리(Negri, 2000)가 이에 포함된다.

적 과정이다. 나는 이 탈-인간중심적 선회가 초점을 지속가능성의 윤리학, 조에의 포스트휴먼적 실정성(positivity)[5]을 강조하는 쪽으로 바꾸고자 하는 윤리학의 출발점이라고 본다. 취약함을 인정하면서도 희망의 사회적 지평을 적극적으로 구축하는 윤리학, 나의 연구 프로젝트의 핵심에 놓여 있는 것은 바로 그러한 윤리학이다.

4. 우리 시대의 죽음정치에 대해

이 책의 이 지점에서 부정적 열정을 생산적이고 지속가능한 실천으로 전환하는 긍정의 정치학이 공포와 폭력과 파괴의 현실을 부인하는 것은 아님을 강조할 필요가 있다. 긍정의 정치학은 그런 현실을 다루는 다른 방법을 제안할 뿐이다. 우리 시대의 정치는 타당한 몫을 훨씬 넘어서는 잔혹함에 책임이 있다. 살아있는 자들을 관리하고 다양한 죽음을 실천하는 새로운 폭력과 오늘날의 전쟁의 잔혹함을 집중적으로 연구하는 새로운 연구들이 있다. 생명권력과 죽음정치는 아실 음벰베(2003)가 훌륭하게 주장하듯 동전의 양면이다. 생명정치 자체에 대한 담론적 관심의 폭발이 죽음과 죽임의 지정학적 차원에도 영향을 준다. 음벰베는 푸코의 통찰을 확장시켜서 생존에 대한 생명정치 관리를 더 현실적으로 분석한다. '죽음정치'라는 적절한 이름을 붙이면서 그는 이 권력이 본질적으로 죽음을 경영하는 것이며, "인간 생존을 일반화된 도구로 만들고, 인간의 신체와 인구를 물리적으로 파괴"한다고 정의한다(Mbembe, 2003: 19). 인간뿐만 아니라 지구행성도 파

---

5   (옮긴이) 'positivity/positive'는 문맥에 따라 실정성, 적극적, 긍정적으로 번역했다. 흔히 'negative/negativity'가 헤겔의 변증법에서처럼 어떤 것에 반대되는 혹은 반대하는 것이라는 역학을 통해 무엇이 이루어지는 것이라면 'positivity/positive'는 그 자체로 긍정적이고 적극적인 힘으로 움직인다는 의미를 가진다.

괴한다고 덧붙일 수 있을 것이다.

냉전 이후 세계에는 전쟁이 극적으로 증가하였을 뿐만 아니라 전쟁의 실행 방식도 많이 바뀌었다. 새로운 형태의 전투는 한편으로는 '지능형' 무인 기술공학적 무기류의 숨 막힐 정도로 높은 효율성을 수반하면서 동시에 다른 한편으로는 잘리고 굴욕당하는 인간 신체를 적나라하게 드러낸다. 내가 서론의 세 번째 삽화에서 환기한 존엄성이 훼손된 가다피의 종말이 그 예다. 포스트휴먼 전쟁은 새로운 형태의 비인간성을 낳는다. 죽음권력에 대한 이러한 접근은 죽음권력이 권력을 행사하기 위해 세워진 도덕적 가치의 보편주의와 법의 합리성을 충족시키기보다는 다른 사람의 생명을 죽이고 불구로 만들거나 강간하고 파괴하는 제한 없는 통치권을 풀어놓는다는 점에서 과격하다. 이러한 정치경제학은 각양각색의 '인간성'의 속성을 위계적으로 조직하고, 이 위계는 오래된 변증법에서 풀려나 생명정치의 논리에서 벗어난다. 대신 그것은 개인의 것만이 아닌 종의 것이기도 한 당신의 생명을 기회주의적으로 착취하는 더 도구적이고 편협한 논리를 충족시킨다.

우리 시대 죽음정치학은 지역적으로 지구적 규모의 죽음의 정치학을 취하고 있다. 새로운 형태로 나타난 산업적 규모의 전투는 군대의 상업적 민영화와 지구적 범위의 갈등에 의존하며, 그런 상황은 군대의 정당화와 활용을 탈영토화한다. "기간 시설 전투"(Mbembe, 2003)로, 대규모 병참 작전(Virilio, 2002)으로 축소된 전쟁은 시민사회를 기능하게 하는 모든 서비스, 즉 도로, 전기, 공항, 병원과 그 밖에 필요한 시설들의 파괴를 목표로 한다. 구식의 군대는 이제 "도시 민병대, 사병, 지역 군주의 군대, 민간 경비 회사와 주의 군대가 되었고, 모두 폭력을 행사하거나 죽일 권리를 주장한다"(Mbembe, 2003: 32). 결과적으로, 정치적 범주였던 '인구 집단'은 이제 "반란군, 소년병, 피해자 혹은 망명자, 고대 희생 제물처럼 잘려나가거나 대량 학살로 무력해진 민간인으로 나뉘었고, '생존자'들은 끔찍한 탈출 이후 캠프나 예외 구역에 감금되었다"(Mbembe, 2003: 34). '인도주의적 원조'로 위장한 서양 연합군이 이끈 우리 시대의 많은 전쟁은 흔히 지구적 경제에 필요한 광물을 추출하고 다른 중요한 지구물리학적 자원들을 보호하기 위한 신식민주의적 분투다. 이런 점에서 '새로운' 전쟁들은 민족국가에서 징집한 군대들이 벌이던 전통적 대결이라기보다는, 사적 갈등, 게릴라, 혹은 테러리스트 공격처럼 보인다.

아르준 아파두라이(Arjun Appadurai, 1998)는 친구, 친족, 이웃을 포함한 새로운 전투 형식의 새로운 '민족문화 말살 폭력'에 대해 날카롭게 분석한다. 그가 끔찍하게 여기는 이런 갈등의 폭력은 "사지 절단, 인육 먹기, 강간, 성적 학대, 민간인과 그들의 공간에 대한 폭력 등이 보여주는 잔혹함과 모욕이 있다. 여기서 강조하는 것은 평범한 사람들이 이전에 비교적 우호적인 관계로 살았거나 살 수 있었을 다른 사람들의 신체에 가하는 잔혹함이다" (Appadurai, 1998: 907). 이것이 포스트휴먼 조건에 특별한 비인간 칼날이다.

촘스키(Chomsky)는 이 새로운 상황을 명민하게 설명한다. 그가 인도주의적 개입의 '새로운 군사적 휴머니즘'이라고 이름 붙인 이 상황은,

> 전 지구를 파괴하는 기술과 '테러와의 전쟁, 문명들의 충돌, 악의 축, 충격과 경이 작전' 같은 싸구려 소설과 선정적인 신문 헤드라인과 플레이스테이션 게임의 용어들로 무장하고 있다. 그런 모험들은 자유, 예의바름, 민주주의라는 존경할 만한 기치를 내걸고, 문명 세계('호모 후마누스'(*homo humanus*))를 그것의 적('호모 바바루스'(*homo barbarus*))으로부터 구하기 위해 나선다.
> (Davies 인용, 1997: 134)

이렇게 기술적으로 매개된 폭력은 신체의 훈육이나 적과의 싸움이라고 묘사하기에 적절하지 않으며, 사회를 통제하는 기술이라고도 설명할 수 없다.

우리가 들어선 시대는 종합적으로 작동되는 도구적인 대학살의 시대, 나란히 존재하는 여러 "죽음 세계들"을 창조하는 새로운 "죽임의 기호 현상(semiosis of killing)"의 시대다(Mbembe, 2003: 37). 이러한 죽음정치의 통치 양태들은 전에 언급한 이중의 매개 논리에 따라 지구적 미디어 회로 안에서 인포테인먼트로 순환된다.

내가 2장에서 언급한 「도덕과 기계」의 문제를 다룬 주간 잡지 《이코노미스트》(2012년 6월 2일, 13쪽) 특별 호는 새롭게 바뀐 현대의 인상적인 군사 용어들을 소개한다. 그 주장에 따르면 최근에 등장한 기술 발전은 독특한 새로운 테크노동물 우화를 만들어낸다. 예를 들어, 보스턴 다이내믹스(MIT에서 분리된 회사)가 만든 '모래 벼룩'은 창문을 뛰어올라 통과하고 9m 높이의 지붕 위로 뛰어올라갈 수 있으며, 작동하는 동안 자이로안정기 덕분에 부드럽게 촬영할 수 있다. 무게가 5kg인 이 로봇은 바퀴로 구르다가 필요하면 다시 점프한다. '라이즈'는 다리가 6개 달린 로봇바퀴벌레로 벽을 기어오를 수 있다. 오시코시 디펜스(위스콘신)가 만든 '테라맥스' 로봇공학 키트는 군사용 대형 트럭이나 무장 차량을 원격 조종되는 기계로 바꾼다. 'LS3'(*The Legged Squad Support System)는 개와 같은 로봇으로 컴퓨터 시각 장치를 사용하여 인간의 뒤를 따라 거친 땅을 걸어가며, 최대 180kg의 짐을 나른다. 서류 가방 크기의 소형 로봇 'SUGV'(*Small Unmanned Ground Vehicle)는 무한궤도 방식의 바퀴로 굴러가며, 군중 속에서 한 사람을 찾아내 범인 식별용 얼굴 사진을 업로드하고 그를 따라갈 수 있다. '퍼스트 룩'은 MIT의 또 다른 파생 회사 아이로봇사에서 만든 군사용 로봇으로, 창문 안으로 혹은 벽 너머로 던져 넣도록 디자인되어 있다. 미네소타 주의 리콘 로보틱스가 만든 '스카우트 XT 스로우봇'은 머리 두 개에 각각 바퀴가 달린 해머처럼 생겼으며, 무게는 수류탄과 같아서 창문을 통해 안으로 던져 넣을 수 있다. 바퀴에 달린 못들이 가파른 표면이나 암석에서 정지마찰력을 제공한다. 수중형도 만들어지고 있다. 정말로 공상과학소설의 소재들이 현실화된 상황이다.

하지만《이코노미스트》가 지적하듯이 지금까지 가장 효과 있는 무기는 10여 년 전 아프가니스탄에서 사용되기 시작한 UGVs(무인지상차량)과 UAVs(무인비행장치)—드론 혹은 원격조정항공기(RPA)라고도 알려진—로서, 이것들은 하늘뿐 아니라 땅과 바다까지 포괄하는 대규모 로봇 군대의 일부다. 2005년에 CIA 드론들이 파키스탄에서 목표를 타격한 횟수는 3번인데, 2011년에는 76회였다. 그 중 하나가 리비아에서 가다피를 죽이는 데 결정적이었다. 드론은 온갖 종류의 크기로 등장한다. '델플라이'는 잠자리 모양의 감시 드론으로 델프트(*네덜란드 서부 헤이그와 로테르담 중간에 있는 도시) 공과대학에서 만들어졌는데, 카메라까지 포함해도 금반지보다 가볍다. 저울의 다른 끝에는 미국의 가장 크고 빠른 드론 어벤저(Avenger)가 있다. 1,500만 달러의 비용이 들었고, 시속 740km 이상으로 날면서 2.7t의 폭탄과 감지기 및 다른 장치들을 실을 수 있다.

드론이 살상을 너무 쉽게 하는가? 꼭 그런 것은 아니라고《이코노미스트》는 말한다. 드론은 너무 많은 데이터를 처리해야 하므로 사실 '위원회 전투'라고 할 수 있다. 통신실에서 정부 변호인과 다른 사람들이 로봇들이 보낸 비디오 자료를 모니터하고 불법적이거나 'CNN에서 보기 좋지 않을' 공격을 멈추게 한다. 이러한 인간 원격 관찰자들은 매우 인간적 환경에서 일하며, 전투 스트레스의 영향을 받지 않는다. 프랑스 회사 MEDA가 디자인한 로봇공학 미사일 '파이어섀도(Fireshadow)'는 전통적인 포탄의 최대 거리의 2배에 해당하는 100km를 날아갈 수 있는 '배회하는 포탄'이다. 여러 시간 동안 하늘을 돌면서 감지기를 사용해 움직이는 목표를 추적한다. 인간 작동자는 비디오 자료를 보면서 그 목표를 폭격할 것인지, 언제 할 것인지를 결정할 수 있으며, 더 나은 목표를 찾기도 하고 임무를 완전히 포기할 수도 있다. 하지만《이코노미스트》가 반복적으로 강조하는 것처럼 인간 의

사 결정자 없이 작동하는 것이 기술적으로는 이미 가능하다. 이스라엘 군대는 로봇공학 기관총을 국경에 배치하고 조종한다. 이스라엘의 다비드 이샤이 오브 라파엘사가 만든 샘슨 원격 무기 스테이션은 감지기로 목표를 찾아내며 인간의 개입 없이 기능할 수 있다.

《가디언》에서 이 문제에 관한 질문을 받았을 때(Carroll, 2012) RPA 즉, 드론 조종사들은 자신들의 직무가 전통적인 전투와는 다른 유형의 용기를 필요로 한다고 말한다. 실수 가능성에 대한 책임을 져야 하기 때문만이 아니라, 원격 조종으로 살인을 하려면 다른 종류의 엄격함과 정확성이 요구되기 때문이다. 이러한 원격 살인 전사들은 예를 들어 "적외선 센서, 강화된 TV카메라, 레이저 표적 지시기, 조명기기 등을 하나의 패키지로 통합한 MTS(Multi-spectral targeting systems)"(Carroll, 2012: 2) 같은 정교한 장비가 필요하다. 더욱이 이런 전투의 복잡한 다중 임무 구조는 흔히 장교들, 정보분석가와 군법무관들을 포함한 일련의 전문가와 감독관들의 면밀하고 정밀한 검토를 거쳐 일어난다. 드론이 어떤 의미로든 더 '쉽게' 죽이는 것은 아니다.

미국 전 대통령 지미 카터(Jimmy Carter)를 포함한 이 치명적 기술의 비판가들은 이와 다르게 생각한다. 그들은 드론 공격이 "치외법권적 처형으로 국가의 주권을 침해하고, 미국의 도덕적 입지를 오염시키며, 극단주의를 조장한다"고 주장한다(Caroll, 2012: 2). 그들은 이런 복잡한 문제를 다루는 가장 좋은 방법은 자동 전쟁 무기는 완전히 금지하고 로봇은 늘 사람의 충분한 관심을 받도록 하는 것이라고 강조한다. 2012년 베를린에 모인 일단의 공학자, 철학자, 액티비스트들은 현대 로봇공학 무기 시스템과 특히 드론들이 도달한 자율성의 영향을 통제하기 위해서 로봇무기 통제 국제위원회(ICRAC, International Committee for Robot Arm Control)를 구성했다. 하지만 오바마 행정부가 프레데터와 리퍼(Reaper) 드론에 무려 150억 달러의 투자를 약속하고 있듯이, 공격 무기로서 정책수단으로서 그것들의 중요성은 부인할 수 없이 증가하고 있다.

《이코노미스트》는 포스트휴먼 전투의 다른 이점들을 지적하면서, 자동 로봇 군인들이 해보다는 이로움이 더 많을 수 있다고 주장한다. 그들은 여성을 강간하지 않고, 화가 나서 민간인 주거지를 불태우지도 않으며, 감정적인 전투 스트레스로 변덕스러운 결정을 내리지도 않을 것이다. 운전자 없는 차가 일반 차보다 안전할 수 있고, 자동조종장치가 더 안전한 비행기를 만들어온 것과 마찬가지다. 더 나아가, 드론은 점점 더 민간 목적으로도 사용되고 있다. 핵발전소, 승객용 비행기 조종석, 기관사 없는 기차에서 오랫동안 사용되어온 다른 로봇과 다르지 않다. 일간지 《가디언》의 최근 보고서(Franklin, 2012)는, 환경운동가들이 800달러 이하의 비용으로 공격 범위가 300km인 건전지로 작동하는 드론을 사용해 남극 바다에서 일본의 고래 작업을 찾아 중지시키고자 한다고 말한다. 한때는 이스라엘 스파이 부대와 미국 공군만 배타적으로 드론을 보유하고 있었으나, 이제는 해양 포유동물 조사에서 농작물 조사에 이르기까지 다양한 영역에서 임무를 수행하고 있다. 미연방 항공당국은 이제 막 이러한 드론들의 사용에 대해 새로운 지침을 내리려 한다.

독자들은 이러한 기술이 성취한 정교함에 놀라지 않을 수 없다. 동시에 탈-인간중심적 무기에 연루된 비인간적 위험에 대해 염려하기도 한다. 살인 로봇의 발전에 주요 대학들의 연구가 큰 역할을 했다는 사실도 충격적이다. 학계와 군대의 오랜 유대는 이제 우리의 포스트휴먼 세계 안에서 새로운 그리고 고도로 생산적인 단계로 접어들었다.

탈-인간중심적 기술은 사회적 영역에서 일어나는 감찰 방식에도 변화를 가져왔다. 이민과 인신밀매를 막는 국경의 통제는 우리 시대 비인간 조건의 주요 측면이며, 죽음정치 게임에서도 중요하다. 디켄(Diken, 2004)은 난민과 망명 신청자들이 우리 시대 죽음권력의 또 하나의 표상이 되었다고 주장한다. 그들은 아감벤이 '호모 사케르'라고 부른 한 번 쓰다 버릴 수 있는 인간의 완벽한 예화이며, 궁극적인 죽음정치적 주체를 구성한다. 한때는 공민 의식의 공간이었던 유럽 도시들에서도 경비가 철저한 캠프와 감옥과 구금이 번성하고 있다. 이것이 최근 유럽이 보여주는 비인간 얼굴의 사례다. 캠프들, "살균 소독된 단일 기능의 엔클로저들"(Diken, 2004: 91)은 존엄성을 박탈당한 포스트휴먼 비인간성의 기념비로 서 있다.

더필드(Duffield, 2008)는 죽음정치적 사회정치 분석을 더 밀고 나가, 개발되거나 사회보장이 있는 인간들과 개발이 덜 되거나 사회보장이 없는 인간들을 구별한다. "기본적으로 발전된 삶은 역사적으로 산업자본주의와 복지국가의 성장과 연계된 사회보장과 행정적 보호 제도를 통해 유지된다"(Duffield, 2008: 149). 이 두 범주의 구별과 긴장이 '지구적 내전'의 지형이다. 이것이 더필드가 지구화된 선진 자본주의를 정의하는 방식이다. 식민주의와의 고리는 분명하다. 탈식민화는 국가들을 창조했는데, 그 국가의 국민들은 한때 노예였다가 이제는 자유롭게 지구를 돌아다닌다. 발전된 세계를 가로지르며 구속되고 갇히는 불청객인 이민, 난민, 망명 신청자가 대부분 바로 이 사람들이다. 아이러니하기도 한 뜻밖의 사태의 진전으로, 유럽은 이제 세계의 이민을 특별한 위협으로 간주한다. 이민이 유럽의 중요한 사회적 기간 구조, 즉 복지국가를 위험하게 하기 때문이다. 전투 무기와 살인 기법의 증가는 우리 시대 정치적 분석의 대상인 죽음의 지위에 대해 중요한 문제를 제기한다.

우리 시대 죽음정치학에서 기술적 매개의 규모와 정교함은 개념으로서의 죽음이 여전히 모순에 사로잡혀 있음을 보여준다. 인간의 취약성을 증가시키는 기술적 맥락이 빠르게 확장되는 상황에서, 죽음은 새로운 살인 테크닉에 대한 정치이론과 실천에서 핵심적이다. 하지만 비판이론의 한 항으로의 죽음과 사회정치적 거버넌스(governance)와 국제관계의 확립된 실천으로의 죽음은 충분히 검토되지 않고 있다. 개념으로서의 죽음은 단일하고 미분화된 것으로 남아 있는 반면, '생명(Life)'과 생명권력(bio-power)을 둘러싼 정치적 사유의 레퍼토리는 증식하고 다양화된다.

다행히 새로운 포스트휴먼 이론이 이 진공을 채우면서 중요한 기여를 하고 있다. 예를 들어 패트릭 하나핀(Patrick Hanafin, 2010)은 새롭게 환기된 죽음정치학에 대한 관심이 포스트휴먼 주체성에 대한 횡단적 전망과 짝을 이루어 "자유주의적 법률주의의 종속되고 한정된 주체"(2010: 133)에 대한 정치적이고 윤리적인 대항 서사를 마련하는 데 도움을 준다고 말한다. 하나핀에게 이는 필멸성의 전통적 위치, 즉 필멸성을 존재를 정의하는 유사 형이상학적 지평으로 보는 방식에서 벗어남을 의미한다. 주류의 남성중심적 법적 사회 계약은 생존의 욕망 위에 세워진다. 이것은 역량을 강화하는 정치가 아니라, 상상된 자연 질서의 덫에 사로잡힌 정치다. 우리 시스템은 이 상상된 자연 질서를 신체들을 통제하고 훈육하는 생명정치적 체제로 번역한다. 이는 우리가 피해자의 포지션으로만, 상실과 상해와 그와 더불어 오는 보상의 형식들을 통해서만 완전한 시민으로 인정받는다는 것을 의미한다. 포스트휴먼 죽음정치적 정치이론과 법이론이 제기하는 문제는 다음과 같다. 즉, 정치이론이 부상과 상실이라는 부정적 예에 기반을 두지 않는다면, 그런 정치이론은 어떤 모습일까.

하나핀은 죽음에 구속된 법적 주체성에 대한 사유에서 벗어나 동일성 없는 특이성(singularities without identity)에 대한 사유로, 자신들이 속해 있는 환경과 서로 긴밀하게 연결되어 있는 특이성들에 대한 사유로 전환하여 죽음정치적 차원을 진지하게 받아들이자고 제안한다. 이러한 제안은 포스트휴먼적인 비판적 권리 정치학을 지시한다. 여기서 우리가 서양의 철학적 사유의 또 하나의 근본적 이분법의 쌍이 해체됨을 본다. 즉, 우리가 죽을 운명이라는 조건에 가치를 주고 생존의 정치학을 만들어낸 정치와 법 철학에 대립되는, 죽음에 의해 제한된 정치적 삶의 해체다. 이는 탈 동일성/정체성주의 포지션이며, 버지니아 울프(Virginia Woolf)처럼 "이미 지나가버린 것처럼" 생각하는 사유 양식, 즉 죽음에 저항하지 않고 죽음과 더불어 생각하는 사유 양식을 받아들이라고 용기를 준다. 하나핀에 의하면, 죽음-생명 연속체에 대한 강조는 궁극적으로는 필멸성의 형이상학이라는 제한적인 지평 위에 세워진 법적 체제에 위협이 된다.

월리엄 코놀리(William Connolly)의 "되기의 정치학"(1999)도 비슷한 주장을 한다. 죽음정치적 파괴에 저항하여 대항효과인 뜻밖의 결과와 변혁을 일으키려면, 사회적 정치적으로 주어진 기존의 것들—우리 시대의 끔찍한 공포까지 포함한—에 '참여하는 에토스(ethos of engagement)'를 발전시켜야 한다고 주장한다. 비판이론은 당대의 폭력과 공포와 불의에 저항하고 '그 시대에 가치 있는' 것이 됨으로써 현재와 참여적으로 관계해야 한다(Braidotti, 2008). 긍정의 윤리학(affirmative ethics)은 적극성(positivity)을 구축하는 실천에, 그리하여 상처와 고통에서 벗어나 새로운 사회적 조건과 관계를 존재하게 하는 실천에 기반을 두고 있다. 긍정의 윤리학은 이런 경험들의 부정적 전하를 변형시켜 에너지를 적극적으로 구축한다. 지배의 변증법이 작동하는 내밀한 관계에서도 그러하다(Benjamin, 1988). 들뢰즈와 과타리에게, 이러한 정치적 활동을 위한 타임-라인은 아이온(Aion)의 것으로, 되기의 진행형 시제다. 이는 헤게모니적 정치 질서의 크로노스(Chronos) 안에서 혹은 그에 저항하여 작업하는 것과는 다르다. 우리는 현재의 비인간 측면인 공포와 폭력을 거부하고 그것을 전환시켜 긍정의 대안을 구축하기 위해 적극적이고 집단적으로 작업해야 한다. 이러한 죽음정치적 사유의 목적은 생산적인 대안을 현실화하기 위해 기존의 배치를 무효화할 수 있는 긍정을 불러내는 것이다. 이 장의 나머지 부분에서는 생명-죽음 연속체를 포스트휴먼 주체성의 정치적 책무에 대한 이러한 논의의 맥락에서 생각해보려 한다.

5.   죽음에 대한 포스트휴먼 이론

위에 언급한 모든 것에서 우리가 이끌어낼 수 있는 분명한 한 가지 예비적 결론은, 한편으로는 포스트휴먼적 죽음정치의 맥락 안에서, 다른 한편으로는 새로운 법의학적 사회적 감수성을 가지고, 죽어가는 방식들에 대해 더 열심히 생각해야 한다는 사실이다. 죽음에 대한 생기론적이고 유물론적인 이해는 어떻게 작동할까? 죽음은 인간만의 특권이 아니다. '사라지는' 자연의 시대에는 특히 더 그러하다. 자연의 청지기 인간이라는 합리주의적 개념이 더 이상 통하지 않는 상황에서, 환경문제는 이제 종의 멸종을 어떻게 막을 수 있는가의 문제가 되었다. 이것은 생명정치적 문제다. 어떤 종이 생존하도록 허락되고 어떤 종이 죽게 될 것인가? 우리의 결정 기준은 무엇이 될까? 포스트휴먼 이론이 강조하는 바는 적절한 기준을 발전시키려면 이러한 노력을 지지하고 그것이 작동 가능하게 할 주체성에 대한 대안적 전망이 필요하다는 점이다.

사회적으로 분산되고 조직된 각양각색의 죽어가는 방식들을 목록화하면서 시작해보자. 폭력과 질병과 가난, 사고와 전쟁과 대재난, 끈질기게 지속되는 정치적 폭력과 '정의로운 전쟁' 개념도 이 대화의 일부다. 비판 철학자들이 죽음을 다루어온 방식에 대한 분석이 그러하듯이 말이다(Critchley, 2008). 다음으로는 안에서 만들어지고 스스로 작동하는 죽어감의 방식들을 살펴볼 수 있다. 자살, 극도의 피로, 우울 그리고 그 외의 심신이상 질환들이다. 포스트휴먼 죽음 이론은 어떤 모습일까? 포스트휴먼 죽음 이론은 생명정치가 '새로운' 전쟁들과 원격 조절되는 테크노살상 무기류로 특징지어지는 우리 시대의 맥락에서 실제로 어떻게 작동하는지 더 잘 이해하게 한다. 죽음정치적 접근은 우리 시대의 체현된 주체들이 어떻게 상호작용을 하는지 어떻게 서로 죽이는지에 대해 더 정확한 지도를 만들어낸다. 그리고 다시 이러한 접근은, 우리 시대의 끔찍함과 복잡성 둘 다를 존중하고 그것들을 긍정으로 다루려고 시도하는 윤리학을 분석하는 새로운 도구들을 제공한다. 아주 중요한 의제인데, 여기서 충분히 다룰 수 없어 아쉽다.

죽음을 어떻게 보는가는 생명을 어떻게 가정하는가에 따라 각자 다르다. 나의 생기론적 유물론 관점에서 '생명'은 우주적 에너지이며 텅 빈 카오스이면서 동시에 절대속도, 즉 운동이다. 그것은 괴물적이고 동물적인 근본적 타자성이라는 점에서 비인격적이고 비인간적이다. 그 모든 힘을 지닌 조에다. 그렇다고 조에, 즉 절대적 생기성인 생명이 부정성이 없다는 것은 아니다. 그것은 상처를 줄 수 있다. 단일 주체들을 구성하는 육화된 실존이라는 특정한 덩어리에게 조에는 늘 너무 엄청난 것이다. 인간은 순수한 강도, 즉 잠재적인 힘보다 한 단계 아래에 있다. 난국에 대처하고 우리 시대에 저항하면서 '우리 시대에 가치 있는' 존재가 되는 것, 그리하여 운명애(運命愛, amor fati)[6]를 긍정으로 실천하는 것, 우리에게는 그것이 늘 도전이다. 생명의 강도들의 물결을 세속의 방식으로 포획하며 그 물결을 타는 것, 경계나 극한을 넘어서면서 그것들을 드러내는 것, 그것은 정말 어려운 일이다. 조지 엘리엇의 날카로

---

6 (옮긴이) 니체는 필연적인 것을 단지 감수하는 것이 아니라 필연적인 것에서 아름다움을 보고 아름다움을 만들기 위해 자신의 운명을 사랑하라고 말한다. '운명애'를 설명할 때 많이 언급되는 다음 구절은 니체의 『즐거운 학문. 메시나에서의 전원시 유고(1881년 봄~1882 여름)』 제4부, 276항이다.

"새해에. 나는 아직 살아 있다. 나는 아직 생각한다. 나는 아직 살아야 한다. 아직 생각해야만 하니까. 나는 존재한다. 고로 나는 생각한다. 나는 생각한다. 고로 나는 존재한다(Sum, ergo cogito: cogito, ergo sum). 오늘날에는 누구나 자신의 소망과 가장 소중한 생각을 감히 말한다. 그래서 나도 지금 내가 나 자신에게 이야기하고 싶은 것, 이 해에 처음으로 내 마음을 스쳐가는 생각, 앞으로의 삶에서 내게 근거와 보증과 달콤함이 될 생각에 대해 말하고자 한다. 나는 사물에 있어 필연적인 것을 아름다운 것으로 보는 법을 더 배우고자 한다. 그렇게 하여 사물을 아름답게 만드는 사람 중 하나가 될 것이다. 네 운명을 사랑하라(Amor fati): 이것이 지금부터 나의 사랑이 될 것이다! 나는 추한 것과 전쟁을 벌이지 않으련다. 나는 비난하지 않으련다. 나를 비난하는 자도 비난하지 않으련다. 눈길을 돌리는 것이 나의 유일한 부정이 될 것이다! 무엇보다 나는 언젠가 긍정하는 자가 될 것이다!"

운 관찰처럼, 우리가 대부분 그 우주적 에너지의 굉음에서 등을 돌리더라도 놀랄 일이 아니다. 우리는 흔히 생명을 마주하는 과정에서 부서져 그것을 더 이상 취할 수 없게 된다. 죽음은 조에가 무자비하게 지속되기 때문에 최종적(final) 변위는 아니지만 궁극적 변위(ultimate transposition)다.

죽음은 개념을 넘어서는 비인간이다. 재현할 수 없고 생각할 수 없고 생산할 수 없는 블랙홀이며, 우리가 모두 두려워하는 것이다. 하지만 죽음은 흐름과 에너지와 영속적 되기의 창조적 종합이기도 하다. 들뢰즈(1983, 1990b, 1995)는 우리가 죽음을 이해하려면 비관습적으로 접근해야 한다고 말한다. 죽음에 대한 비관습적 접근은 인격적 죽음과 비인격적 죽음을 예비 단계에서 기본적으로 구별하는 접근이다. 전자인 인격적 죽음은 개인화된 에고의 억압에 연결되어 있다. 후자인 비인격적 죽음은 에고 너머의 것이다. 늘 내 앞에 있는 죽음, 나의 생성력(power to become)의 극단적 문턱을 나타내는 죽음이다. 다른 말로 하면, 포스트휴먼 관점에서 생명의 비인격성을 강조하는 것은 죽음의 비인격성을 강조하는 것과 공명한다. 인간들은 죽을 운명이므로 죽음, 즉 생명의 덧없음은 우리의 핵심에 새겨 있다. 죽음은 우리의 타임-라인을 구성하고 우리의 타임-존을 틀지우는 사건이며, 그것들을 한계가 아니라 투과할 수 있는 문턱으로 구성하는 사건이다. 죽음이 우리의 정신적이고 신체적인 풍경 안에 늘 현존하는 한, 현재완료적으로 늘 이미 일어난 사건인 한(Blanchot, 2000), 구성적 사건으로서의 죽음은 우리 뒤에 있다. 우리 존재의 모든 것을 구성하는 잠재적 포텐셜로서의 죽음은 현재완료적으로 이미 발생했다. 살아있는 모든 것은 일시적이라는 사실을 충격적으로 완전하게 인식하는 것, 그것이 우리의 실존을 규정하는 계기다. 그것이 우리의 되기-주체들, 우리의 관계 맺는 능력과 힘들, 그리고 윤리적 인식을 획득하는 과정을 조직화한다. 죽을 수밖에 없는 우리는 모두 '현재완료적 존재들(have beens)'이다. 우리의 죽음이라는 광경은 우리의 시간성 대본 안에

장벽으로서가 아니라 가능성의 조건으로 비스듬하게 기입되어 있다.

　　이것은 우리 모두가 가장 두려워하는 우리가 죽어 있는 상태가, 고뇌와 공포와 두려움의 원천이 우리 앞에 있는 것이 아니라 이미 우리 뒤에 있음을 의미한다. 영원한 현재인 과거에 속하는 이 죽음은 개인적인 것이 아니라 비인격적이다. 그것은 우리 실존의 선조건이며, 미래의 선조건이다. 이런 죽음과의 근접성은 시간의 지속인 연속성과 공간적 고난(spatial suffering)인 지속가능성이라는 이중의 의미에서 견디기(endurance)를 요청하는 가깝고 친밀한 우정과 같다. 죽음이라는 비인격적 필연성과 친구가 된다는 것은 자신을 생명 안에 조금 다친 방문객으로 잠시 머무르게 하는 윤리적 방식이다. 말하자면, 우리는 갈라진 틈 위에 우리의 집을 세운 셈이다. 우리는 이 게임이 시작하기도 전에 이미 끝났다는 충격적 인식에서 회복하기 위해 살아간다. 죽음과의 근접성은 삶을 초월성이 아니라 '단지 하나의 삶/생명(just a life)'의 지금 그리고 여기에, 우리가 할 수 있는 한 오랫동안 우리가 취할 수 있는 한 많은 생명을 임시로 잠깐 정지시켜 놓는다.

　　그렇다고 해서 '생명(Life)'이 죽음의 지평 위에서 펼쳐진다는 의미는 아니다. 내가 앞에서 주장했듯이, 이 고전적 개념은 죽음을 인간 의식을 규정하는 특징으로 신성화하는 유한성의 형이상학, 특히 하이데거적 전통에 중심적이다. 그와 달리 나는 조에의 본성인 생산적인 차이화를 강조하고 싶으며, 이는 삶-죽음 연속체의 생산적인 측면을 의미한다. 끔찍한 현실을 부인하는 것이 아니라, 치유와 공감의 생기적 힘을 주장하기 위해서 그것을 재작업하려는 시도다. 이것이 우리 시대의 스피노자적 포스트휴먼 긍정 윤리의 핵심이다(Braidotti, 2011b). 이러한 특징을 잘 드러내주는 예가 에두아르 글리상(Edouard Glissant, 1997)이다. 식민주의와 문학에 대한 그의 작업은 모더니티의 끔찍함을 노예제라는 세계역사적 경험에서 출발하여 긍정의 방식으로 재구성한다. 글리상은 유목적 사유를 적용해서 지배적이고, 민족적이며 대체로 유럽중심의 '모국어들(mother-tongues)'을 비판한다. 지구적 규모의 크레올화와 혼종화된 다언어주의를 요청하는 것은 식민주의적이고 제국주의적인 강대국들이 부과한 강제적인 단일 문화주의에 대항하는 긍정의 대답이다. 생산적인 긍정의 윤리는 조에의 생성적 힘—에고에 구속된 인간을 넘어서는 생명—을 불러내면서, 고통과 트라우마를 어떻게 다루고 극단적 상황에서 어떻게 작업할 것인지의 문제를 다루는 특별한 다른 방식이다.

　　이 관점에서 보면, 죽음은 생명의 목적론적 목적지가 아니다. 우리를 앞으로 몰아가는 존재론적 자석도 아니다. 반복해서 말하면, 죽음은 우리의 뒤에 있다. 죽음은 의식의 차원에서 언제나 이미 발생한 사건이다. 개인에게 발생하는 것으로서 죽음은 신체의 물리적 종말이라는 형태로 올 것이다. 하지만 사건으로서, 유한성의 인식이라는 의미에서, 나의 현존재의 중단된 흐름이라는 사건으로서의 죽음은 이미 발생했다. 우리는 죽음과 완전히 동시적으로 통합되어 있다— 우리 모두가 빌린 시간에서 살아가는 한, 죽음은 우리가 살아가는 시간과 같다. 사건인 죽음의 시간은 단지 선형적이고 개인화된 크로노스만이 아니라, 아이온의 비인격적이고 지속적인 현재, 영속적인 되기다. 죽음의 시간성은 시간 자체이며, 이는 시간의 총체성을 의미한다.

　　이런 몇몇 개념들은 세속적 비판이론가들에게 반직관적으로 보일 수 있다. 하지만 나는 죽음의 오래된 경계들을 넘어 포스트휴먼 생명을 재고해야 한다고 강조한다. 내가 앞 장에서 대략 언급한, 낯설게 하기 전략의 중요성을 여기서 기억해도 좋을 듯하다. 다른 방식으로 죽음에 접근하기 위해, 우리 문화에서 '생명(Life)'에 귀속시킨 이른바 자명한 가치에 비판적 거리를 두고 출발해보자. 나는 일부 사람들이 성스러움이 부여된 '생명의 권리(Right to life)'라는 이름으로 살인을 저지르는 그런 세상에 살고 있다. 나는

'삶/생명(life)'의 내재적이며 자명하고 고유한 가치를 가정하며 출발하는 대신, 그 유사성이 눈에 잘 띄지 않는 경우가 많지만 바로 이 똑같은 생명이 담고 있는 트라우마적 요소들을 강조하는 더 명료한 사유 전통에 기대고자 한다. 다른 말로 하면, '삶'은 획득된 취향이며, 다른 중독들처럼 중독이고, 결말이 열려 있는 기획이다. 우리는 힘써 작업해야 한다. 삶은 통과해 지나간다. 우리는 삶을 소유하지 않으며, 단지 거기에 거주할 뿐이다. 마치 시분할 위치(a time-share location)에 거주하듯이.

6. 주체의 죽음

죽음에 대한 나의 생기론적 개념은 죽음이 우리 안의 비인간이고 바로 그것이 우리를 생명 안으로 해방시킨다고 본다. 우리가 필멸하는 존재자인 한, 우리 각자는 언제나 이미 '현재완료적 존재(a has been)'다. 되기의 존재론적 충동인 욕망(즉, 역량)은 우리를 유혹하여 계속 살아가게 한다. 충분히 오래 유지되면 삶은 습관이 된다. 그 습관이 자기충족적이 되면, 삶은 중독이 된다. 이는 필연적인 것도 자명한 것도 아니다. 그러므로 '단지 하나의 삶/생명'을 사는 것은 하나의 기획이지 주어진 것이 아니다. 그에 대해서는 자연적인 것도 자동적인 것도 전혀 없기 때문이다. 종종 그렇듯 결국에는 자동조종장치로 하루를 보내며 마무리할지라도, 우리는 욕망의 전자기적 배터리를 재충전하면서 규칙적으로 삶으로의 '시동 걸기'를 해야 한다. 삶은 잘해봐야 어쩔 수 없는 것이기는 하지만, 그렇다고 통제불가능한 강박적인 것은 아니다. 쾌락과 고통을 넘어서 삶은 되기의 한 과정이며, 견딜 수 있는 한계들을 확장하는 과정이다.

죽음에 대한 이러한 생기적 개념에서 비판이론의 자리는 어디인가? 낯설게 하기의 실험은 우리 눈앞에 매달려 있는 죽음의 그림자와 함께 인간의 것이 아닌 정신적 풍경의 황량함 속에서 무의 공포에 저항하며 무한을 사유하려는 시도다. 그때 사유는 긍정의 몸짓이 되고, 내재적 관계들과 시간 계기에 따른 일관성을 유지하며 견디기 위한 희망의 몸짓이 된다. 의혹과 고통이 일으키는 마비 효과들을 넘어 움직이면서 그것들을 가로질러 작업하는 것이 윤리학의 열쇠다. 포스트휴먼 비판 사유는 정념들을 지배하는 것이 아니라 부정적인 정념을 긍정적인 정념으로 변형시키는 것을 목표로 한다.

'생명'은 본질적으로 자신을 표현하고자 하는 욕망, 결국 엔트로피 에너지로 작동하는 욕망이며, 자신의 목적을 다하면 사라진다. 마치 강을 거슬러올라가 산란을 하고 죽는 연어와 같다. 따라서 죽고자 하는 소망도 강도 있게 살고자 하는 욕망의 또 다른 표현이자 대응짝이다. 에로스와 타나토스 사이에는 변증법적 긴장이 없을 뿐만 아니라 이 둘은 단지 스스로를 충족시키고자 하는 하나의 생명의 힘일 뿐이라는 필연적인 결과는 더 유쾌하다. 포스트휴먼 생기론적 유물론은 살아감과 죽어감 사이의 경계선을 흔든다. '생명', 즉 조에의 본질적 목적은 자기영속이며, 일단 그 목적이 충족되면 용해된다. 그러므로 조에인 생명은 우리가 '죽음'이라고 부르는 것도 포괄한다고 할 수 있다. 결국 우리 인간이 가장 깊은 곳에서 열망하는 것은 사라지는 것이라기보다는 우리 자신의 생명 공간에서 우리 자신의 방법으로 사라지는 것이다(Phillips, 1999). 우리 각자가 자기 스타일로 죽기를 소망한다는 것과 같다. 우리가 가진 가장 깊은 욕망은 내 방식과 내 스타일의 죽음에 대한 욕망이다. 허무주의 때문이 아니라, 죽는 것이 우리의 본성이고 자신의 죽음의 형태를 스스로 만드는 것이 우리의 가장 깊은 욕망이기 때문에 우리는 우리가 궁극적으로 피하려는 것을 추구하는 잠재적인 실존적 자살자가 된다.

물론 이것은 역설이다. 리오타르가 분석한 것처럼 비인간의 역설로서, 인간의 구조 안에 있는 무언가가 평범한 인간성에 속하기를 거부하고 그 너머로 뻗어나가려 한다. 이 존재론적 비인간은 흔히 성스러운 것으로 간주된다. 하지만 나 같은 세속적 유물론자에게 이 말은 설득력이 없다. 우리가 손을 뻗어 향하는 대상은 끝없는 우주 에너지로서, 맹렬하게 스스로를 조직한다. '너머(beyond)'에 대한 자각은 항상 이미 발생한 경험으로서의 죽음과 관계된 것이지, 초월적인 그런 종류로서의 경험과 관계된 것이 아니다. 의식적인 차원에서 우리는 모두 생존을 위해 투쟁한다. 하지만 우리의 무의식적 구조의 어떤 깊은 차원에서 우리가 정말 갈망하는 것은 조용히 누워 비생명의 고요함 속에서 시간의 물결이 우리를 스쳐지나가게 하는 것이다. 자기 죽음의 스타일을 스스로 만드는 것은 긍정의 행위다. 왜냐하면 그렇게 한다는 것은 삶에 대한 하나의 접근 방식을, 마지막 행위를 위한 양식과 단계를 점진적으로 꾸준하게 결정하는 하나의 삶의 '스타일'을 일구어내는 것이기 때문이다. 일종의 불멸성에 대한 유혹을 추구하면서, 윤리적 삶은 잠재적 자살의 삶이 된다. 잠재적 자살의 삶은 끊임없는 창조의 삶이다. 진부함으로 이끌어지는 무기력한 반복의 순환을 깨뜨리기 위해 살아진 삶이다. 자기애적 위장으로 자신을 속이지 못하도록 우리는 견디기와 시간 안의 불멸성을, 즉 생명 안의 죽음을 함양해야 한다.

이러한 생명-죽음 연속체의 생성적 능력이 한 인간 개인에게 제한되거나 국한될 수 없다는 점은 반복해 강조할 정도로 중요하다. 그것은 자체의 목적을 이루기 위해 모든 경계선을 횡단적으로 가로지르는데, 그것이 추구하는 것은 자체의 역량을 표현하는 자기영속화다. 그것은 개인들을 횡단하고 세대를 횡단하고 생태철학적으로 우리를 연결한다. 내 안의 삶이 나의 것이 아니고 더 나아가 자유주의적 개인주의가 옹호하는 전유적인 좁은 의미에서 개체의 것도 아니듯이, 내 안의 죽음도 아주 제한된 의미에서가 아니면 나의 것이 아니다. 두 경우 모두, '나(I)'가 희망할 수 있는 것이라고는 오직 나의 삶과 나의 죽음을 '나'에게 가능한 최대의 강도를 유지할 수 있는 방식과 속도와 양태로 공들여 만드는 것이다. '나'는 스스로 이러한 제스처를 자기생성적으로 자기스타일화할 수 있고, 그렇게 함으로써 견디고자 하는 구성적 욕망인 그것의 본질을 표현한다. 나는 그것을 역량(포텐시아)이라 부른다.

7.   지각불가능하게-되기

우리 인간이 진정으로 열망하는 것은 이 생성적인 되기의 흐름 안으로 융합되어 사라지는 것인데, 그것의 선조건은 원자화된 개별 자아의 교란과 사라짐과 소실이다. 뒤에 발자국만 남기고 기억만 가져갈 수 있다면 이상적일 것이다. 우리가 진정으로 욕망하는 것은 가능하다면 황홀한 고뇌 속에서 자아를 내어주는 것, 그리하여 우리 자아로서 그리고 우리 자아로 죽어가는 우리 자신의 방식, 사라지는 우리 자신의 방식을 선택하는 것이다. 이는 주체가 금욕주의적으로 용해되는 순간이라고, 또는 주체가 그/그녀를 틀짓는 인간-아닌 힘들이 얽혀 있는 망, 즉 우주 전체와 하나가 되는 순간이라고도 말할 수 있다. 우리는 그것을 죽음이라고 부른다. 하지만 생기론적 유물론의 일원론적 존재론 안에서 그것은 근본적 내재성과 더 관계가 있다. 말하자면, 우리가 늘 그랬을 미래완료적 상태, 즉 잠재적 시체가 됨으로써 마침내 우리의 신체와 완벽히 일치하게 되는 그 순간의 자연과 접지된 총체성(grounded totality)과 더 관계가 있다.

죽음, 내면의 비인간인 죽음은 주체의 지각불가능하게-되기를 나타낸다. 이는 강렬한 변형/되기 과정의 가장 먼 최전선이다. 이것은 초월이 아니라 근본적인 경험적 내재성이다. 살아있는 모든 것을 되기의 '카오스모스적인' 울림방의 포효 속으로 되돌리는 것이다. 그것은 개인의 인격적인 죽음 너머의 우주의 거대한 동물-기계인 조에의 생성적 힘을 나타낸다. 이것

176

이 세속적 담론임을 기억하자. 모든 물질이 지능이 있고 자기조직적이라고 간주하는 일원론적 존재론 안에서 자연-문화 연속체를 그 끝까지 사유해 보려는 비판이론이 생성한 담론임을 기억하자. 이 연속체를 인정함으로써 우리는 우리에게 발생하는 모든 것에서 가치 있는 존재가 될 수 있다. 운명애는 포스트휴먼 주체가 연속적인 되기의 물결의 표현임을, 존재론적 동력인 조에의 연료를 받는 존재임을 현실적으로 인정하는 것일 것이다. 그것은 인간적인 것도 신적인 것도 아니다. 가차 없는 물질적인 것이며 다중의 방향으로 종을 횡단하는 관계성을 약속하고 있다. 생명은 정말로 계속 진행되며, 그것을 활성화시키는 생기적 힘은 잔혹할 정도로 인간과 무관하다. 지각불가능하게-되기는 경계지어진 자아들이 소거되거나 사라지고, 그것들이 환경(milieu), 중간계들, 지구 자체의 근본적 내재성과 그것의 우주적 공명 안으로 융합해 들어가는 지점을 나타낸다. 지각불가능하게-되기는 재현되지 않는 사건이다. 왜냐하면 그것은 개인화된 자아의 사라짐에 관련되어 있기 때문이다. 이미 사라진 것처럼 글쓰기, 혹은 경계지어진 자아 너머로 생각하기는 낯설게 하기의 궁극적인 제스처다. 이 과정은 '더 이상은 아닌' 것과 '아직은 아닌' 것 사이 어딘가의 시간인 현재에 잠재적 가능성을 현실화하며 사건의 임계질량 안으로 과거와 현재와 미래를 섞어 넣는다. 가치들을 긍정으로 변환시키는 생기적 에너지는 카오스적이고 생성적인 실정성(positivity)의 무를 통해 자신을 표현하는 '영속적 되기'로서의 생명의 역량(즉, 포텐시아)이다. 이 사건은 '생명'으로의 유혹을 수행하며, 실체 없는 부정성(negativity)의 경제에서 떨어져 나와 비인격적 죽음을 친구로 삼는다.

죽음을 생기적 연속체로 보는 포스트휴먼 죽음 이론은, 죽음을 활력 없고 무관심한 물질 상태로, 신체가 '되돌아간다'고 가정되어 있는 엔트로피 상태로 보는 개념과 이보다 더 멀 수는 없을 것이다. 포스트휴먼 죽음 이론은 욕망을 결여가 아니라 풍요로움과 넘쳐흐름으로 본다. 죽음은 포스트휴먼 주체의 지각불가능하게-되기이며, 그로써 죽음은 되기의 순환들의 일부다. 하나의 힘을 다른 많은 힘들에 연결시키는 생기적 관계성인 상호접속성의 또 다른 형식이기도 하다. 비인격적인 것은 우리 안의 비오스/조에인 삶과 죽음이다―비물질성의 최전선인 궁극적 외부, 지각불가능하게-되기다.

'나'가 거주하는 특정한 생명 조각을 억압하는 상황에서조차 역량, 즉 에너지로서의 생명을 긍정하는 역설은 포스트-휴머니즘과 탈-인간중심주의를 모두 내파 지점까지 몰아가보는 방법이다. 여기서 죽음은 늘 변화하는 과정적 변화들 안으로 용해되며, 자기애와 편집증과 부정성을 가진 에고를 분해한다. 특정하고 아주 제한적인 에고의 관점에서 보면 과정으로서의 죽음은 아무 의미도 없다. 그 과정 안에서 그리고 그 과정을 통해 '스타일을 갖춘' 그 '자아'는 일자가 아니지만(not-One), 또한 익명의 다양체(multiplicity)도 아니다. 자아는 변별적이며, 환경 안에 속해 있고 체현된 상호관계들을 통해 구성된다. 이 포스트휴먼 주체의 내적 일관성을 묶어내는 것은 그/그녀의 표현과 행위들, 그리고 타자들과의 상호작용의 내재성이며, 또한 기억의 힘, 즉 시간 안의 연속성이다. 나는 이 과정을 지속가능성의 용어로 말하고자 한다. 그것이 수반하는 견디어냄(endurance) 개념을 강조하기 위해서다. 지속가능성은 정말로 미래에 대한 믿음을 가정한다. 지속가능성은 미래 세대에게 살 만한 세상, 살아갈 가치가 있는 세상을 '넘겨줄' 책임을 가정한다. 견디어내는 현재는 지속가능한 미래의 모델이다. 잘난 척하고 자기중심적이며 나르시스적이고 편집증적인 의식의 자기 찬양적 이미지에 맞서 포스트휴먼 이론은 조에의 많은 역동적 힘을 풀어놓는다. 조에의 힘은 의식은 말할 것도 없고 인간/휴먼과도 일치하지 않는다. 생기론의 이러한 비본질주의적 유형들이 포스트휴먼 주체의 틀이 된다.

나의 생기론적 유물론은 '생명'에 대한 기독교의 긍정에서 혹은 체현된 자아보다 더 높은 범주에 의미와 가치 체제를 초월적으로 위임하는 것에서 더 이상은 불가능할 정도로 멀리 물러나 있다. 정반대로 당신 안의 생명은 어떤 주인 기표를 나타내는 표식도 없다. 근본적으로 내재적인 육체의 지능은 당신 안의 생명이 당신의 이름을 전혀 담고 있지 않다고 숨 쉴 때마다 분명하게 진술한다. 강도 있는 비물질적 변용태들(affects)과 우리가 우연히 된 특정한 변용된 신체들(affected bodies)의 절대적 차이를 인식하는 것은 긍정의 포스트휴먼 윤리학에서 중요하다. 죽음은 지속불가능한 것이다. 하지만 그것은 또한 현실적인 것을 생산하는 생성 능력을 가지고 있다는 점에서 잠재적이기도 하다. 결과적으로, 죽음이란 단지 삶의 모든 면에서 적극적인 원리들의 명시적인 표명일 뿐이다. 즉, 비인격적인 힘인 역량(포텐시아)이다. 포스트휴먼 주체는 이러한 다양체의 긍정에 그리고 우주적이고 무한한 '외부'와의 관계적 접속에 기대고 있다.

8. 결론: 포스트휴먼 윤리학

포스트휴먼 곤경은 새로운 분석틀과 새로운 규범적 가치를 요청하는 특정한 비인간적/비인도적 실천 형식들을 발생시킨다. 이 장에서 나는 상호 관련된 여러 문제를 통해 포스트휴먼 조건의 죽음정치적 측면들을 언급했다. 우선 새로운 반동적이거나 부정적인 범인류의 파괴적 측면들을 논했다. 이 범인류는 생명 자체의 정보 자본을 자본화하는 정치경제학이 살아있는 모든 것을 전반적으로 포섭하고, 전 지구적 위험 사회들을 공유하면서 발생한다. 둘째로, 나는 왜곡된 기술 매개 형식들을 강조했고, 전 지구적 커뮤니케이션 네트워크와 유전공학적 개입이 자연-문화 관계를 상당히 생성적이기도 하고 파괴적이기도 한 복합적 연속체로 재구조화시켰음을 강조했다. 문제가 되는 것들은 새로운 전쟁, 인도주의적 개입, 그리고 무인 의사 결

3장 - 비인간: 죽음 너머 생명

정이 가능한 자동 무기류 등이다. 나는 생명-죽음을 내적 차이화에 기반한 생기적 연속체의 견지에서 새롭게 구별해야 한다고 주장했다. 그러한 작업이 복합적 특이성들(complex singularities)을 위해 개인주의를, 인간-아닌 흐름과 배치의 다양체(multiplicities)를 위해 인간중심주의를 이중으로 전복시킬 수 있다고 주장했다. 이 모든 경우를 다루면서 나는 우리 시대의 비인간성과 폭력을 강조했고, 우리가 사로잡혀 있는 죽음정치적 경제에 대적할 긍정의 실천을 요청했다.

이 포스트휴먼, 죽음정치적 선회의 여러 특징들을 요약해보자. 우선 지적할 점은 이 생명-죽음 통치 체제의 정치적 법적 주체가 탈-인간중심적인 생태철학적 존재라는 점이다. 이 조에주도적 주체의 특징은 자신의 환경과 가지는 상호의존성이며, 그것은 상호 간의 흐름과 자료 전송의 구조, 복잡하고 강도 있는 상호접속성으로 가장 잘 구성되는 구조를 통해 이루어진다.

두 번째로, 이 환경에 묶여 있는 주체는 유한한 집단적 존재이며, 고전적 휴머니즘과 인간중심주의의 제한 범위들을 넘어 나아간다. 인간 유기체는 다양한 가능한 자원들과 힘에 플러그가 꽂혀 있고 접속되어 있는 사이-존재(an in-between)다. 그러므로 인간 유기체를 하나의 기계라고 정의하는 것은 유용하다. 이때 기계는 특정하게 실용적인 목적을 가진 장치를 의미하는 것이 아니라, 그보다는 더 추상적이면서 동시에 더 물질적으로 환경에 속해 있는 어떤 것을 의미한다. '신체-기계'의 최소주의 정의는 에너지와 힘을 포착해서 처리하고 변형시키는 정서적이고 지능적인 체현체(embodied entity)다. 환경에 묶여 있고 영토적인 기반을 가짐으로써, 체현체는 지속적으로 자신의 (자연적, 사회적, 인간적 혹은 기술적) 환경으로부터 먹이를 공급받고, 그것을 통합하고 변형시킨다. 이러한 하이테크 생태적 방식으로 체현된다는 것은 지속적인 흐름과 변형의 장에 완전히 잠긴다는 의미다. 물론, 이 모든 것이 긍정적인 것은 아니다. 그렇게 역동적인 시스템 안에서는 선험적으로 알거나 판단할 수 없음에도 비인간 측면들은 다양한 형태의 취약성을 수반하기 때문이다. 그러므로 우리는 내가 앞 장에서 말한 것처럼 새로운 실천들을 실험할 필요가 있다. 되기의 서로 다른 노선들의 가능한 경우들—현실화와 대항 현실화—의 다양성을 허용하는 새로운 실천들을 실험해야 한다.

셋째로, 조에권력(zoe-power)이라는 주제는 윤리적으로 정치적으로 긴급한 문제들을 제기한다. 가속화되는 변화의 과정들을 보면서 우리는 어떻게 각양각색의 변화와 변형의 흐름에서 차이를 찾아낼 수 있을까? 변형적인 탈주선들과 되기들을 집단적 배치로, 되기의 서로 다른 가능한 길들의 집단적 배치로 설명하고 지도로 그려야 한다. 어떤 단일한 혹은 정적인 모델도 적절한 답을 줄 수 없다. 우리는 더 실용적인 열린 결말의 가능성이 필요하다. 우리는 가능한 전략을 다양화해야 한다. 출발점은 조에의 가차 없이 생성적이면서 파괴적인 힘과 포스트휴먼 윤리의 토대로 수립된 특정한 종-횡단 평등주의 유형이다. 이는 행태학의 문제이면서, 힘의 문제이기도 하다.

넷째로, 포스트휴먼 주체가 가진 특정한 시간성은 필멸성의 형이상학을 넘어 재고될 필요가 있다. 주체는 자기 자신의 체현된 시간성을 부여받은 진화론적 엔진이다. 유전자 코드의 특정한 타이밍이라는 의미에서 그리고 또한 개인화된 기억들이라는 더 계보학적 시간의 의미에서 그렇게 말할 수 있다. 만약 체현된 생명권력의 주체가 복잡한 분자적 유기체라면, 고정된 유전자와 도약하는 유전자들의 생화학 공장이라면, 자체의 항해 도구와 내장된 시간성을 부여받은 진화하는 존재라면, 우리는 이렇게 고두로 복잡한 시간적 복잡성을 반영하는 윤리적 가치와 정치적 행위성이 필요하다. 주체에 대한 다른 전망을 받아들이고 그와 더불어 자연-문화 연속체라는 새로운 개념을 받아들임으로써, 비판이론이 비인간에 대한 근대적이고 환원적인 개념들을 넘어 나아갈 수 있으리라는 것이 나의 주장이다.

다섯 번째이자 마지막으로, 이러한 윤리적 접근은 권력에 대한 고려와 분리할 수 없다. 포스트모더니티나 선진 자본주의의 기술적으로 매개된 주체에 대한 조에중심적 전망은 내적인 모순으로 가득하다. 이 모순을 설명하는 것이 비판이론의 지도그리기이며, 이 기획의 중요 부분은 이 모순들이 역사적으로 위치해 있는 주체에 대한 전망에 어떤 의미를 가지는지 설명하는 것이다(Braidotti, 2002). 현재의 기술 변형들이 잠재적으로 담고 있는 조에중심적 평등주의는 주체에 대한 휴머니즘적 전망에 좋지 않은 결과를 가져온다. 다른 말로 하면, 조에의 역량이 선진 자본주의의 착취적이고 죽음정치적인 중력을 교란시킨다. 자유주의적 개인주의와 고전적 휴머니즘의 토대 자체가 우리의 역사적 조건이 일으킨 사회적이고 상징적인 변화들에 의해 붕괴된다. 이 상황은 단지 가치들의 위기이기는커녕 우리에게 굉장한 새로운 기회들을 대면하게 한다. 그 기회들이 서로 다른 길을 통과해 수렴하는 지점은 우리가 공유하는 인간 종에 대한 이해가 재구성되는 지점이다. 이렇게 재구성된 이해 중 하나는 내가 앞 장에서 분석한 범인간적 취약성에 근거한 부정적 유대다. 즉 '우리' 모두는 다른 모든 차이에도 불구하고 이러한 아수라장 안에 함께 있다는 의식이다. 내가 선호하는 또 다른 방식은 위치의 차이에서 출발하고 그것을 권력의 용어로 설명하면서 포스트휴먼 주체성의 여러 양태를 실험하는 접근이다. 이때 권력은 제한하는 권능(포테스타스)과 생산하는 역량(포텐시아) 둘 다를 의미한다. 이러한 도전에 대해 나올 법한 반응으로서 탈-인간중심적 생기론의 포스트휴머니즘적 브랜드를 고려해야 하고 그에 따라 포스트휴먼 이론을 규정해야 한다고 주장했다.

이러한 확신은 나의 역사적이고 지정학적인 위치 덕분에 정반대의 사회적 효과들이 정신분열적으로 동시에 발생하는 현상을 인식할 수 있어서 가능했다. 세계가 보유한 씨앗, 곡물, 식물에서의 생물 다양성과 공급되는

물의 과도한 소비와 고갈이 '생명' 자체를 찬양하면서 착취하는 정치경제 안에 공존하는 듯하다. 한편에서는 식욕부진/폭식증이 유행하고 다른 한편에서는 가난으로 굶주리며, 세계 부유층에 속하는 사람들은 몸무게가 갑자기 불거나 줄어들곤 하고 많은 다른 민족들은 적극적으로 개입하거나 철저하게 방치하여 고의적으로 파괴하고 말라죽인다.

생명정치적인 것과 죽음정치적인 것은 서로 결합하여 체현된 주체성을 새로운 윤리적 규칙화를 요청하는 포스트휴먼 연속체에 재위치시킨다. 나는 또한 컴퓨터가 조종하는 드론이 떨어뜨리는 '지능형 폭탄'으로 하늘에서 사람들을 맞추는 하이테크 전쟁에서 '부수적 피해'(*군사 행동으로 민간인이 입는 인적·물적 피해)를 체현하는 인간들의 지위는 제네바조약이 정의한 '전쟁의 피해자이기보다는 나토(NATO)의 폭격으로 강제로 해방되어 거리를 배회하던 사라예보 동물원의 동물들의 지위에 더 가깝다고 인정한다. 공포에 질려 사람들을 두려움에 떨게 한 동물들, 결국 친근했던 사람들의 총에 맞아 굴복한 동물들 말이다. 나는 유전공학적 자본주의의 죽음정치적 통치와 대결하고자 한다. 이국적인 새들과 멸종위기 동물의 시장 가격이 지구적 성매매 거래와 성산업의 여성들, 아이들, 타자들의 쓰다 버릴 수 있는 신체 가격과 비슷하며, 흔히는 깃털 달린 종의 가격이 더 비싼 경우도 많다는 사실을 인지하며 사유하고자 한다. "야만인을 박멸하라!"는 콘라드의 끔찍한 말은 오늘날 종의 경계를 모른다. 이것이 내가 위치한 상황의 비인간적 얼굴이며, 지금 여기의 포스트휴먼이다. 나는 그 안에 긍정의 대안들을 적극적으로 추구하는 포스트휴먼 비판이론을 위치시킨다. 또한 나는 이러한 작업틀 안에서 세속적이고, 비본질주의적, 생기적 유물론을 통해 그리고 포스트휴먼 죽음을 주체 안의 생성적인 비인간으로 긍정하는 이론을 통해 창조적인 대안을 제안하고자 한다. 이렇게 만들어진 우리는 너무나 인간적이다.

포스트휴먼 인문학:
이론 너머 생명

인문학이 어떻게 포스트휴먼 조건에 의해 영향을 받지 않을 수 있겠는가? 휴머니즘의 외파와 인간중심주의의 내파 각각에 의해 촉발된 담론의 경계들과 범주의 차이들이 교란되면서 인문학 내부에 내적 균열이 일어나고 있으며, 그것은 선의만으로는 개선할 수 없다. 앞의 세 장에서 시도한 분석들을 토대로 그 피해를 평가해보자.

첫 장에서 나는 포스트휴머니즘의 부정적 부산물들을 논했다. 인문학(Humanities)에 함의되어 있는 '휴먼(Human)' 개념, 다시 말해서 무엇이 인식 주체를 위한 기본 준거 단위를 구성하는가에 대해 암묵적으로 가정되어 있는 것은 비트루비우스적 모델이다. 언어에 천부적 재능이 있는 이성적 동물인 '인간(Man)'의 이미지다. 지난 30여 년 동안 반휴머니스트들은 '휴먼'에 대한 휴머니즘적 정의에 담겨 있던 자기 재현과 사유 이미지 모두에, 특히 초월적 이성이라는 관념 및 주체가 합리적 의식과 일치한다는 개념에 문제를 제기했다. '인간'에 대한 이 자화자찬의 자아 이미지는 자기중심적 태도를 촉진한다는 점에서 편파적이며 그래서 그만큼 더 문제가 있다. 더욱이 이 휴머니스트 주체는 가치가 점점 감소되는 위계적 저울로 차이들을 조직해서, 그가 자신의 자아 재현에 포함시키는 것과 더불어 자신의 자아 재현에서 배제하는 것에 의해서도 자신을 정의했다. 이러한 접근 방식은 가치절하된 차이의 자리에 놓여 있던 성별화된, 인종화된, 자연화된 '타자들'에 대한 폭력적이고 적대적인 관계를 정당화하곤 했다. 그뿐만 아니라, 보편주의에 대한 주장은 배타적이고 인간중심적이며 유럽중심적이라는 비판을 받았다. 그러한 주장은 문화적 특수성을 거짓된 보편으로 바꾸고 정상 상태를 규범적 명령으로 바꾸는 남성중심적, 인종차별적, 혹은 인종우월주의적 이데올로기를 지지했다. 사유에 대한 이런 이미지는 인문학, 특히 이론의 실천을 문화적 헤게모니나 위계적 배제의 행사로 왜곡시켜버린다.

과거 30여 년 동안 새로운 비판 인식론들은 스스로 '연구(studies)'라고 부르는 학제적 영역을 발명하면서 '휴먼'의 대안적 정의들을 제시해왔다. 젠더, 페미니즘, 민족성, 문화, 포스트식민, 미디어와 뉴미디어, 그리고 인권 연구들이 그 예다(Bart et al., 2003). 나는 이 책에서 줄곧 페미니스트 이론을 이론과 방법론에서 중요한 준거점으로 두드러지게 전면에 부각시켰다. 제임스 챈들러(James Chandler, 2004)는 이러한 대항 담론들이 확산되면서 포스트휴먼 곤경의 한 징후인 '비판적 학문 연구'의 조건이 만들어진다고 말한다. 푸코가 적절하게 '인간'의 죽음을 진단한 이후부터, 이러한 새로운 담론 영역의 성장으로 학과 구조로 이뤄진 전통적 대학 조직이 도전받고 있다는 것이 챈들러의 주장이다. 이러한 담론들의 확산은 단순히 수사적으로 위기를 언급하는 것을 넘어서서 비판적 계보학적 접근과 같은 방법론적 혁신을 요청한다는 점에서 위협이면서 동시에 기회다.

2장에서 대략 논의한 탈-인간중심주의의 부정적 부산물은 인문학에 다른 의제를 제시한다. 이는 어떤 연구가 우선권이 있는가의 문제만은 아니다. '휴먼'에 대한 탈-인간중심적 정의에 담긴 사유 이미지는 주체의 해체에서 더 나아간다. 이는 근본적 관계성을 즉 단일하지 않은 정체성과 다수의 충성을 강조하기 때문이다. 이러한 전환은 갈등으로 점철된 지구화된 세계 안에서 일어나고 있기 때문에, 탈세속적이고 탈민족주의적 관점에서 새로운 도전들을 일으킨다. 그 안에는 다언어주의와 문화적 다양성을 지닌 새로운 차원의 유럽이 포함된다.[1] 그 지배 원리로서 더 이상 공간과 시간의 단일성을 인정하지 않는 이러한 지구화된 네트워크 문화 안에서(Terranova, 2004), 학문적 기획으로서의 인문학의 자리는 어디인가? 시민들의 과학[2]과

---

1 지구적 다양성의 이러한 측면은 'vernacular cosmopolitanism'으로도 알려져 있다 (Bhabha, 1996b; Nava, 2002; Gunew, 2004; Werbner, 2006).

2 http://www.citizensciencealliance.org/

시민들의 저널리즘 시대에 학계의 연구기관은 어떤 역할을 할 수 있는가?

　인간중심주의가 자리를 빼앗기고 종의 위계가 뒤섞이면서 '휴먼'은 지 지대를 상실하고 인문학 영역은 꼭 필요한 인식론적 토대들을 박탈당한다. 인문학의 미래와 관련되어 인문학 분과 학문들이 반복적으로 죽음의 위협 을 받고 또 그것들이 재생할 수 있을까 염려되는 이때에 이를 악화시키는 중요한 요인은 새로운 "인간과 인간-아닌 것의 결합이다. 거기에는 생물학 적 '웨트웨어'와 비생물학적 '하드웨어'의 기계적 결합과 결부된 복잡한 인터 페이스들이 포함된다"(Bono et al., 2008: 3). 우리는 2장에서 자연-문화의 이분 법적 구별이 붕괴되고 그것이 자료-되먹임(데이터-피드백), 상호작용, 커뮤니케 이션 트랜스퍼라는 복잡한 시스템들로 대체되는 것을 살펴보았다. 이로써 (과학과 인문학) 두 문화의 관계가 다시 논의의 중심에 놓인다. 파멸을 예언하 는 사람들에 맞서서, 나는 기술적으로 매개된 탈-인간중심주의가 인문학 을 새롭게 바꾸기 위해 원격 커뮤니케이션, 뉴미디어, 정보기술뿐 아니라 유 전공학 코드들의 자원도 불러낼 수 있다고 주장한다. 포스트휴먼 주체성 은 자율성과 자기준거적 학문 연구의 순수성 대신 이질성과 다면적 관계성 을 강조함으로써 휴머니즘적 실천의 정체성을 재형성한다.

　내가 2장과 3장에서 주장한 것처럼, 과학 연구와 기술 정보가 지배 하는 이러한 지식의 복합적 배치는 인문학의 깊은 인간중심적 핵을 대체한 다. 하지만 이러한 도전은 종말적 위기이기는커녕 새로운 지구적, 생태철학 적 차원들을 열어준다. 섣부른 기대가 완전히 없다고는 할 수 없는 나의 이 러한 포스트휴먼에 대한 열정은 그 배경에 반휴머니즘과 페미니즘이 있다. 반휴머니즘과 페미니즘은 우리 시대의 고전적 인문학 영역에 활력을 주면 서도 비판적 관계를 생산한다. 1970년대 문화혁명의 여파로, 내부에서부터 학계를 변화시키겠다는 명시적 목적을 가지고 학계에 진입한 비판적 사상 가들이 결국은 바로 그 분과 학문들을 회복시키기만 하면서 그것들을 제도적 쇠락에서 구해냈다면 그것이야 말로 역설이 아닐 수 없다. 그렇게 말해도 사실 과장은 아니다. 앞 장들에서 지적한 것처럼 일관된 포스트휴먼 입장을 발전시키고자 할 때 상황은 결코 선명하지 않으며, 선형적 사유가 그에 대한 최선의 길은 아니다. 샘 윔스터(Sam Whimster)는 이 딜레마를 분명하게 분석한다(2006: 174).

> 어떤 유물론적 기반으로도 환원될 수 없는 인간 조건을 잘 표현하고 설명하고 찬양하는 인문학은 19세기 말 이래 모든 생명 종의 기원에 대한 타당한 과학적 설명으로서의 다윈주의가 등장하면서 후퇴해왔다. 그래서 인간에 대한 과학은 비인간이 될 능력이 있는 것, 아니면 휴머니즘적이지만 과학적이라고는 말할 수 없는 것, 둘 중 하나로 보이게 된다.

또한 윔스터는 프랑스 철학이 탈-인간중심적 인문학과 인간의 지위 문제를 이미 다루었음을 상기시키면서 철학자 쥘리앵 라 메트리(Julien La Mettrie, 1996)의 아주 독창적인 1748년의 작업을 제시한다. 라 메트리는 프랑스의 계몽주의 유물론이라는 중요한 전통에 속하는 유물론적 휴머니스트이며, 인문학의 유서 깊은 아카이브에서 근대 초기의 인문학을 보여주는 중요한 선례. 인간의 구조가 내재적으로 '기계적', 즉 자기조직적이라는 라 메트리 이론은 선구적이며, 우리 자신의 상황과 깊은 관계가 있다.

오늘날 환경학, 진화론, 인식론, 유전공학, 그리고 초분과적 디지털 담론 영역들이 고전 인문학의 가장자리에서 분과 학문을 가로지르며 출현하고 있다. 그러한 초분과적 담론은 탈-인간중심적 전제와 조에중심적 종 평등주의 시스템인 '생명에 대하여 기술적으로 매개된 강조에 의존하고 있다 (Braidotti, 2006). 이러한 강조는 이 영역의 새로운 연구에 매우 고무적이다. 탈-인간중심적 인문학이 아주 번성하고 있음을 보여주는 가장 중요한 사례는 최근 '동물 연구'와 '생태 비평' 영역의 폭발적인 연구들인 듯하다. 빠르게 변하는 장애 연구는 포스트휴먼 곤경의 상징과도 같다. 신체가 무엇을 할 수 있는지 아직 모른다는 사실을 늘 상기시키는 장애 연구는 규범적인 신체 모델에 대한 비판과 새롭고 창조적인 신체화 모델에 대한 옹호를 결합한다(Braidotti and Griets, 2012). 이 영역은 너무 풍요롭고 빠르게 성장해서 요약조차 불가능하다.[3]

이러한 발달이 인문학 연구를 어디에 위치시키는가? 아니 더 정확히 말하면, 이 변화의 지평과 인간은 어떤 관계를 가지며, 오늘날 인문학의 미래에 함축하는 바는 무엇인가? 엘리자베스 그로츠(Elizabeth Grosz) 같은 현대의 신생기론적 사상가는 찰스 다윈(Charles Darwin)을 해체적으로 재검토하면서, 이 연구 노선을 밀고 간다. 그로츠(2011)는 진화론이 휴머니즘의 허세를 꺾었으며, 인간 '예외주의'에 위기를 초래한 선구자라고 주장한다. 이러한 주장은 이제 자명한 것이 되었다. 그로츠는 이에 따라 '비인간 인문학(inhuman Humanities)'의 발전을 요청한다. 그것은 종 평등성, 유전자적으로 새겨진 성적 차이에 대한 강조, 성적 선택의 우선성, 그리고 모든 다른 종과 더불어 인간의 진화에 대한 비목적론적 접근을 의미한다. 그로츠는 성적 분화의 유전자적 기반을 강조하는데, 이러한 견해는 유동적 유목적 주체라는 나의 주체에 대한 견해에는 너무 엄격해 보인다. 그래도 한 가지 중요

---

[3] 동물 연구 안내서는 최근에 출판되고 있지만(Cross and Vallely, 2012), 생태 비평에 대한 완벽한 독본은 이미 한참 전부터 출판되었다(Glotfelty and Fromm, 1996). 《생태비평 저널(The Journal of Ecocriticism)》은 이미 자리를 잡았지만, 동물 문제를 다루는 저명한 PMLA 원고들은 최근 호(2009)에 와서야 나타나고 있다. 우수한 역사적 분석에 대해서는 조애나 버크(Joanna Bourke, 2011)를 보라. 더 젊은 학자 세대에게(Rossini and Tyler, 2009) 동물은 탁월한 포스트휴먼 문제다. 장애 연구 분야는 너무 넓어서 적절하게 요약하기 어렵다. 이미 국제적으로 자리 잡은 《장애연구학회(Society for Disability Studies)》가 있고 《쿼털리(Quarterly)》와 완결된 독본이 출판되고 있다(Lenard, 1997).

한 점에서는 그로츠와 뜻을 같이한다. 생기론적이고 자기조직적인 '물질' 개념이 주목을 받게 됨에 따라 인문학이 변이하여 포스트휴먼적으로 변화되거나 고통과 점차 무관하게 될 것임을 인정할 필요가 있다.

　이러한 탈-인간중심적 도전들이 충분하지 않다는 듯 마지막으로 등장하는 것은 3장에서 논한 우리의 역사적 조건의 비인간적/비인도적 측면들의 부정적 결과다. 하지만 이는 앞선 그 어느 것에 못지않게 중요하다. 고전 휴머니즘은 인문학을 우리의 사회적 행위와 가치들과 시민적 상호작용을 인간화하는(humanize) 능력으로 정의한다. 이는 인문학이 암암리에 학자와 학생과 시민 모두의 안녕을 염려하는 도덕적 임무를 가지고 있음을 의미한다. 대량 이주와 테러와의 전쟁이 벌어지고 기술적으로 매개된 갈등에 로봇 무기와 드론이 등장하는 포스트휴먼적이고 탈-인간중심적인 선회의 시대에 이러한 주장은 어떤 변화를 겪게 되는가?

　우리 시대의 비인간적/비인도적 구조들에 대한 제도적 반응은 근대와 현대 역사의 재난을 다루는 학제적 연구 영역의 수립과 확산이다. 젠더와 페미니즘, 그리고 포스트식민 연구들은 혁신적 개념으로서뿐만 아니라 도구로서도 아주 많은 것을 제공해준 이 새로운 실험적 영역의 원형들이다. 더 특정하자면, 홀로코스트 연구에서부터 노예제와 식민주의 연구, 더 나아가 이데올로기가 추동한 다양한 종족 학살에 대한 트라우마적 기억에 대한 작업에 이르기까지, 우리 시대의 끔찍한 경험들을 다루기 위한 새로운 학제적 연구 영역들이 수립되었어야 했다. 우리 시대의 대규모 재난들을 다루기에 리오타르(Lyotard)의 '디페랑(differend)' 개념(1983)—보상이나 보복은커녕 적절한 정의의 형식도 존재할 수 없는 범죄나 도덕적 저락—이 적절하다. '디페랑'은 감내할 수 없는, 즉 타협할 수 없는 비극에 대한 윤리적 반응이지만, 이러한 참혹한 경험 중 많은 부분이 말로 표현될 수 없는 것이라면 인문학은 과연 그 안으로 얼마나 깊이 들어갈 수 있을까? 한편으로 여성,

젠더와 퀴어, 페미니즘 연구, 다른 한편으로 포스트식민과 인종 연구 같은 급진적 인식론들이 이런 면에서 혁신적 역할을 해왔다. 그러한 연구들은 그렇게 끔찍한 경험들의 인식론적 충격을 다루고, 비판이론에 그것들의 결과를 타개할 주제와 방법을 제공했으며, 그 끔찍한 경험들이 남긴 고통과 상처를 치유하는 기능도 수행했다.

냉전의 종말 이후 새로운 담론장들이 지속적으로 확산되면서 갈등 연구와 평화 연구 센터, 인도주의적 경영, 인권 중심의 의학, 트라우마와 화해 연구, 죽음 연구 등이 등장했으며, 그 목록은 여전히 증가하고 있다. 이러한 연구들은 끔찍한 역사적 경험의 비인도적이고 고통스러운 측면을 다루기 위해 치유 기능과 목회적 돌봄을 결합한 제도적 구조들이다. 비인도적 맥락에서 이 연구들은 인문학을 지속적으로 변모시키고 갱신한다. 하지만 고전적 인문학 분과 학문들의 경계선을 파열시킴으로써 그렇게 한다.

이런 다수의 도미노 효과들의 결과로 '휴먼'과 인간화 과정에 대해 인문학이 암암리에 가지고 있던 가정들을 더 이상 당연하게 여길 수 없게 되었을 때, 인문학에 어떤 일이 발생할까 하는 문제가 사회와 학계 의제들의 선두에 놓이게 된다. 우리는 앞 장에서 포스트휴먼 비판 사상가들의 비판과 여러 갈래의 네오휴머니즘이 우리 시대 인문학 안에서 나란히 작동하고 있음을 살펴보았다. 주요 준거점으로서의 페미니즘과 인종 이론들을 예로 살펴보자. 시몬느 드 보부아르의 지속적인 사회주의 휴머니즘의 유산은 진보적 휴머니즘을 세 번째 천년의 시대 안으로 들여오는 데 중요한 역할을 한다. 다른 페미니스트 휴머니스트들도 가치의 위기에 강력한 대안들을 제안한다. 예를 들어 하버마스의 철학을 변화시킨 세일라 벤하비브(2002)의 신칸트적 모델과 한나 아렌트(1996)에 대한 그녀의 재평가 등이 있다. 우리는 이미 1장에서 비서구적 가정과 문화 전통과 가치의 영향을 받은 잔여적 형태의 네오휴머니즘들이 포스트식민 이론을 통해 등장했음을 살펴보았다(Hill Collins, 1991; Said, 2004). 현대의 과학 연구는 다른 종의 연구(de Waal 1996, 2006, 2009)와 환경문제의 정치적 분석(Shiva, 1997) 양쪽 모두에 보상적인 휴머니즘을 적용한다.

우리 시대의 인문학에 대한 자유주의 휴머니즘적 전망을 가장 소리 높여 주장하는 사람은 마사 누스바움이다. 우리가 1장에서 살펴본 것처럼, 누스바움은 인문학에 대한 어떤 비판이나 해체도 단호하게 거부하면서 고전적 휴머니즘을 아직 실현되지 않은 유토피아적 기획으로 전환시킨다(1999, 2006, 2010). 고전 인문학을 누스바움의 열정으로 옹호한『공부를 넘어 교육으로(Not for Profit)』는 이러한 맥락에서 중요하지만, 조금은 비현실적으로 완강하게 이전 상태(a status quo ante)에 호소한다. 합리적 판단의 자율성이라는 칸트적 개념과 그것을 따르는 특정한 윤리적이고 미학적인 기준에 기반을 둔 인문학부를 교양 교육의 안식처로 보는 견해가 시대에 뒤떨어졌다고 해도 조금도 과장이 아니다. 더욱이 그러한 인문학부는 사립기금 구조 때문에 유럽연합의 국립교육 모델에는 적용도 되지 않는다. 누스바움의 전망은 인문학 학부들이 실용적 차원에서 실제로 어느 정도로 이윤 지향적인지, 높은 학생 등록률과 집약적 교습이 대학에 돈을 얼마나 벌어주는지를 보지 못한다.

더욱이 역사의 제일선에서 냉전시기의 대학은 이 철학적 전망을 따르지 않았다. 주로 미국에서 그랬지만 세계 다른 곳에서도 마찬가지였다. 국가 안보, 지정학적 갈등과 국제적 명성에 관한 우려 때문에 대학은 군대, 더나아가 정부로부터 더 긴밀한 통제를 받았다. 3장에서 우리가 본 것처럼, 1960년대의 문화 격변 이후 대학은 민족문화의 규범적 준거로서도 토대 연구의 독점권자로서도 그 헤게모니적 기능을 상실했고, 그런 것들은 사적 부문이나 산학 연계로 옮겨갔다. 누스바움이 교양 교육을 옹호하는 소책자를 썼을 무렵, 대학은 중요하지만 특이하지는 않은 법인 조직으로 이미

시장경제 안에 통합되어 있었다(Readings, 1996).

그러므로 나는 보편적인 초월적 이성과 내재적인 도덕적 선을 보유하고 실행하는 인문학이라는 향수 어린 전망으로 되돌아가는 대신 다양한 포스트휴먼 미래로 나아가자고 제안한다. 새로운 지구적 맥락에서 인문학이라는 학계의 장을 재발명하고 우리의 포스트휴먼 시대에 맞는 윤리적 틀을 발전시키기 위해 적극적으로 노력해야 한다. 향수가 아닌 긍정이, 철학적 메타담론의 이상화가 아닌 겸손한 실험을 통한 자기 변모라는 더 실용적 임무가 바로 우리가 추구해야 할 길이다. 다음 절에서 이 기획에 대해 더 자세히 설명해보겠다.

1.   제도의 불협화음 패턴들

인문학의 자기 성의와 대중적 인식에서 위기는 1970년대 말 이래 지속적으로 축적되어 제도적 토론 안으로 진입했는데, 이 토론은 분명하게 드러나는 정치적 요인을 주제로 진행된다. 최근 미국에서 이루어진 한 연구가 이 상황을 분명하게 평가한다.

> 연방기금의 쇠퇴, 인력시장의 축소, 새로운 지구화의 압력 등과 더불어, 매우 중요한 내적인 도전들이 인문학에서 제기되고 있는데, 이 내적 도전들은 한편으로 테크노 과학의 헤게모니, '뉴미디어' 혁명의 영향, 전문가 문화의 성장으로부터, 다른 한편으로 젠더, 소수민족, 장애, 아프리카계-아메리카 연구들과 비유럽 문화 연구 같은 새로운 학제 연구 영역의 전례 없는 민주주의적 확산으로부터 출현했다. 이 모든 도전은 전통적인 정전 및 인문학의 '공통' 임무에 문제를 제기한다. (Bono et al., 2008: 2)

제도적 위기는 자기-재현의 문제를 넘어서서 끊임없이 변화하는 대학의 구조 안에서 무엇이 우리 시대 인문학의 과학적 지식을 구성하는가 하는 지배적 패러다임의 문제로 나아갔다.

갈등이 많았던 1990년대에 '이론' 전쟁 혹은 '문화' 전쟁으로도 알려진 '과학 전쟁'이 미국 대학 캠퍼스에서 일어났다(Authur and Shapior, 1995). 논란의 핵심은 바로 인문학과 자연과학 패러다임의 차이다. 프랑스 대륙철학, 특히 포스트구조주의는 '정치적 올바름'에 대한 전반적인 의혹을 받으며 적대감의 대상이 되었다(Bérubé and Nelson, 1995). 소칼과 브릭몽(Socal and Bricmont, 1998) 같은 투쟁적인 반포스트구조주의 과학자들은 인문학이 과학적으로 부적절하고 정말로 무지하다고 비난했다. 이러한 비난은 인문학의 사기에 치명적인 영향을 미쳤다.

그들은 인문학에 지적으로 나태한 도덕적 인식적 상대주의라는 혐의를 씌워 묵살하려 하는, 이제는 익숙해진 반응을 부추겼다. 그때가 우리 시대에서 두 문화의 관계가 가장 나쁜 시기임에 분명하다.

하지만 나는 이러한 거친 단순화에 반대하면서, 포스트구조주의와 다른 비판이론들이 인문학의 재생에 생산적으로 기여했음을 인정하는 것이 중요하다고 주장한다. 1970년대에 푸코는 우리가 알고 있는 그 상태대로의 인문학이 '인간'에 대한 일련의 내포된 휴머니즘적 가정들로 구성되어 있으며, 그 가정들은 보편적인 척하지만 역사적으로 틀지워지고 맥락 속에서 정의된 것이라고 반박했다. '경험적-선험적 이중화(empirical-transcendental doublet)'로서의 인간은 항상 과정-중인-산물로서 생명과 노동과 언어의 구조들로 틀지워져 있다. 이것은 절대로 상대주의 선언문이 아니다. 그보다는 라비노(Rabinow, 2003: 114)의 말처럼 "안트로포스를 다시 문제 삼자"는 요청이다.

변화하는 우리의 역사성의 조건들이 휴머니즘적 '인간'을 쇠락시킨 원인이다. 나쁜 소식을 포스트구조주의 탓이라고 하는 것은 포스트구조주의라는 메신저를 나쁜 소식으로 착각하는 것이다. 푸코(1987)의 반어적 용어에서 이 '죽음'은 멸종의 형식이 아니라 2장에서 살펴본 인류학적 퇴거 이후에 '전-인간(ex-Man)'의 측에서 이루어지는 역사적으로 특정하게 지속되는 양태다. 가야트리 스피박(Gayatri Spivak, 1987)은 늘 그러하듯 재치 있는 통찰력으로 이 '죽음'을 비록 약화되었지만 여전히 헤게모니를 가진 유럽중심적 '전-인간'이 시도한 타협이라고 비난한다. 비판이론이 그 이후 끝없이 등장하는 죽음과 타협하고 있다는 사실, '인간'의 죽음에서부터 보편적인 것과 민족국가의 죽음, 역사의 종말과 이데올로기의 죽음, 인쇄된 책의 사라짐에 이르기까지 끝없는 죽음과 타협하고 있다는 사실은 스피박의 논평이 현명하다는 것을 증명한다.

인문학의 핵심에서 잠재적이지만 치명적인 결점으로 떠오른 것은 자연과학을 전공한 나의 적대적인 동료가 서문에서 인용된 네 번째 삽화에서 지적한 것처럼, 인문학의 구조적인 의인화와 반복적으로 되살아나는 방법론적 민족주의다(Beck, 2007). 전자는 과학과 기술의 문화, 실천, 제도에 대한 지속적인 적의 혹은 그것들과의 철저한 양립불가능성으로 번역된다. 후자는 인문학이 우리 시대의 두드러진 특징에서 다음 두 가지를 대면할 수 있는가를 문제 삼는다. 하나는 '생명(Life)' 과학들의 과학적 발흥과 기술적으로 매개된 소통 및 지식의 전달이다. 두 번째는 문화적 다양성을 고려할 필요성, 특히 서로 다른 지정학적 영역의 문화적 다양성 및 각각의 지정학적 영역 내부의 문화적 다양성을 고려해야 할 필요성이다.

이것은 특히 정치적 맥락에서 뼈아픈 비판이다. 현재의 유럽연합을 지배하는 것은 한편으로는 신자유주의적 경제학의 우익 의제들이며, 다른 한편으로는 외국인 혐오적이고 대중 영합적인 사회·문화적 의제들이다. 그 결과 제도로서의 대학, 특히 인문학이 공격의 대상이 되었다. 대학과 인문학은 비생산적이고 자기애적이며 접근 방식이 구식이고, 현대의 과학과 기술 문화를 모른다는 비난을 받는다. 그래서 인문학은 포스트구조주의 같은 매우 급진적인 철학자들이나 대학 제도권에서 흔히 주변화된 페미니즘적이고 포스트식민주의적 학제 '연구들'이 이론화했던 '인간'의 위기를 직접 경험하고 있다. 인문학은 종종 방어적 입장에 몰리곤 한다.

방법론적 민족주의는 유럽 인문학의 자기 재현에 내장되어 있다는 점에서 매우 중요한 문제다. 에드워드 사이드는 휴머니즘이 의기양양한 유럽중심주의에서 벗어나 차이를 향해 혹은 대안적인 문화 전통을 향해 모험을 해야 한다고 상기시킨다. 이렇게 관점이 바뀌려면 인문학자들의 의식화가 먼저 요구된다. "휴머니스트들이 어느 정도 경각심을 가지고 인정해야 하는 것은 연구의 대상과 경계들이 변화하였음에도 불구하고 동일성의 정치와 민족주의적 토대를 가진 교육 시스템이 우리가 실제로 하는 대부분의 일의 핵심에 남아 있다는 사실이다"(Said, 2004: 55). 변화된 우리 시대 대학의 제도적 구조가 어떻게 연구 지평으로서의 민족국가의 쇠퇴에 영향을 받는지, 어떻게 포스트민족적 관점에 기여할 잠재력을 가지는지 나중에 살펴보겠다.

현재 논의의 요점으로 되돌아가자면, 나는 인문학이 자신의 지식 생산 과정을 명확히 드러내고 그 결과 다른 분야의 지식 생산 과정이 명확히 드러나는 데 도움이 되도록 더 나은 자질을 갖추기 위해 인문학에서 인식론적 선회가 필요하다는 요청에 전적으로 동의한다. 하지만 이러한 중요한 기획을 방해하는 몇몇 심각한 장애물이 있다. 하나는, 인문학 영역에 인식론적 자기성찰의 전통이 결여되어 있다는 사실이다. 그리고 이와 관련해서 분과 학문적 배타성, 경솔한 유럽중심주의, 인간중심주의로 이루어진 내부 지향적 문화는 개탄스러울 정도로 끈질기다. 인문학의 이러한 제도적 습관 중에 철저한 인식론적 자기 검토에 진정으로 도움이 되는 것은 거의 없다. 더욱이 인문학은 자신을 휴머니즘으로 다시 끌어당기는 치명적인 중력의 힘에 저항하지 못하는 경향이 있다. 그러므로 아주 심각한 변이만이 인문학이 스스로의 뿌리 깊은 나쁜 습관에서 벗어나 성장하도록 도울 수 있다. 그러기 위해서는 다수의 새로운 관점이 필요하지만, 나는 인문학이 이러한 형식적 기준들을 넘어서서, 인간(그것이 휴머니즘적 인간이건 아니면 인간중심적 인간이건)에 대한 배타적 관심을 넘어서서, 좀 더 지구행성적인 지적 도전을 받아들일 수 있는 영감으로 가득찬 용기를 찾아야 한다고 생각한다.

2. 21세기의 인문학

앞 절에서 나는 현재 인문학이 겪는 정체성의 위기가 높은 수준의 기술적 매개와 지구화된 세계의 다문화적 구조와 관련이 있다고 주장했다. 이러한 상황 때문에 인문학과 과학 두 문화의 관계가 논의의 중심에 놓이게 되었다.

로버츠와 맥켄지(Roberts and Mackenzie, 2006)는 현대의 상황을 비판적으로 평가하면서 세 번째 천년의 시기에 잘 해결되지 않고 흔히 갈등으로 점철되는 인문학과 과학의 관계에 대해 강력하고도 건설적인 여러 제도적 대안들을 주장한다. 한 가지 유용한 전략은 두 문화가 서로 호환되는 지점들을 찾아내고, 문화적 재현이나 이미지들, 문학적 장치들이 공적으로 인정받는 과학을 만드는 데 어떤 역할을 하였는가에 주목하는 것이다. 이것은 모두 '섬세한(subtle)'(나는 '말랑말랑(soft)'이라는 경멸적인 용어보다 이 용어를 훨씬 선호한다) 과학들에서 이끌어낸 것이다. 예를 들어 질리언 비어(Gillian Beer, 1983)의 진화론적 서사에 대한 연구는 그런 점에서 정말로 선구적이었으며, 문학적 다윈주의에 관한 연구들이 이 논의를 훌륭하게 진전시켰다(Carroll, 2004). 과학 문화 내부에서 작업하는 에블린 폭스 켈러(1995, 2002)는 다른 종류의 선구자다. 그녀는 인문 지식과 경험과학이 서로 보충적임을 보여주는 일련의 중요한 텍스트들을 생산한다. 바바라 매클린톡의 생애와 작업에 대한 연구(Keller, 1983)는 문화적 통찰과 영적 자원, 그리고 경험적 과학 사이에 인접성이 있음을 보여준다는 점에서 특히 그러하다.

오늘날 과학과 인문학이라는 두 문화의 문제에 접근하는 또 하나의 관점은 과학에서 시각화가 수행하는 기능에 초점을 맞춘다. 스티븐 제이 굴드(Stephen Jay Gould)와 로자먼드 퍼셀(Rosamond Purcell, 2000)은 이미지와 과학적 정보를 정교하게 상호작용시킴으로써 예술과 과학 사이의 대화를 개척하였다. 이 전통을 한 단계 끌어올린 것은 캐리 존스와 피터 갤리슨(Carrie Jones and Peter Galison, 1998)에 의한 영상과학과 예술 사이의 학제적 협동 작업이다. 과학적 응시에 대한 정치적 분석에서부터(Ketter, 1985; Jordanova, 1989; Braidotti, 1994) 사진술과 뉴미디어의 문화사(Lury, 1998; Zylinska, 2009)에 이르기까지 이 분야는 폭넓으며 재능 있는 연구자들이 포진해 있다. 바바라 스태퍼드(Barbara Stafford)가 멋지게 보여준 것처럼(1999, 2007) 물리학이나 생물학과 관계된 시각예술의 교차 연구도 핵심적이다.

인류학은 과학 연구에 영감을 주어왔다. 마릴린 스트레던(Marilyn Strathern)과 같은 선구자들은 아젠다를 설정했고(1992), 폴 라비노는 '생명(Life)' 과학들을 푸코적으로 해석했으며(2003), 라이나 라프(Rayna Rapp)는 생명공학기술들을 분석할 때 정치적 요인과 인식론적 요인을 결합한다(2000). 헨리에타 무어의 주체 형성에 대한 분석은 포스트구조주의 시대 전반을 폭넓게 다루면서, 신체와 정신적 풍경, 문화와 기술의 복잡한 관계에 대해 매우 일관된 통찰을 제공한다(1994, 2007, 2011).

페미니즘적 인식론과 과학사회학은 과학 연구와 인식론적인 정치적 주체성을 연결하는 잃어버린 고리로 페미니즘 이론을 제시하면서, 다나 해러웨이(1988), 샌드라 하딩(1991, 1993), 이자벨 스탠저스(1987, 2000), 리자 카트라이트(Lisa Cartwright, 2001), 메트 브라일드와 니나 리키(Mette Bryld and Nina

Lykke, 1999), 그리고 안네마리 몰(Annemarie Mol, 2002) 등을 지적 선구자로 내세운다. 과학사회학 역시 매우 혁신적임이 증명되었는데, 프레이저 등(Fraser et al.)의 작업(2006), 모린 맥닐(Maureen McNeil)의 기술에 대한 명민한 정치적 분석(2007), 세라 프랭클린(Sarah Franklin)의 복제 양 돌리에 대한 선도적 작업(2007) 등이 그 증거다. 과학에 대한 문화 연구도 매우 중요하다. 재키 스테이시(Jackie Stacey)는 암의 사회적 문화 및 치유 문화(1997)와 영화 속에 등장한 유전학(2010)을 훌륭하게 분석했다.

존 북스(Zone Books) 시리즈와 조너선 크래리(Jonathan Crary, 2001)의 작업에서 증명되듯이, 미디어 연구 영역은 과학과 기술에 관한 우수한 연구들을 깜짝 놀랄 만큼 많이 생산하고 있다. 이것들은 프랑스 과학 이론과 철학을 많은 미국 독자에게 소개했다. 호세 반 다이크(Jose van Dijck, 2007)의 디지털 문화 분석들은 선구적이며, 스멜릭과 리키(Smelik and Lykke, 2008)는 현대 과학의 학제적 구조와 그것에 내장된 문화적, 사회적 차원에 대해 다양하고 독창적인 개입이 가능하도록 이 영역을 열어놓았다.

그러므로 우리는 과학과 인문학의 현재 관계에 대한 당황스러울 정도로 풍부한 새로운 담론들을 직면하고 있다. 내가 대략 설명한 이 영역들에 대해 좀 더 자세히 분석할 수 없어서 안타깝다.

지금으로서는 이 새로운 연구 영역들의 넓은 폭과 우수성에 대한 찬양은 제쳐두고, 몇 가지 결론을 내려보려 한다. 첫째로 인문학 내부에서 인문학을 가로지르는 이처럼 풍부하고 혁신적인 학제 연구는 인문학의 위기가 아닌 인문학의 활력의 표현이다. 둘째로 이 새로운 연구의 많은 부분이 실험적인 학제적 '연구' 영역에서 수행되고 있는데 그 영역은 내가 이 책을 통해 주된 영감의 원천으로 부각시켰던 영역이다. 셋째로 그것들은 인식론적 토대를 가지고 있다. 그래서 결과적으로 그것들은 우리 시대 인문학이 자신의 지식 생산 방법과 메커니즘을 명확히 밝힐 수 있게 한다. 하지만 이 새로운 연구 영역들의 학제적 성격 그 자체가 새로운 종합을 제공해야 하는 인문학의 과제를 용이하게 만드는 것은 아니다. 이 풍부한 접근 방식들은 하나의 분과 학문으로서의 인문학의 종적 정체성이라는 오래된 문제를 다시 제기한다.

인문학의 담론 실천에 나타나는 이러한 단일성의 결여를 언급하면서 라비노는 다음처럼 말한다(2003: 4).

> 인문학에서는 문제를 상술하는 원리와 방법과 양태, 혹은 〔……〕 검증 원리에 대해, 혹은 서술 형식에 대해 어떤 합의도 이루어진 적이 없었다.

하지만 이 단일성 없음이 결여가 아니라 과잉을 나타낸다는 것을 강조해야 한다. 그 결과 "안트로포스는 너무 많은 로고스로 고통받는 존재다"(2003: 6). 이 말은 특히 과학과 기술이 발달한 현대에 사실이며, 이러한 상황이 더욱더 이질적인 담론들을 제공한다. 담론들의 이질성은 기술의 자기재현에 대해 포괄적인 이론도 제공하지 못할 정도다. 결과적으로 담론들은 안트로포스의 담론적 단일성의 분해를 훨씬 더 멀리까지 밀고 나아갔으며, 이러한 상황은 과학이 왕성한 현재 상황에 적응하는 데 매우 창조적임이 증명되었다. 아마도 인문학은 복잡성에 대해 자연과학이나 생명과학과는 다른 관계를 가지고 있는 듯하다.

로렌 대스턴(Lorraine Daston, 2004)은 이러한 〔담론〕 자원들과 분과 학문적 선례들이 갖는 폭과 특성을 인정한다. 또한 그녀는 과학의 구성에 문화와 해석이 중요하다는 것도 강조한다. 대스턴은 해석학적 틀이 인문학에 인접한 보는 분과 학문—특히 사회과학, 법, 생명(Life) 과학들—에서 싹을 틔울 뿐만 아니라 사회 전반에서 핵심적 역할을 하고 있으며 모든 의사 결정 과정에 존재한다는 사실을 보여주었다. 따라서 대스턴은 우리가 알고 있는 것을 우리가 어떻게 아는지 외부 세계에 설명하기 위해 인문학자들이 더 많은 노력을 경주해야 한다고 촉구한다. 그녀는 인식론과 과학철학이 자연과학에 경도되어 있다고 주장하면서, 인문학자들에 의한 지식 실천의 인식론을 요청한다. 이러한 시도는 지식의 대상에 배타적인 초점을 맞추는 것과 반대로, 과정과 실천에 관심을 두면서 무엇이 과학적 '발견(discovery)'으로 인정되는지 혹은 무엇이 단지 인문학의 '알아냄(finding)'으로 인정되는지 설명하게 될 것이다.

　　나는 인문학에서 자료 수집이 아주 중요하고 필요하다고 생각한다. 하지만 그것의 본성 자체가 자연과학이나 '생명(Life)' 과학의 방법들과 충돌한다. 인문학의 자료 수집은 살아가는 경험에 기반을 두고 있으며, 수량화가 아니라 복잡성을 지향한다. 유럽의 맥락에서는 다른 요인들도 고려해야 한다. 예를 들면, 인문학 연구와 사유에서 다언어적 구조를 고려해야 한다. 이는 연구 활동이 유럽 안과 밖이라는 지리적 위치뿐만 아니라 시간적 위치에 따라 상당히 다르다는 것을 의미한다. 그렇다면 이렇게 풍부하고 내적 차이를 보이는 영역에게 다른 연구 패러다임에 순응하라고 요구하는 것은 옳은 일인가?

　　인문학이 모종의 '바이오리터러시(bio-literacy)'와 사이버항해 기술을 발전시켜야 한다는 요청은 점점 힘을 얻고 있지만 저항도 상당하다. 인문학과 더 큰 학문 공동체에서 모두 그러하다. 한편으로 이전의 인용문 색인들은 구글 검색으로 빠르게 대체되고, 인문학의 연구 문화에 적절한 계량 시스템을 발전시키려는 끝없는 시도는 이전보다 더 긴급하게 이루어지고 있으며 또한 더 문제적이 되고 있다. 예술과 과학 사이의 새로운 관계가 바로 우리 눈앞에서 수립되고 있다. 문제는 제공할 것이 많은 인문학이 새로운 제도적 게임의 규칙을 설정할 권리가 있는지, 혹은 인문학을 위한 최선의 이해를 염두에 두지 않은 채 고안된 규칙에 순응하기만을 요구받고 있는 것은 아닌지의 여부다.

　이 대화에 빠져 있는 고리들은 다면적이고, 그것들은 포스트휴먼에 대한 정의 자체를 놓고 서로 충돌한다. 만약 우리 '탈인간중심적 포스트휴머니스트들'(하이픈으로 연결되지 않은, 단일하지 않은 주체들)이 양쪽 학문 공동체 안에서 공명의 음을 울리려면 상호 존중의 문화를 강조해야 한다. 과학에 대한 문화적이고 사회학적 연구들은 주체 이론에 대한 자신들의 저항을 언급해야 하는 반면, 주체 철학자들은 생명과학(bio-sciences)에 대한 자신들의 불신과 잘못된 인식을 대면하라는 조언을 받아들여야한다. 포스트휴먼 시대는 포스트휴먼 인문학 연구를 요구한다.

　이러한 논의에는 이론의 위상이라는 문제가 암암리에 포함되어 있다. 두 문화에 대한 현재의 토론에 대한 반응으로 피터 갤리슨(Peter Galison, 2004)은 체계적인 거대한 이론적 담론의 종말을 환영하고 리오타르의 거대 서사들의 쇠락에 대한 지적을 받아들여 '특정 이론(specific theory)'을 요청한다. 이는 한편으로 시간과 공간 밖의 보편을 가장하는 것과 다른 한편의 편협한 경험주의 사이에 포지션을 잡는 것을 의미한다. 특정 이론은 현실에 기반을 두고 있으며 설명책임을 갖지만, 동시에 공유가 가능해서 일반적 적용에 열려 있다. 이러한 접근 방법은 인식적이면서 동시에 윤리적인 이점들을 제공하며, 그 이점들은 즉시 사용할 수 있다. 예를 들어 나는 우리 시대 인문학자들이 발전시킨 가장 효과적인 한 가지 전략은 실제로 과학과 함께 그리고 과학을 통해 이론화하는 것이라고 생각한다. 이러한 방법론과 전략은 모든 담론적 그리고 텍스트적 실천의 평형성에 대한 포스트구조주의의 통찰에 기반을 두어 선택된 것이다. 1970년대의 기호학적이고 언어학적인 '선회'가 도입한―그리고 그 이래로 계속 보수적인 학자들에게 충격을 주고 자극한―텍스트적 평등주의는 '섬세한(subtle)' 학문과 '견고한(hard)' 학문 사이에 새로운 대화와 개입의 길을 닦았다.

그에 따라 새로운 과학이론이 완성되고 있다.[4] 나는 그것을 (2장에서) '물질-실재론적' 트랜드라고 지칭했다. '물질-실재론자들'은 포스트구조주의적 반휴머니즘의 유산과 고전적인 '유물론/관념론' 대립의 거부를 결합하여 '생명'을 향해 나아간다. 이때 '생명'은 우리 시대 생기론의 비본질주의적 브랜드로서의 '생명'이면서 복잡한 시스템으로서의 '생명'이다. 나는 인문학이 유물론의 변화하는 구조에 적응해야 한다고 주장한다. 특히 물질이 정서적이면서 동시에 자기생성적, 즉 자기조직적이라는 새로운 '물질' 개념에 기반을 둔 유물론에 적응해야 한다고 주장한다.

'행위주체 실재론(agential realism)'에 대한 캐런 바라드(Karen Barad)의 작업(Barad, 2003, 2007)은 이러한 경향을 잘 보여주는 사례다. 행위주체 실재론은 물질적인 것과 문화적인 것 사이의 이분법을 피해가기 위해 그것들이 상호작용하는 과정에 초점을 맞춘다. 물질적-문화적 과정들에 초점을 맞추면 우리는 그들 사이의 경계를 더 잘 탐문할 수 있게 된다. 그 결과 복잡함을 반영하고 존중하며 비판적 성찰의 실천을 재개하는 지식 윤리학을 강조할 수 있게 된다.

루시아나 파리시(Luciana Parisi, 2004)도 펠릭스 과타리(Felix Guattari)의 작업에 기대어 복잡성 이론을 혁신한다. 그녀는 생기론적 일원론의 가장 큰 장점이 자연-문화를 차이화의 생태학을 통해 발전하는 연속체로 정의하는 점이라고 강조한다. 비기호학적 코드들(모든 유전자 물질의 DNA)은 변용태들(affects), 체현된 실천들, 그리고 언어학적 영역을 포함하지만 그것에 국한되지만은 않는 다른 수행의 복잡한 배치들과 교차한다. 파리시는 자기생

---

4 피어슨(Ansell Pearson, 1997, 1999), 마쑤미(Massumi, 2002), 드 란다(De Landa, 2002), 바라드(Barad, 2007), 그로츠(Grosz, 2004), 콜브룩(Colebrook, 2000, 2002), 베넷(Bennett, 2001, 2010), 클라우(Clough, 2008), 프로테비(Protevi, 2009)와 브라이도티(Braidotti, 1994, 2011b) 같은 사상가들이 이에 포함되어 있다.

성처럼 창조적인 진화 형식을 나타내는 내공생(內共生, endosymbiosis)의 개념을 통해 마굴리스와 세이건(Margulis and Sagan, 1995)의 새로운 인식론을 교차 참조함으로써 이 사례를 강화한다. 이 말이 의미하는 바는, 유전물질은 차이를 위해 존재론적 토대들로부터 해방되는 되기의 과정에 노출되어 있지만 사회적 구성주의에 한정되지는 않는다는 것이다.

'물질-실재론적' 인문학 연구에서는 관계의 항들보다 관계를 더 중요하게 여긴다. 그러한 상황은 인간-아닌 '생명'을 포함하여 물질적이고 상징적이며 구체적이고 담론적인 존재들이나 힘들 사이의 횡단적 연계들을 전경화한다. 이것이 바로 내가 조에라고 부르는 그것이다(Braidotti, 2006 그리고 2장과 3장). 이것은 과학을 인문학 연구의 대상으로 접근할 수 있도록 하고, 또 그 반대도 가능하게 해준다. 무엇이 포스트휴먼 학문 실천의 주제로 인정될 수 있는지에 대해 횡단적으로 재정의함으로써 두 영역을 초월하게 된다.

물질-실재론의 일원론적이고 생기론적인 접근이 가진 이론적 장점은 정보사회 혹은 네트워크 사회로도 알려진 선진 혹은 인지 자본주의 안에서 권력이 유동적으로 작동하는 방식을 특정한 위치들과 내재적 관계들 안에 놓음으로써 설명할 수 있다는 것이다. 우리는 같은 방법으로 그 권력의 작동에 저항할 수 있게 된다. 포스트휴먼 사상가들은 인지적 공황상태에 빠지지 않고 우리 역사성이 제기하는 도전을 창조적으로 받아들인다. 이들의 주장은 솔직하다. 즉, 인류(Mankind)에게 적합한 연구가 '인간(Man)'이었고 인문학, 즉 휴머니티즈(humanities)에 적합한 연구가 휴먼(the human)이었다면, 같은 논리로 포스트휴먼 조건(the posthuman condition)에 적합한 연구는 포스트휴먼(the posthuman) 바로 그것이라는 주장이다. 이러한 새로운 인지 주체는 휴먼과 휴먼-아님, 지구행성과 우주, 주어진 것과 제작된 것의 복잡한 배치이며, 그것은 우리의 사유 방식을 한꺼번에 재조정하라고 요구한다. 이 말은 처음 들으면 얼핏 추상적으로 들릴 수 있지만, 그렇게 추상적인 말이 아니다. 몇몇 구체적인 예들을 제시해보겠다.

첫 번째 사례는 빠르게 성장하는 환경 인문학인데, 인간의 활동이 지질학적 영향력을 가지고 있다는 인식에서 촉진되었다. 지속가능한 인문학(Braidotti, 2006) 혹은 '인간세 인문학'[5]으로 알려져 있는 이 학제적 연구영역은 중요한 이론적 혁신과 더불어 방법론적 혁신도 도입한다. 우선, 환경 인문학은 환경적이고 유기적인 토대에서 분리된 탈자연화된 사회질서라는 개념은 끝났다고 말하면서, 우리가 모두 그 안에 살고 있는 상호 의존의 다층적 형식을 이해할 수 있는 더 복잡한 도식을 요청한다. 둘째로 환경 인문학은 기후변화에 대한 공적인 논의에 인문학이 구체적으로 기여하는 바를 강조하는데, 이런 문제들에 대한 공적 재현 아래 놓여 있는 사회문화적 요인들을 분석함으로써 그렇게 한다. 기후변화의 규모와 결과는 모두 너무나 중대해서 재현이 불가능할 정도다. 인문학은, 특히 문화 연구는, 이러한 사회적 상상계(social imaginary)에서 부족한 부분을 가장 잘 채울 수 있으며 우리가 생각할 수 없는 것을 생각하도록 도와준다.

환경 인문학의 영향은 훨씬 더 멀리까지 나아간다. 역사라는 분과 학문에 기후변화 연구가 미친 영향을 분석하면서 디페시 차크라바르티(2009)는 '심층 역사(Deep History)'로의 선회라는 개념적 전환을 주장한다. 이는 지리학적 역사와 사회경제적 역사를 학제적으로 결합한 것으로, 행성 즉 지구적 요인과 문화적 변화 둘 다에 초점을 맞춘다. 이것들은 수십만 년 동안 서로 결합하여 인류를 창조하였다. 심층 역사는 역사적 주체성 이론들을 '종 사유(species thinking)'와 결합한다. 내가 보기에 이것은 지구에 거주하는 인간 주체들의 역할과 행위성을 지구에게도 똑같이 부여하는 지식의 탈-인간중심적 구성이다. 2장에서 말한 것처럼 이것은 역사의 시간성에 대한 변

5　나는 이 적절한 표현을 갱굴리(Debjani Ganguly)와 훔(Poul Holm)에 빚지고 있다.

화된 이해를 포함하고 있다. 왜냐하면 우리는 인간과 다른 종들이 멸종할 가능성을 그리고 인간의 기록된 역사적 시간의 끝과 미래의 끝을 숙고하고 있기 때문이다. 인간 역사와 자연 역사의 분리가 붕괴된 것은 아주 최근의 현상이다. 이러한 근본적인 전환이 일어나기 전에는 지리적 시간과 인간의 연대기가 서로 연결되어 있지 않았다. 적어도 분과 학문으로서의 역사에서 는 그러했다. 사실 역사가들과 기후변화 연구는 진정한 학제적 교환 없이 평행적으로 진행되어왔다. 이 모든 것이 우리 눈앞에서 변화하고 있다.

위에서 시사했듯이 이러한 정신적 변화는 규모가 너무나 커서 재현이 거의 불가능할 정도다. 차크라바르티는 "지구화에 대한 현재의 역사기술과 기후변화의 인간발생론이 요구하는 역사기술의 차이"(2009: 216)를 더 비판 적으로 숙고하라고 제안한다. 이러한 제안은 지구과학이나 문학과 역사 같 은 분과 학문의 경계만이 아니라 인문학을 유지해온 인간중심적 편견이 지 금까지 분리하였던 사유의 범주들을 한데 모으도록 강요한다. 이러한 새로 운 발전은 인문학에 위기이기는커녕 상당한 영감을 준다. 또한 이는 멸종 가능성과 관련된 취약성을 공유함으로써 서로 묶인다는 '휴먼'에 대한 새 로운 부정적 인식의 형성을 설명하는 현재의 몇몇 개념에 의문을 제기한다. 치명적인 기후변화가 견인한 심층 역사에 대한 차크라바르티의 통찰은 서 구적 보편에 대한 포스트식민 비판과 관련된 기존의 몇몇 가정에도 도전한 다. 정말 대단한 프로그램이다.

포스트휴먼적 과학이라는 포지션의 장점을 잘 보여주는 또 하나의 사례는 다음처럼 공중 보건의 용어로 스스로의 임무를 정의하는 '건강은 하나 운동(One Health Initiative)'이다.[6]

---

6 http://www.onehealthinitiative.com/mission.php; 나의 동료인 Anton Pijpers에게 감사한다.

인간의 건강(인간과 동물의 유대를 통한 정신 건강을 포함하여), 동물의 건강, 그리고 생태계 건강이 풀 수 없이 연결되어 있음을 인정하면서, 건강은 하나 운동은 모든 종의 건강과 안녕을 촉진하고 증진하고 지키고자 한다. 의사와 수의사 그리고 다른 과학적 건강 전문가와 환경 전문가들의 협조와 협력을 강화함으로써, 그리고 이러한 목적을 성취하기 위해 지도력과 관리 능력을 촉진함으로써 그렇게 하고자 한다.

이 운동은 루돌프 피르호(Rudolf Virchow, 1821~1902)에서 영감을 받은 것이다. '동물원성 감염증(動物原性感染症, zoonosis)'이라는 용어를 만들어낸 그는 동물과 인간의 의학을 분리해서는 안 된다고 주장했다. 이러한 입장은 지난 15년 동안 힘을 얻고 있다. 건강은 하나 운동은 의사, 접골사, 수의사, 치과의사, 간호사들과 건강과 환경에 관련된 다른 과학적 학문들을 결합하는 대담한 학제적 제휴로서, 면역학과 박테리아학, 백신 개발 등에서 인간과 동물의 구조가 이종동형(異種同形, isomorphism)이라는 단순한 가정에 기반을 두고 있다.

　　이것은 인간이 조류독감 같은 인간과 동물 종이 공유하는 새로운 질병에 노출되어 있고 또 그러한 병에 취약하기도 하다는 의미다. 건강은 하나 운동은 '광우병'으로 더 잘 알려진 BSE(Bovine spongiform encephalopathy)와 같은 지구적 시대에 출현한 새로운 대혼란에 대한 반응이며, 인간과 동물을 묶는 다양한 공유된 질병을 강조한다. 예를 들어, 동물들도 인간처럼 심장병, 암, 당뇨병, 천식, 관절염 같은 만성질환으로 고통을 받는다. 그러므로 우리는 질병의 진행을 종을 가로질러 연구하는 비교의학을 발전시켜야 하고, 일상적으로 실천되는 치료와 연구 양쪽 모두에서 의사와 수의사들을 연계시켜야 한다. 환경적 맥락에 배태되어 있는 건강은 하나 운동은 생태적인 지속가능성과 사회적인 지속가능성 둘 다를 추구하며 사회적으로 큰 반향을 일으키고 있다.

인간과 동물들의 공중 보건을 함께 염려하는 경향이 강화되고 있다. 인간과 동물들의 건강에 대한 새로운 위협을 만들어내는 도시화, 지구화, 기후변화, 전쟁과 테러리즘, 그리고 미생물이나 화학에 의한 땅과 수자원의 오염에 따른 결과이다.[7] 질병의 발생을 다루고 화학적 노출이 야기한 만성 병을 방지하고 더 건강한 생활환경을 만들어내기 위해서는 의사와 수의사 들이 환경 보건 과학자와 의료 전문가들과 힘을 합해야 한다. 건강은 하나 운동은 완벽한 탈-인간중심적 개념으로서, 환경과 사회와 개인의 지속가 능성을 위해 인간을 돌보는 의료 전문가와 수의사와 공중 보건 전문가들 을 함께 모은다.

또 다른 중요한 예는 빠르게 성장하고 있는 디지털 인문학(Digital Humanities) 영역이다. 캐서린 헤일스가 선도한 이 영역은 풍부한 의제로 주 제와 방법론의 쟁점들을 다루고 있다. 그 가운데 하나는 인간의 지식의 형 성—구텐베르크에서 3D 프린팅에 이르기까지—에 인쇄술이 담당했던 역할 과 텍스트학이 지속적으로 연관성이 있다는 주장이다. 서구에 인쇄술이 도 입된 16세기에 인문학은 이러한 논의들을 주도했다. 마찬가지로, 인문학은 우리 시대의 사유 경계의 최전방에 있다. 그리고 인문학은 혼자가 아니다.

포스트휴먼 인문학은 다음과 같은 것들에 대해 새로운 서사를 창조 하고 발전시킬 수 있다. 지구행성적 차원에서 전 지구화된 인류, 도덕성의 진화론적 원천, 우리 종과 다른 종의 미래, 기술적 장치의 기호학적 체계, 디지털 인문학을 강조하는 번역 과정, 포스트휴먼 곤경에 접근할 수 있게 하는 요소로서 젠더와 민족성의 역할, 그리고 그 모든 것의 제도적 합의에 대해서 말이다. 이는 휴머니즘과 인간중심주의 위에 세워지지만 그것들에

---

7   Source: Wikipedia: One Health Initiative, consulted on 26 April 2012.

         4장 - 포스트휴먼 인문학: 이론 너머 생명

한정되지 않는 새롭고 혁신적인 의제다. 이는 21세기 인문학을 위한 진정으로 새로운 프로그램이다.

이 책이 출판되려는 사이에도 여러 개의 새로운 학제적 포스트휴먼 연구단들이 실험적 차원에서 주요 대학들을 연계하며 설립되었고 새로운 길을 여는 실험들을 수행하고 있다.[8] 이렇게 당황스러울 정도로 풍부한 이론과 연구의 결과로 다음과 같은 문제가 제기된다. 즉, 인문학은 포스트휴먼 사유나 새로운 탈-인간중심적 연구의 이러한 실험들에 의해 어떤 방식으로 고무될 수 있을까? 인문학은 자신의 연구 대상에 대해 어떻게 이러한 접근 방식을 채택할 수 있을까?

3. 포스트휴먼 비판이론

인문학은 이러한 새로운 초학제적 사유 모델들에서 영감을 얻을 수 있다. 내가 보기에 모든 것의 열쇠는 방법론에 있으므로, 게임의 새로운 규칙을 펼쳐 보이는 방법으로 포스트휴먼 이론을 위한 주요 기준들을 상세히 설명하고 그것들을 인문학에 적용해보고자 한다. 나의 황금 규칙은 다음과 같다. 즉, 정확한 지도그리기와 그것의 부가물인 윤리적 설명책임, 초학제성, 비판과 창조적 형상화를 결합하는 시도의 중요성, 비선형성의 원칙, 기억과 상상력의 힘들, 그리고 낯설게 하기 전략 등이다. 이런 방법론적 지침은 포스트휴먼 비판이론을 구성하는 구성요소로서만 가치가 있는 것이

---

8   예를 들어. 스웨덴 정부의 기금을 받는 Linköping 대학의 the Posthumanities Hub: http://www.tema.liu.se/tema-g/Posthuman/Network?l=en; the Institute of Advanced Study in the Humanities and Social Sciences at the University of Bern, in Switzerland에서 수행되는 연구; the University of East London in the UK 에서 이루어지는 실험들; 그리고 the Centre for the Humanities at the University of Utrecht in the Netherlands에서의 나의 작업을 참조.

아니라 인문학과 생명과학들(Life sciences)의 관계를 상호 존중의 기반 위에서 새롭게 정의하도록 도울 수 있기 때문에도 가치가 있다.

지도그리기의 정확성에서부터 시작해보자. 지도그리기는 이론에 기반을 두고 정치적인 정보에 근거하여 현재를 읽어내는 독법이다. 지도그리기의 목적은 우리의 주체 포지션의 구조를 이루는 권력 위치들을 가린 장막을 벗겨냄으로써 인식적이고 윤리적인 책임성을 목표로 한다. 그렇게 함으로써 지도그리기는 공간(지정학적 혹은 생태학적 차원)과 시간(역사적이고 계보학적 차원) 양자의 조건으로 우리의 위치를 설명한다. 이러한 작업은 비판이론의 상황적 구조를 강조하고, 지식에 대한 모든 주장이 부분적이거나 제한적인 속성을 가지고 있다고 암시한다. 이러한 유보는 보편주의와 자유주의적 개인주의 양쪽 모두를 비판하는 데 핵심적이다.

하지만 권력의 위치에 대한 비판이 전부는 아니다. 그 비판은 권력의 위치에 대한 대안적 형상화, 즉 개념적 인물의 추구와 나란히 이루어지며, 이때 권력은 제한하는 권능(즉, 포테스타스)과 강화하고 긍정하는 역량(즉, 포텐시아)을 모두 의미한다. 예를 들어, 페미니스트 주체 /우머니스트 주체 /퀴어 주체 /사이보그 주체 /이산적, 토착적, 유목적 주체 같은 형상화들은 온코마우스나 복제 양 돌리와 더불어 단순히 메타포에 불과한 것이 아니라 특정한 지정학적·역사적인 위치를 나타내는 표지다. 위치를 나타내는 표지로서 그것들은 보편적인 주장이 아니라 복잡한 특이성을 나타낸다(Braidotti, 2011a).

형상화는 역동적이고 비단일적인 존재로서의 주체에 대한 대안적 재현의 표현이며, 되기 과정의 극화다. 이러한 과정은 주체 형성이 자연/기술, 남성/여성, 흑/백, 로컬/글로벌, 현재/과거의 사이—이분법들이 흐르고 연결되는 공간—에서 발생한다고 가정한다. 이러한 사이 상태들은 선형적이지도 과정중심적이지도 않고 개념주도적이지도 않으며 지그재그로 움직인다. 그래서 사이 상태들은 기존의 이론적 재현 양태들에 저항한다. 비판과 창조는 지배적인 주체 개념에 맞서 긍정의 대안을 적극적으로 추구하는 것으로서의 형상화, 즉 개념적 인물의 실천을 현실화하면서 새로운 관계를 맺는다.

'지그재그로 움직이기(Zigzagging)'는 포스트휴먼 비판이론을 구축할 또 하나의 구성 성분으로 작동할 수 있는 용어다. 전 지구적 경제가 선형적으로 기능하지 않고 거미줄처럼 흩어져 다중심적으로 작동한다는 사실과 현대 학문의 복잡성을 고려한다면, 선형적 사유 방식을 무비판적으로 받아들이고 전통적인 시각화의 규칙을 지속하는 인문학은 자멸하게 될 것이다. 우리가 대면하는 이종적인 자료들은 다중 방향적인 관계성으로 구조화되는 주체를 위한 복잡한 지식의 위상학을 요구한다. 따라서 우리는 포스트휴먼 시대의 역설들을 설명하는 권력에 대한 지도그리기를 발전시키기 위해 비선형성을 받아들여야 한다.

이 문제는 시간과의 관계 속에서 더 복잡해진다. 우리가 2장에서 살펴보았듯이 선형성은 크로노스의 지배적 시간이며, 역동적이고 보다 순환적인 되기의 시간인 아이온과 대립한다. 전자는 제도적 시간과 실천을 지키는 자, 즉 '왕실' 과학이고, 후자는 주변적 집단들의 특권, 즉 '소수자' 과학이다. 크로노스가 주도하는 공식적인 '왕실 과학'은 다른 시간성에 기반을 둔 '과학의 소수자-되기' 과정과 대립한다. 전자가 프로토콜에 묶여 있다면, 후자는 흥미를 따라가며 과학적 기획을 새로운 개념의 창조로 정의한다. 유목적 이론은 지배적인 선형적 기억 시스템이 인문학과 사회과학에 행사하는 권력을 비판하자고 제안한다. 창조성과 비판은 함께 나아가면서 긍정적 대안을 모색한다. 이러한 대안은 되기로서의 창조, 상상력으로서의 기억이라는 비선형적 전망에 의존한다. 과거의 권위에 대한 경의 대신에, 우리는 안정된 정체성을 활성화하고 탈영토화하며 시간적 선형성에 균열을 내는 연속체 안에서 공-현존(co-presence)하며 흐르는 복수의 타임-존들을 가지고 있다(Deleuze, 1988). 시간에 대한 이러한 역동적 비전은 과거와 재연결하는 임무에 상상력의 창조적 자원을 소환한다.

비선형성은 인문학 분과 학문들의 학문적 실천에도 영향을 준다. 이 방법은 선형성을 더 리좀적 사유 스타일로 대체하여 텍스트를 텍스트의 많은 '외부들'과 필연적으로 연결시키는 상호작용의 다중 연계와 노선을 허용한다. 이 방법은 하나의 텍스트의 '진실'은 책의 의미화 공간은 물론이고 그 어디에도 결코 '쓰여' 있지 않다는 확신을 표현한다. 또한 그것은 고유명사, 서명, 전통, 정전의 권위에 대한 것도 아니고 분과 학문의 특권에 관한 것도 아니다. 텍스트의 '진실'은 그것들이 만들어내는 정서들의 횡단적 본성, 즉 그것들이 가능하게 하고 유지시키는 외부를 향한 상호 연계나 관계 안에 있는 아주 다른 형식의 책임성과 정확성을 요구한다. 조지 엘리엇은 생명을 유지하는 그 에너지의 굉음에 귀와 마음을 열고 글을 씀으로써 그 길을 가리켰다. 버지니아 울프는 항상적 흐름으로 정의된 생명의 완벽한 고요 쪽으로 작가적 응시를 돌림으로써 같은 작업을 했다. 글쓰기는 우주적 강도를 존재의 지속가능한 조각들 안에 옮겨 쓰는 방법이다.

이것은 비평의 임무에 중요한 함의를 지닌다. 포스트구조주의가 우리에게 가르쳐주었듯이(Barthes, 1975), 인용하는 것과 '텍스트에 충실하기'는 차이가 없는 단조로운 반복 그 이상이다. 대신 전면에 나오는 것은 창조적 능력이며, 창조적 능력은 사건으로서 텍스트에 가득한 정서들을 기억하고 견뎌낼 수 있다는 데 있다.

그러기 위해서 충성을 바쳐야 하는 것은 그럴싸한 텍스트의 깊이도 저자의 잠재적 혹은 명시적 의도성도 아니며 심지어는 남근적 주인 기표의 주권도 아니다. 문학뿐 아니라 이론과 과학까지 포함해 모든 텍스트는 시간과 공간의 다른 순간들, 생각하는 과정의 다른 차원과 정도들, 형식과 구성들 사이를 이어주는 일종의 중계점이다. 그것은 유동체이며 고속 분사다. 생각하기와 글쓰기는 숨쉬기와 마찬가지로 선형성의 그릇 안이나 인쇄된 종이의 한계 안에 담겨지는 것이 아니라, 개념들, 타자들, 텍스트들의 거미줄 같은 만남 속에서 바깥을 향해 한계들 밖으로 움직인다. 언어적 기표는 효과들의 사슬 안에서 그것의 중심도 아니고 최종 단계도 아닌, 단지 그 안에 있는 지점들의 하나일 뿐이다. 지적인 영감은 텍스트와 그것의 여러 '외부들' 사이에서 발생하는 결코 끝나지 않는 연결의 흐름에서 나온다. 창조성은 지속적으로 과거의 경험들, 기억들, 정서들의 덩어리로 이루어진 잠재적 전체성으로 다시 연결된다. 그리고 그것은 되기의 일원론적 철학 안에서 현재의 행위나 실천으로 재구성된다. 비판적 사고에 이렇게 접근하는 것은 동시적인 활동이다. 이는 잠재적 강도를 구체화하거나 현실화함으로써 '여기와 지금'의 활동을 유지한다. 이러한 강도는 변이, 차이화 혹은 되기의 과정 즉 흐름 안에, 우리 앞과 뒤에 동시에 있고, 과거이면서 또한 미래다. 이것이 비판적 사고의 '물질-실재론적' 핵심이다.

유목적 사유는 '카오스모시스(chaosmosis)'의 지구철학적, 즉 지구행성적 차원을 향한 정서적 개방을 촉구한다(Guattari, 1995). 그것은 변형적인 되기의 생기적 에너지(비선형성 원칙)를 표현하는 쓸모 없고(무이윤 원칙) 목적 없는(이동성 즉 흐름의 원칙) 행위의 문턱 안으로 사유 주체를 집어넣는 것과 같다. 하나의 텍스트―혹은 하나의 개념이나 이론―가 무엇을 할 수 있는지, 무엇을 해왔는지, 우리의 자아와 다른 이들에게 어떤 영향을 미쳤는지를 설명하기 위해서는 하나의 텍스트나 하나의 개념을 구성하는 정서적 힘들의 강도에 대한 충성이 요구된다. 다양한 항목과 자료들이 자신에게 어떤 정서적 영향을 미쳤는지를 설명하는 것이 기억하기의 과정이다. 들뢰즈에서처럼 베르그송에게도 기억은, 기록되어 있어서 다시 불러낼 수 있는 연대기적으로 앞선 경험의 수동적인 반복이라기보다는, 상상력 즉 창조적 재작업과 더 관련되어 있다.

이 과정에 암시되어 있는 것은 포스트휴먼 비판이론을 위한 또 하나의 핵심적 기준, 이른바 기억의 역할이다. 포스트휴먼 시간이 복잡하고 비선형적인 시스템, 여러 개의 시간순서들 위로 복합적으로 증식되고 내적으로 균열되어 있는 시스템임을 고려한다면, 변용태(affect)와 기억이 핵심 요소가 된다. 연대기적인 선형성과 말-중심(logo-centric)의 중력에서 해방된 포스트휴먼적 유목적 양태의 기억은 애처롭게 일관된 자아를 기억하는 것이 아니라 흥겹게 비연속적인 자아를 적극적으로 재발명한다. 기억은 주체 안의 잠재적 가능성을 현실화하기 위해 상상력이 필요하고, 주체는 생기론적이고 다중방향적 기억이 거주하는 횡단적인 관계적 존재로 재정의된다(Rothberg, 2009). 기억이 작동하는 조건은 유목적 변위(transposition), 즉 서로 다른 단위나 존재들 사이에서 확장과 관계들의 가능성을 짜 맞추고 섞고 증가시키는 상호 연계성, 창조적이고 고도로 생산적인 상호 연계성의 조건이다(Braidotti, 2006).

다음의 방법론적 표지는 2장과 3장에서 논한 낯설게 하기다. 낯설게 하기는 포스트휴먼적 준거틀을 향해 발전하고자 인식 주체가 자신이 익숙했던 자아에 대한 지배적인 규범적 전망에서 자신을 떼어냄으로써 깨어나는 과정이다. 주체는 비트루비우스적 틀을 완전히 버리면서 복잡한 방식으로 관계적이 되는데, 그것은 주체를 복수의 타자들과 연결시키는 방식이다. 그렇게 구성된 주체는 피부로 인간을 구별하는 휴머니즘과 인간중심주의의 경계선들을 폭파시킨다. 앞의 여러 장에서 여성다움과 남성다움에 대한 지배적인 제도와 재현들로부터 근본적으로 이탈하려는 페미니스트 이론을 통해 주체 형성의 지배적인 모델들과의 동일시에서 벗어나는 것이 얼마나 생산적이며 창조적일 수 있는지 일련의 구체적인 예들을 살펴보았다(Braidotti, 1991; Butler, 1991). 포스트식민적인 인종 담론은 무엇이 인간 주체를 구성하는가에 대한 기존의 견해들이 가지고 있는 백인 특권주의나 다른

인종화된 가정을 교란시킨다.[9]

이러한 탈동일시는 여성-되기(성애화)와 타자-되기(인종화) 축들을 따라 발생하기 때문에 인간중심주의의 한계 안에 남아 있다. 후자에서 벗어나 탈-인간중심적인 정체화 형식들을 발전시키려면 더 근본적인 전환이 필요하다. 우리가 조에, 즉 인간-아닌 생명 자체와 함께 달리기 시작하자마자 참을 수 없는 존재의 가벼움이 우리 위에 낙하한다. 유목적 이론의 생기적 지구중심주의―조에에 대한 사랑―는 같은 방향으로의 평행적 노력이다. 지구-되기, 즉 지각할 수 없는 것-되기는 기존의 사유 패턴(자연화)과의 급진적 단절이며 근본적으로 절박한 지구행성적 차원을 도입한다. 이러한 인류학적 이탈은 방법론적으로뿐만 아니라 감정적으로 특히 어렵다. 상실감과 고통을 포함할 수 있기 때문이다. 탈동일시는 소중히 여기던 사유 습관과 재현 습관의 상실을 포함하며, 이러한 움직임은 두려움과 불안을 야기하고 향수도 낳을 수 있다.

방법론적 전선에서, 낯설게 하기는 인간-아닌 타자들과의 관계를 전환시키고 여러 세기 동안 익숙했던 인간중심적 사유 습관과 휴머니즘적 오만과의 동일시에서 벗어날 것을 요구한다. 물론, '견고한' 실험과학들은 인간중심주의에서 벗어나는 이러한 움직임을 비교적 쉽게 달성한다. '심층 역사'나 '건강은 하나 운동' 등이 그것을 보여준다. 복잡성을 향한 인문학의 발전이 인문학의 실천 저변에 깔려 있는 인간중심주의에 의해 방해받을 수 있다는 비판은 심각하게 다룰 가치가 있다. 비판이론은 앞으로 다가올 풍요롭고 복잡한 포스트-인문학에 연결될 수 있을까?

생명과학들(Life sciences)뿐 아니라, 인문학에서 포스트휴먼 과학적 방

---

9   길로이(Gilroy, 2000), 콜린스(Hill Collins, 1991), 웨어(Ware, 1992), 그리핀과 브라이도티(Griffin and Braidotti, 2002) 참조.

법에 대해 내가 내리는 정의는 우리가 실제로 살고 있는 이 세계의 복잡성에 대한 존중을 요구하는 탐구 윤리와 분리될 수 없다. 포스트휴먼 비판이론은 주체성에 대한 새로운 전망을 과학자의 실천과 과학자에 대한 대중의 인식에 모두 적용해야 한다. 과학자는 "이성적 인간(Man of reason)"(Lloyd, 1984)이라는 고전적이고 구시대적인 모델, 본질적으로 유럽 시민인 이 모델이 여전히 힘을 발휘하고 있기 때문이다. 우리는 이 모델을 극복하고 일련의 담론들 사이의 경계넘기, 횡단성, 학제성의 강도 있는 형식으로 움직일필요가 있다. 이 초학제적 접근은 사유의 구조에 영향을 주고 학문 연구에서 개념적 다양성을 리좀적으로 받아들인다. 포스트휴먼 방법은 고도의 분과 학문적 혼종화에 해당되며, 우리의 사유 습관을 강력하게 낯설게 한다. 이런 낯설게 하기는 제도적 이성에 의한 규약의 단조로운 반복을 산산조각 내는 만남을 통해 이루어진다.

4. 인문학에 '적합한' 주제는 '인간'이 아니다

지금까지 나는 포스트휴먼 이론이 과정 존재론에 의존하고 있다고 주장해왔다. 과정 존재론은 주체성과 합리적 의식을 동일시하는 전통적 방식에 도전하며, 주체성과 합리적 의식이 객관성과 선형성으로 환원되는 것에 저항한다.[10] 포스트휴먼 인식 주체를 시간 연속체와 집단적 배치로 보는 유목적 전망은, 한편으로는 변화의 과정에 그리고 다른 한편으로는 생태지혜적 공동체 의식이라는 강력한 윤리에 이중으로 기여한다. 공-현존, 즉 세상에 함께 동시적으로 존재한다는 사실은 인간과 인간-아닌 타자들 모두

---

10 객관성 개념에 대한 뛰어난 비판적 설명은 대스턴과 갤러슨(Daston and Galison, 2007)을 참조.

4장 - 포스트휴먼 인문학: 이론 너머 생명

와 어떻게 상호작용해야 하는지에 대한 윤리를 규정한다. 집단적으로 분산된 의식은 우리를 연결하는 관계적 유대를 비통합적으로 이해하는 횡단적 형식에서 나타난다. 이로써 관계와 복잡성 개념이 포스트휴먼 주체의 윤리학과 인식의 구조와 전략 양자 모두의 중심에 놓인다(Braidotti, 2006).

이러한 견해는 과학 지식의 생산에 중요한 함의를 가진다. 과학적 기획을 지배하는 전망은 과학 연구의 구체적인 실천을 정해주고, 어떤 주제와 어떤 방법이 존경과 인정과 기금을 받을 만한 과학인지 경계를 통제하는 법의 제도적 시행에 근거가 되고 있다. 과학과 관계된 법들은 그렇게 함으로써 정신에 무엇을 허용할 것인지를 규제하며, 또 그렇게 함으로써 우리의 사유 구조를 통제한다. 포스트휴먼 사유는 사유하는 주체, 지구행성적 차원에서 그 혹은 그녀의 진화와 사유의 실제 구조 모두에 대한 대안적 전망을 제안한다.

사유의 임무는 새로운 개념의 창조에 있다는 들뢰즈와 과타리의 생각은 철학, 과학, 예술 사이의 유사성에 기대고 있기 때문에 인문학에 많은 영감을 줄 수 있다. 이것은 이 세 영역의 지적 활동에 차이가 없다고 말하기 위해서가 아니라, 이 세 지식 분야의 목적이 같다는 것을 강조하기 위해서다. 들뢰즈와 과타리는 철학, 과학, 예술이 각각 구현하는 특징적인 지성의 스타일 사이의 차이들을 세심하게 강조한다. 또한 그들은 그것들이 강도 있는 자기변형 생명 에너지의 공통의 판에 연동되어 있다고 주장한다. 이 연속체는 포스트휴먼 유목적 사유의 개념적 동력인 되기의 존재론을 지탱한다. 과학은 그것이 실현되고 규정된 세계의 실제의 물리적 과정들과 관계를 가져야만 하는 한, 들뢰즈의 일원론적 존재론을 특징짓는 되기나 차이화의 과정에 덜 열려 있다. 철학은 그보다는 나은 위치에 있다. 철저하게 탐색하는 지성의 섬세한 도구로서 철학은 잠재적인 내재성의 판, 인간이 아닌 생성적 우주, 즉 항상 변화하는 '카오스모시스'의 생성력과 더 조화를 이룬다. 또한 사유하기는 예술의 특권적 능력, 즉 관계의 양식에 들어가고 정서적 영향을 주고받고 그에 따라 질적인 전환과 창조적 긴장을 유지하는 능력의 개념적 대응짝이다. 비판이론의 역할이 중요한 이유가 여기에 있다.

마누엘 드 란다(Manuel De Landa, 2002)는 들뢰즈적 과학의 강도 있는 양태를 훌륭하게 분석하고, 보편적 본질과 선형적 현실화를 넘어선 잠재적 가능성의 현실화 과정이 중요하다고 강조한다. 드 란다는 강도 있는 유목적 과학이 반본질주의뿐 아니라 유형적 사유를 피하는 데 있다고 강조한다. 닮음, 동일성, 유비, 대립은 잠재적이고 강도 있는 되기를 사유할 때 피해야 하는 지배적인 원리들이다. 들뢰즈는 "무엇이 그러한 판단을 하게 하고 그러한 관계를 수립하게 하는지 설명해야 한다"고 주장한다(De Landa, 2002: 42).

유목적 생기론의 중요한 측면은 그것이 유기체주의나 본질주의가 아니라 실용적이고 내재적이라는 점이다. 달리 말하면, 생기론적 유물론은 전체를 포괄하는 생명 개념을 가정하지 않으며, 단지 되기의 실천과 흐름, 복잡한 배치, 이질적인 관계들만을 가정한다. 내가 2장에서 주장했던 것처럼, 이상화된 초월적인 것은 없으며, 단지 잠재적 다중체만 있을 뿐이다. 또한 생명은 생기론적이고 자기조직적 물질이라는 비전을 유지하는 일원론적 존재론은 비판적 사상가가 철학, 과학, 예술이라는 각각 다른 분야를 새로운 연합으로 재결합시킬 수 있게 한다. 나는 이것을 '섬세한' (인문)과학과 '견고한' (자연)과학이라는 두 문화의 관계를 새롭게 정의하는 현대의 역동적인 공식으로 본다. 두 문화는 생기적 물질에 접근하는 서로 다른 노선이며, 생기적 물질은 주체성과 그것의 지구행성적이고 우주적인 관계들 양자 모두의 핵을 구성한다.

본타와 프로테비(Bonta and Brotevi, 2004)에 따르면, 들뢰즈의 '지구(geo)-철학'은 인문학이 현재의 생물학과 물리학에 매우 창조적으로 관여할 수 있도록 고무한다. 물질이 자기생성적이라는 비전에 기반을 두고, 실현된 상태와 잠재적 되기를 구별하는 복잡성을 강조하는데, 전자는 '왕실 과학'의 대상이고 후자는 '소수자 과학'을 위한 틀이다. 둘 다 각각 시간상 다른 지점에서 필요하다. 하지만 오직 '소수자 과학'만이 윤리적 변형을 가능하게 하며, 선진 자본주의의 경제적 명령과 생명 물질에 대한 오용된 선진 자본주의의 인식에 구속되지 않는다. 따라서 우리는 포스트휴먼 비판이론이 과학에 대해 가지는 주된 함의에 대해 잠정적으로 다음과 같은 결론을 내려볼 수 있다. 즉, 과학 관련 법들은 지식 주체를 복잡한 특이성으로, 정서적 배치로, 관계적 생기론적 존재로 보는 견해에 맞추어 재조정되어야 한다.

이 모든 것에서, 인류세에 접어든 포스트휴먼 시대의 인문학은 '휴먼'—'인간'은 말할 것도 없고—을 자신의 고유 연구 대상으로 설정해서는 안 된다는 결론이 나온다. 오히려 과학적이고 기술적인 진전들, 생태적이고 사회적인 지속가능성과 시구화의 다양한 도전 같은 외적, 심지어는 지구행성적이기도 한 중요한 문제에 탈-인간중심적 방식으로 접근하기 위해서는, 인문학이 휴머니스트 '인간'의 제국에서 벗어나는 것이 이로울 것이다. 이러한 변화를 위해서는 다른 사회학자들과 과학자들의 도움도 필요하다.

문제는 인문학이 현대 과학과 기술에 관련해 자신의 의제를 설정하도록 허용될 것인지 아니면 자신이 선택하지도 않은 자리에 제한될 것인지다. 실제로 기후변화나 생명공학기술에 대한 공적 토론 같은 경우, 제도적 기금도 거의 받지 못하는 인문학에 이 복잡한 논의의 인간적 요인과 관련된 모든 주제를 부과하는 경향이 두드러지고 있다. 이러한 경향 때문에 윤리학은 제도적으로 우리 시대의 딜레마에 맞는 새로운 메타담론과 규범적인 명령을 생산하도록 기대되는 운명에 놓여 있다. 그러한 윤리학의 제도적 운명은 때로 특권이라고 주장되기도 한다. 하지만 이 메타담론적 주장은 실체가 없다. 더 나아가 그것은 철학이 거대 이론(master theory)의 역할을 하게 하는 제도화된 사유 습관, 반동적이고 정적인 사유 습관을 영속시킨다. 지식의 제정자이고 진리의 판관인 철학자 이미지—칸트학파에 뿌리를 둔 모델—는 포스트휴먼 비판이론이 주장하는 것, 즉 인간과 인간-아닌 타자들과의 관계에 기반을 둔 포스트동일성, 포스트단일성, 횡단성을 지닌 주체성과 정확히 대립한다.

인문학이 홀로 책임져야 한다고 반복적으로 상기시키는 또 하나의 담론 영역은 기후변화나 생명공학기술의 영향처럼 복잡한 문제들의 '사회적이고 문화적인 측면'이라는 논란이 많은 문제다. 다른 말로 하자면, 인문학은 적극적으로 인간중심주의적 구석 자리에 국한되고 동시에 이러한 한계 때문에 비난받는다. 이것이 윔스터가 지적한 다음과 같은 역설의 완벽한 예다(2006: 174). "인간에 대한 과학은 비인간적이 되거나, 혹은 인문적이지만 과학적이지는 않거나, 둘 중 하나인 듯 보일 것이다." 이래도 문제이고 저래도 문제다.

내가 말하고자 하는 요점은 인문학이 포스트휴먼 조건이 제공하는 여러 기회를 받아들여야 한다는 것이다. 인문학은 전통적으로 혹은 제도적으로 할당된 인간과 인간의 휴머니즘적 파생물에서 벗어나 자유롭게 자기 자신의 탐구 대상을 설정할 수 있다. 인문학이 과학과 기술과 오늘날의 다른 거대한 도전들과 독창적이고 필요한 토론을 하는 데 필요한 방법론적이고 이론적인 자원을 제공할 수 있는 다양한 가능성의 아카이브를 풍부하게 갖추고 있음을 우리는 이제 알고 있다. 문제는 포스트휴먼 시대에, '인간'과 안트로포스의 최고 지위가 쇠락한 이후에, 과연 인문학은 어떤 것이 될 수 있는가다.

5. 글로벌 '멀티'-버시티

이제 문제는 포스트휴먼 비판이론과 21세기 인문학에 가장 적절한 제도적 실천이 무엇인가다. 세 번째 천년의 도전에 대응할 인문학의 능력에 대한 논의는 개념으로서의 그리고 재현으로서의 대학의 위기를 질문하게 한다.

대학의 개념에 대한 토론의 역사를 간단히 살펴보면 이 위기가 어느 정도인지 알 수 있다. 오랜 시간 끈기 있게 그리고 아무 구속 없이 자신의 연구를 수작업하는 장인이나 예술가인 학자로 정의되던 휴머니즘적 아카데미라는 르네상스 모델은 간단명료하게 끝이 났고, 학문적 상품을 대량 생산하는 연쇄 생산 단위인 현대의 '포드주의적(Fordist)' 대학 모델로 바뀌었다. 휴머니즘적 대학 모델이 오늘날 미국의 인문대학(American Liberal Arts College)에서 여전히 수행되고 있다는 누스바움의 주장(1999)은 내가 2장에서 말한 것처럼 엘리트주의적이면서 향수적이다. 1789년에 처음 출간된 이마누엘 칸트(Immanuel Kant)의 "학부의 갈등(The conflicts of the faculties)"에 대한 고전적인 텍스트(Kant, 1992)는 산업 생산 모델에 기반을 두고 현대 대학을 위한 청사진을 제시한다. 칸트는 대학을 실용적 방향성을 가진 '상위' 학부들—법, 의학, 신학—과 비평을 담당하고 시장과 실용적인 문제들 뒤로 물러나 있는 '하위' 학부들—예술, 인문학, 과학—로 나눈다.[11] 이 청사진은 역사적으로 여러 번 수정되었음에도 여전히 매우 유효하다. 가장 중요한 모델은 아마 19세기의 본 홈볼트(von Humboldt)의 모델일텐데, 이 모델은 대학을 지도력과 지적인 시민권을 함양하기 위해 최근까지도 남성 엘리트만을 각별히 선택하여 훈련하는 장소로 본다. 이러한 모델은 유럽에서 아직도 성

---

11 칸트의 대학에 대한 비전을 현대에 비판적으로 갱신한 작업은 램버트(Lambert, 2001) 참조.

행한다.

하지만 우리 시대 대학에 대해 자극적이고 때로는 대단히 충격적인 분석을 시도하는 빌 리딩스(Bill Readings, 1996)는 이 제도가 "생명을 다했으며 이제는 민족문화를 긍정하고 교육하고 역사적으로 발전시킨다고 자신을 정의했던 시대의 생존자"(1996: 6)라는 점에서 '포스트-역사적'이 되었다고 주장한다. 앞에서 언급한 모든 대학 모델, 즉 칸트적 모델, 본 홈볼트 모델, 그리고 추기경 뉴먼(Cardinal Newman, 1907)이 옹호한 영국의 식민지 모델조차 지구적 경제에 의해 파괴되었다. 이런 점에서 국민국가의 쇠락은 대학 전체와 특히 인문학에 부정적인 결과를 가져왔다. 오늘날 학계의 중심인물은 교수가 아니라 행정관이며, 대학은 더 이상 국가 정체성을 떠받치는 기둥도 아니고 민족국가와 국가 장치의 이데올로기적 오른팔도 아니라고 리딩스는 주장한다.

> 대학은 이제 더 이상 자원을 낭비하는 기생적 존재가 아니다. 증권거래소나 보험회사가 산업적 생산을 낭비하는 존재가 아닌 것과 마찬가지다. 증권거래소처럼 대학은 자본이 자신에 대한 지식을 얻는 곳, 자본이 위험과 다양성을 다룰 뿐만 아니라 그런 관리로부터 잉여가치를 추출할 수 있는 곳이다. 대학에서 이러한 잉여가치의 추출은 정보 격차에 투기한 결과다. (1996: 40)

이러한 맥락에서 그토록 자랑스럽게 여겨온 '탁월함(excellent)'의 개념은 아무 실체가 없다. 단지 학문 자본의 초국가적 교환에서 중요한 요소일 뿐이다. "단지 테크노관료의 이상(techno-bureaucratic ideal)"(Readings, 1996: 14)에 불과한 그것은 내용을 지시하지 않는다. 학문 기준의 이러한 '탈준거화'는 부정적인 결과와 긍정적인 결과를 모두 낳는다.

부정적인 면으로는, 특정한 지시물이 없다는 것은 '탁월함'이 돈과 시장의 요구와 소비자의 만족에 연동되어 있음을 의미한다. '탈준거화'가 새로운 공간을 위한 가능성을 열어준다는 것은 긍정적이다. "이 새로운 공간에서 우리는 나라와 공동체 개념을 다르게 생각할 수 있다"(1996: 124). 오늘날 이러한 대학 모델을 가지고 우리는 무엇을 할 수 있을까?

존 설(John Searle, 1995)이 인문학 연구의 핵심 가치로 서양의 합리주의적 전통의 중심 개념들을 옹호하며 보여준 고전적이고 보수적인 모델을 살펴보며 시작해보자. 실재론적 진리 실천에 견고한 토대를 둔 합리주의적 전통은 텍스트를 기반으로 하며 이론을 자아 비판적으로 사용한다. 그것은 언어의 기능을 효과적 소통이라고 가정하기 때문에 선형적인 사유에 의존한다. 관찰 가능한 사실적 실재에 진술의 근거를 두는 진리 대응 이론에 따라, 진리는 정확한 재현의 문제가 된다. 따라서 지식은 주관적 해석이 아니라 독립적으로 존재하는 실재의 재현에 의존하기 때문에 객관적이리라 기대된다. 합리성은 최상의 형식적 이성—실용적 이성과 반대인—을 지배하며, 증거와 유효성의 기준을 제공하는 자체의 내적 논리를 가지고 있다. 결과적으로 지적 기준은 타협 불가능하며 객관적인 탁월함에 근거한다.

전통적인 대학 개념은 이런 기준을 구현하고 옹호한다고 가정된다. 존 설은 이러한 전통적 대학 개념에 학문적 실천의 과학성을 약화시킨 수입된 반실재론적 진리 이론의 영향을 받은 '포스트모던' 대학을 대립시킨다. 커리큘럼의 대표성이 젠더, 인종, 민족성의 용어로 되어 있는가—설에게는 안타깝게도—가 그것의 진실 값보다 더 중요해지고 다문화주의라는 위장 아래 일천한 지적 평등성이 도입되고 있다. 이러한 상황은 연구되어야 할 영역과 옹호되어야 할 대의명분 사이의 혼란을 부추기며 전통적인 인문학 방법과 실천을 교란시키고 인문학의 자신감을 마모시킨다.

리처드 로티(Richard Rorty, 1996)는, 설에 대해 웅변적인 대답으로, 합리주의에 대한 지나친 강조가 "서양의 단일 신 전통의 세속화된 판본"이라고 비판한다(1996: 33). 실재론과 실재에의 상응은 차라리 의미 없는 개념, "내용 없는 용어(a term without content)"(1996: 26)다. 높은 찬사를 받은 '과학의 객관 성'은 적극적인 상호주관성과 사회적 상호작용에 의존하고 있다고 로티는 주장한다. 의미와 진리의 형성에 사회정치적 요인들이 중요하다고 강조하면 서 로티는 더 실용적인 측면을 강조한다.

> 건강하고 자유로운 대학은 최선을 다해서 세대의 변화, 급진적인 종교적, 정 치적 의견 차이와 새로운 사회적 책임을 수용한다. 그러한 대학은 혼란 상 태를 고심하며 타개한다. (1996: 28)

이론의 문제와 '이론 전쟁들'의 여파가 되돌아와 이 논의를 어지럽힌다. 설 의 보수적인 말은 그가 인문학의 자기 방어에 감정적으로 연루되어 있음을 정확하게 표현하고 있지만, 그는 이러한 상황에 대해 포스트모던 이론가들 을 혹독하게 비난한다. 설의 안이한 반포스트모더니즘적 접근 방법에 반대 해서 나는 이러한 접근이 인문학에 심각한 방법론적 도전을 제기한다고 주장한다. 휴머니즘적 거대 서사들이 곤란에 빠졌다는 정신이 번쩍 나는 메시지를 가져왔다고 해서 포스트모던 메신저들을 비난하는 것은 오늘날 인문학의 명분에 도움이 되지 않는 교묘한 속임수다. 휴머니즘적 고등 교 육의 미래에 대한 심각한 논의가, 1990년대의 '이론 전쟁'과 페미니즘, 포스 트모더니즘, 다문화주의, 프랑스 철학에 대한 격렬한 내부 전쟁이 상속한 덫에 걸려 있다는 것은 참으로 안타까운 일이다. 조안 스콧(Joan Scott)은 이 상황을 명확하게 표현한다.

> 마치 포스트모더니스트들이 현재 학자들이 대면하는 분과 학문의 불확실 성의 모든 문제의 원인인 듯 (말한다). 마치 그들을 축출하면 대학 인구의 인

구통계적 변화들이 제기하고, 식민주의적 가정에 대한 포스트식민 비판의 출현이 제기하고, 최소한 19세기까지는 거슬러 올라가는 철학사의 발전이 제기하고, 더 최근의 냉전의 종말이 제기하고, 그리고 최근 수년 동안의 특이한 경제적 제약들이 제기한, 차이의 문제들이 사라질 것처럼. (Scott, 1996: 171)

훈육 공통체로서의 대학이라는 존 듀이(John Dewey)[12]의 대학 개념을 다시 언급하면서, 스콧은 "개념 자체가 아닌 자신의 학문적 개념의 추정된 정치적 함의들"을 과도하게 강조하는 포스트모더니즘과 지식에 대한 정치화된 경쟁을 탄식한다. 루이 메낭(Louis Menand, 1996)은 나아가 보수적인 정치세력들이 '이론 전쟁'을 대학 내부 학계에 간섭할 핑계로 삼는다고 말한다. 페미니즘, 다문화주의와 포스트식민주의를 특별한 목표로 삼았던 공격들이 그 증거다. 에드워드 사이드는 이러한 비판적 통찰을 포착해서 인문학의 정체성 위기와 미국 대학의 유럽중심적 커리큘럼의 약화를 연결시키면서 매우 반어적으로 다음과 같이 덧붙인다.

어떤 비평가들은 대학의 본질 자체와 학문적 자유가 〔대학의〕 부적절한 정치화 때문에 위협받았다는 듯 반응했다. 다른 이들은 더 나아간다. 그들에게는 서양 정전과 그 반대자들이 '죽은 백인 유럽 남성들'이라고 부른 사람들의 〔……〕 혁혁한 활동에 대한 비판이 새로운 파시즘의 도래와 서양 문명의 죽음을 그리고 노예제와 아동 결혼과 중혼과 하렘의 복귀(return)를 나타내는 말도 안 되는 신호다. (Said, 1996: 214-15)

---

12 듀이(Dewey)는 1915년에 미국대학교수협의회(American Association of University Professors)가 설립되는 데 중요한 역할을 했다.

아이러니는 차치하고, 이러한 새로운 연구 영역이 기업화된 분과 학문들의 힘에 두 가지 위협을 제기한다는 사실은 분명하다. 새로운 연구 영역이 급진적 인식론과 방법론적 학제성으로 위협을 제기한다는 사실이 보수주의자들을 분노케 하는 진짜 이유다. 분과 학문의 경계가 녹아내리고 그 결과 오래된 분과 학문들이 기업적 권력을 상실하는 것은 이론의 위기라기보다 행정의 위기다. 메낭이 날카롭게 관찰하듯, 분과 학문들이 무시간적 체제가 아니라 역사적으로 우발적인 담론 형성물이라면, 학자들에게는 분과 학문들 사이의 경계를 허무는 것 자체가 근심은 아니다. 몇몇 학자는 그 과정을 주도하기까지 한다. 하지만 인문학 학부의 자율 장치를 책임지는 행정가들에게 이러한 상황은 매우 골치 아프다. 이들은 "유동적인 상황을 이용해 비용을 줄이고 긴축을 강요하려는" 경향이 있다(1996: 19). 그런데 이 모든 것과 포스트휴먼은 어떤 관계가 있는가?

이 논쟁적인 문제를 더 밀고 나가는 대신, 나는 우리 시대의 폭력과 부정의와 저속함에 저항하면서 "우리 시대에 가치 있는"(Braidotti, 2011b) 포스트휴먼 실천을 현실화하는 제도적 틀을 발전시키기 위해, 생각은 글로벌하게 행동은 로컬에서라는 경험적 명령에서 시작하고자 한다. 우리 조건의 역사성을 대면한다는 것은 우리의 위치를 규정하는 조건들을 설명할 책임을 지기 위해서 사유 활동을 밖으로, 실제 세계로 움직여간다는 것을 의미한다. 인식론적인 것과 윤리적인 것이 나란히 손을 잡고 세 번째 천년의 복잡하게 얽힌 전경 안으로 걸어 들어간다. 퇴로가 없으므로, 상황에 대처하기 위한 창조적 개념과 용기 있는 지성이 필요하다.

그 어느 때보다 영적인 돌봄과 세대 간 정의가 강의실의 문제로 떠오르는 것도 사실이지만, 앞 장에서 살펴보았듯이 냉전 이후 대학의 주된 기능은 주로 사회 발전과 산업 성장, 그리고 군사기술을 비롯한 기술적 진보를 위해 연구하고 개발하는 것이었다. 이러한 상황은 미국에서 특히 그러했지만, 유럽이나 아시아의 많은 지역도 이런 모델을 따르고 있었다. 앤드루 워닉(Andrew Wernick)에 의하면, 1960년대부터 유니버시티(university)로서의 대학은 '멀티-버시티(multi-versity)'로 돌연변이를 일으켜 다양한 사회적, 경제적 기능을 맡고 있으며, 흔히 냉전 시대의 사회적 공간의 군사화와 지정학적 갈등에 연결되어 있다. '멀티-버시티'라는 용어는 1963년에 당시 캘리포니아대학 시스템의 총장이었던 클라크 커(Clark Kerr, 2001)가 주요 대학에 부과되는 임무와 요구가 폭발적으로 많아진 것을 언급하기 위해 만들었다. 지속적인 돌연변이의 결과 지난 20여 년 동안 "대학은 수행 중심의 기업이 되었고 전통에서 벗어났다. 전문 관리자들의 보호 아래 대학은 기억이 없는 탈역사적 기관이 되었다"(Wernick, 2006: 561). 교수진과 학생 대표체들이 신자유주의 경제 논리에 그들의 통치 권력을 상실하면서 인문학은 그것의 토대가 되는 가치를 상실하고 일종의 사치스러운 지적 소비재가 되었다.

이러한 경향이 역전될 수 있을까? 시구화된 시대에 가장 직질한 대학 모델은 무엇인가? 나는 포스트휴먼 곤경이 오늘날 대학의 시민적 책임과 같은 중요한 문제에도 영향을 준다고 주장한다. 우리의 지구화되고 기술적으로 매개된 세계 안에서 학문 공간과 시민 공간은 어떻게 상호작용할 수 있을까? 디지털 혁명이 적어도 부분적인 대답을 위해 길을 연다. 새로운 캠퍼스들은 가상 캠퍼스가 될 것이며 따라서 정의상 전 지구적이다. 이것은 설이 옹호한 초월적 가치들이라는 보편적 이상이 끝났음을 의미한다. 대학을 기반 시설로 보는 전망이 이러한 이상을 빠르게 대체하고 있다. 이 전망은 대학을 로컬화된 지식 생산의 중심지이면서 동시에 인지적 자료를 전 지구적으로 전달하는 중심지로 본다. 이러한 상황이 대학을 불가피하게 탈인간화하거나 탈맥락화하는 것은 아니며, 오히려 새로운 형식의 맥락화와 책임성을 가져올 수 있다. 그러므로 적절하게 「20km 대학」이라고 불리는 한 글에서 어떤 학제 팀(Philips et al., 2011)은 중국의 현대 글로벌 시티와 대학 사이의 변화하는 관계를 분석하고 오늘날 학문 기관의 임무에 대해 몇몇 고무적인 결론을 내린다.

글로벌 시티 공간은 하이테크적으로 쌍방향으로 작용하는 지적 공간들을 요구하고 또 그에 의존하므로 고밀도의 기술적 기반 시설을 지닌 '스마트' 도시 공간이라고 정의할 수 있다. 환경처럼 주위를 에워싼 기술은 기반 시설적 네트워크에 의존하는데, 그것은 비위계적이고 사용자친화적이기 때문에 지식 생산과 지식 전달의 전통적 조직을 와해시킨다. 어떤 면에서는 기술적으로 스마트한 도시 공간은 지식과 그것의 순환을 사회 질서의 핵심에 새김으로써 대학을 변화시키고 또 대신하기도 한다. 그렇다면 분리되어 있었고 적어도 유럽에서는 고도로 세속화되어 있던 이전의 학문적 공간은 어떻게 되는가? 저자들은 학문 영역이 시민 공간 안으로 펼쳐 들어가야 하고, 근본적으로 새로운 방식으로 도시 공간 안에 심어져야 한다고 주장한다. 도시 전체가 미래의 과학 공원이다. 따라서 대학은 "도시 생활을 유지하고 능률화하는 수단을 통해 경제적 진전을 이룬다는 공통 목적을 가진 공동체적 지성의 집단 에토스"(Phillips et al., 2011: 299)를 창조해내기 위해서 스스로 도시 공간과 상호작용할 수 있는 "멀티-버시티"(Wernick 2006: 561)로 변모해야 한다. 냉전 시기에 시작된 도시와 그 도시 대학들의 브랜드화는 새로운 단계로 들어간다. 마케팅과 판매 촉진 노력을 강화하고 흔히 실제 내용과 무관한 사적이고 공적인 금융 투자 문화의 단계로 들어간다.

글로벌 멀티-버시티는 기술과 형이상학이 만나는 장소다. 폭발적이면서 아주 흥분되는 결과를 가져온다. 이 지구화된 기술적으로 매개된 '멀티-버시티'는 새로운 시스템이다. "시민 형성과 빌둥(bildung)에 관련된 역할은 완전히 망각되지는 않았다 해도 희미하게 배경으로 사라지고 있다"(Phillips et al., 2011: 300). 스테판 콜리니(Stefan Collini, 2012: 13)도 같은 주장을 한다. 우리는 19세기 유럽적 이상의 용어로 생각하기를 멈추어야 하며, "대신 기술과

의학과 경영에 관련된 학교들을 전면에 내세우고 21세기 대학의 이상적인 사례를 가장 강력하게 보여주는, 유럽 모델의 미국화된 판본의 아시아적 현현에 초점을 맞추어야 한다."

　　다른 말로 하면, 우리 시대 대학은 그것이 위치한 글로벌 시티와 새롭게 만들어진 관계 속에서 대학의 포스트휴먼 지구행성적 임무를 재정의해야 한다. 이는 도시 공간을 새롭게 보고 시민의 책임을 재정의해야 한다는 의미다. 유엔이 발표한 바에 따르면 2015년에는 전 세계에 22개의 메가시티들이 생기고 2050년이 되면 세계 인구의 2/3가 도시 중심에 거주할 것이기 때문에 더욱 그러하다. 우리는 2012년에 세계 인구의 50%가 도시에 살고 있다는 사실을 공식적으로 기록했다. 인터넷을 통한 더 많은 쌍방향 상호 활동은 시민들이 그들의 도시 환경에 대해 계획을 세우고 관리하고 평가하는 모든 형식에 참여할 수 있게 할 것이다. 핵심어는 바로 이것이다. 즉 모든 과학과 행정에 관련된 자료에 대중이 자유롭게 접근할 수 있게 하는 열린 자료, 열린 정부, 열린 데이터, 열린 과학이다. 현대의 21세기 도시들은 위에서 인용한 중국의 연구 사례처럼 단지 밖으로 퍼져나가는 '폭발적인' 도시 공간이기만 한 것은 아니다. 또한 그것들은—최선의 경우에는—기술적으로 매개된 '스마트'한 도시적 표면들이다. 과거에 유럽에서 대학과 대학 도시들이 도시적, 사회적, 경제적, 정치적, 시민적 유대의 복잡한 망을 엮으며 함께 성장했던 것처럼, 오늘날에도 새로운 관계의 네트워크가 수립되고 있다. 우리 시대 네트워크 사회에 연루된 기술적 개입이 상당하기 때문에, 이 새로운 도시 공간은 탈-인간중심적이며 휴머니즘의 저울에서 비트루비우스적 준거틀을 상당히 넘어서 있다. 지역적 관심과 지구적 도전에 반응하는 우리 시대 '멀티-버시티'는 한편으로는 경쟁적인 노동시장, 글로벌 문화와 기업 세계의 요구에 대면하면서도 학문적 탁월함과 계몽화된 시민권이라는 자신의 오래된 임무도 동시에 추구하고 있다. 내일의 도시는 강력한 사회적 네트워킹을 기반으로 배우고 정보를 주고받고 인지 실천을 공유하는 생활 중심지가 될 것이다. 배를 위한 항구와 비행기를 위한 공항 다음으로, 이제 인터넷 항구들이 세 번째 천년의 도시들을 항해하는 입구가 될 것이다.

이러한 전망이 세 번째 천년에 도시와 대학 사이에 맺어질 새로운 계약의 두 번째 측면으로 나아가게 한다. 즉 시민적 차원이다. 대학은 독립적인 연구, 건설적인 교육의 실천과 비판적 사유를 확보하려는 자신의 목적을 이전보다 더 추구해야 한다. 중요한 기술적 허브이면서 지식 전달의 전 지구적 중심지인 우리 시대 대학이 할 수 있는 역할과 혁신과 전통이 뒤섞이며 결합될 때, 대학이라는 기관은 동시대 세상과의 관련성을 지속해서 유지할 수 있다. 기술과 시민적 책임의 결합, 사회와 환경의 지속가능성에 대한 관심, 소비주의와의 현명한 관계 등이 현대의 멀티-버시티의 핵심 가치들이다. 빌 리딩스(1996)는 우리 시대 대학이 한편으로는 고전적인 민족주의로부터 다른 한편으로는 무신경한 소비주의에서 벗어나 공동체와 귀속성을 재정의하는 데 도움을 줄 가능성에 대해 언급하면서 이런 점들을 시사한다. 리딩스는 블랑쇼(Blanchot)의 작업을 언급하면서 대학의 새로운 모델, 즉 동일성 이후의 포스트휴먼 주체들의 공동체로서의 대학 모델을 요청한다. 이 모델은 새롭게 도래할 종족(a people)과 멀티-버시티를 위해, 변함 없는 정체성이나 고착된 단일성이 없는 공동체가 될 것이다.

이러한 상황은 이론의 역할과 자리에 깊은 함의를 가진다. 나는 이 생각이 문득 떠오른 그날을 기억한다. 1980년대 말 파리에서 로리 앤더슨(Laurie Anderson)의 콘서트에 있었다. 그녀는 우리 시대의 변모에 대한 청각적이고 미학적인 표현들을 창조하면서, 지적 대중 안으로 이음새 없이 들어오는 개념 예술가들 가운데 한 명이다. 〈오 슈퍼맨(O Superman)〉은 세계적인 히트를 친 최초의 사이버 노래—포스트휴먼적인 것들이 도래하리라는 예감—인 반면, 〈이상한 천사들(Strange Angels)〉은 역사 철학에 대한 발터 벤야민의 테제를 비판적으로 재평가한 것으로서 과거 사물의 기억과 미래의 지속가능성 사이의 새로운 연속성을 암시한다. 곧 NASA의 전속 예술가가 될 앤더슨은 바로 이 콘서트에서 스스로를 '지식인'이라고 부르던 사람들의 작업을 '콘텐츠 제공자(content-providers)'의 일로 규정했다. 1980년대 말의 일이었다. 지난 주 나는 유럽 교육의 미래에 관한 큰 학술대회가 열린다는 소식을 들었는데, 그 학회의 어떤 패널 전체가 '아이디어 브로커(ideas brokers)'에 대한 글과 그들의 글을 다루고 있었다. 그 개념은 기본적인 연구나 실험 활동이 아니라 아이디어의 마케팅과 선전을 의미하는 것이었으며, 특별한 창조적 상상력을 요구하는 것도 아니다. 학자들은 아이디어 중계업에 남겨지는 반면, 정보 네트워크들은 콘텐츠를 제공하면서 점점 더 자율적으로 의사를 결정한다. 도처에서 폭발적으로 확장된 '스마트' 도시 공간은 학생 사용자들에게 지식 생산물을 나누어준다, 그늘은 기반 시설석 지식 생산에서 독해력을 가지고 있는 자들이다. 미래에 오신 것을 환영합니다!

그 미래는 우리 시대의 학문 세계, 특히 인문학을 극심하게 괴롭히는 끝없는 구조 조정과 재정 삭감과 더불어 이미 시작되었다. 루이 메낭은 현대의 연구 대학이 영원한 진리와 보편적 개념의 구현도 아니고 진과 미와 덕의 귀감도 아니라고 주장한다. 실제로 그것은 거추장스럽고 비용이 많이 드는 관료 체제다.

〔현대의 연구 대학은〕 철학적으로 허약하고, 지적인 예상 가능성과 전문적 폐쇄성, 사회적 무관련성 등을 고무하므로 대체되어야 마땅하다. 하지만 대체되어야 한다면 가르침과 탐구의 진실성의 지속을 귀중하게 여기면서 같은 기능을 수행할 새로운 제도적 구조를 고안하고자 하는 모든 사람을 위해 이루어져야 한다. 그렇지 않으면 학문의 자유는 미국에서 모든 것을 빠르

고 확실하게 죽이는 바로 그것, 즉 나쁜 개념이 아니라 돈의 부족으로 죽임을 당할 것이다. (Menand, 1996: 19)

이렇게 부정적인 사회적, 경제적 배경에서 나오는 재정적 어려움으로 전 세계의 평균적인 신자유주의 대학의 모든 교직원의 근무 조건이 두드러지게 악화되고 있다. 스테판 콜리니는 늘 그러듯 재치 있게 이 문제에 대해 언급한다. "오늘날 대학의 학과에서 목격하는 산만하고, 숫자로 넘쳐나고, 회계 감사에 미쳐 있고, 연구비를 쫓는 삶은 사색적인 삶이라는 고전적 이상과는 거리가 멀다"(Collini, 2012: 19). 사실상, 학자들은 자기조직적인 공동체의 독립적인 학자들이라기보다는, 회계사와 재정 자문가들이 경영하는 사업 조직의 중간 실무자들처럼 기능한다. 성공한 학자들은 외부의 연구비와 기금을 확보하는 데 매우 유능하다. 또한 그들은 '매도청약'업자들('tender'-preneurs)이라고도 말해진다. 다른 한편으로 로잘린드 질(Rosalind Gill, 2010)은 학계의 근무 조건을 한탄할 뿐만 아니라, 그것이 스트레스와 경쟁이 지배하는 기관과 개인에게 어떤 손상을 주는지를 평가한다. 더 젊은 교수들의 불안정성을 특히 염려한다. 콜리니는 이에 동의하면서 "운이 나쁜 학교에서 젊은 계약직 교수들의 근무 조건은 어떤 경우에는 콜 센터 직원들의 근무 조건과 비교될 만하다"(2012: 19)고 말한다.

구세계의 중앙에 있는 오래된 도시 위트레흐트(Utrecht)에 사는 내가 이 모든 것에 대해 생각하는 것이 부자연스럽게 느껴지기도 한다. 이곳의 도시와 대학은 수세기 동안 서로 긴밀히 얽히면서 형성되었기에 도시와 시민의 시스템을 학문 시스템과 분리시켜 말하기 어려울 정도다. 도시(*Civitas*)와 대학(*Universitas*)은 동전의 양면이며, 포스트휴먼 곤경의 이름으로 그들의 상호작용의 토대를 흔드는 것은 간단하지 않을 것이다. 미래를 위한 청사진은 어떤 모습일까? 나는 교수들을 죽어가는 종으로 보는 종말론적 전망에 저항한다(Donoghue, 2008). 예술과 과학이 확실히 다시 제휴하고 오래된 유럽의 학문적, 시민적 전통으로 풍부해진 포스트휴먼 인문학은 다양한 충성들과 새로운 귀속의 생태학들을 후원할 수 있다. 포스트휴먼 인문학이 세계시민주의를 재정의하려면, 유럽이 역사적이고 도덕적으로 자신의 역사를 비판적으로 다시 상술해야 할 장소로 포스트휴먼적 재정의가 이루어져야 한다.

확장해서 말하면, 우리에게 필요한 대학은 대학이 반영하기도 하고 기여하기도 하는 그 사회, 지구화되고 기술적으로 매개되며 민족적으로 언어학적으로 다양한 사회, 그러면서도 여전히 사회 정의와 다양성에 대한 존중과 환대와 유쾌함 같은 기본적 원칙과 조화를 이루는 사회, 그런 사회 같은 대학이다. 나는 이러한 열망 안에 잘해야 생산적 모순이라고 내가 간주하는 잔여적 휴머니즘이 있음을 알고 있지만 개의치 않는다. 사회적으로 구성된 의도적인 망각과 무신경한 무지에 저항하여, 포스트휴먼적 유대맺기라는 포괄적 원칙에 대한 기본적인 열망을 옹호한다. 오늘날의 세계를 진지하게 재현하려는 대학은 기술적으로 매개된 세계 안에서 지식 생산, 예술과 과학의 새로운 관계, 지구화가 낳은 다언어적 현실을 탐색하는 초학제적 영역들을 제도화함으로써 이러한 문제들과 씨름해야 한다.

지적 창조력을 새롭게 분출하면서 글로벌 멀티-버시티에서 포스트휴먼 인문학이 포함해야 할 것은 다음과 같다. 인문학적 정보학, 즉 디지털 인문학, 인지 혹은 신경 인문학, 환경 인문학, 즉 지속가능한 인문학, 유전공학적인 글로벌 인문학 등이다. 포스트휴먼 인문학은 문학적이고 예술적인 실천들이 어떤 종류의 연구 방법과 통찰을 발전시키는지 탐색하는 기획을 추구할 것이다. 포스트휴먼 인문학은 인문학의 핵심적 임무인 "더 풍부한 이해를 향한 인간 정신의 쉼 없는 추구"(Collini, 2012: 27)를 지속적으로 지지할 것이다.

나는 인문학이 포스트휴먼으로의 중요한 변모 과정을 기꺼이 겪을 능력을 보여준다면 살아남아 번성할 수 있고 또 그러리라 생각한다. 우리 시대에 적절한 가치를 가지기 위해서 우리는 실용적이 될 필요가 있다. 우리에게 필요한 것은 현재 진행되고 있는 변화와 변형들을 긍정적으로 설명할 수 있게 할 형상화와 사유 체계들이다. 우리는 이미 지속적인 이행과 혼종화와 유목적 이동성의 상태에 살고 있다. 또한 우리는 고도의 기술적 개입이 이루어지고 있는 이미 해방된 (포스트페미니즘적) 다민족 사회 안에 살고 있다. 이는 단순하고 선형적인 사건들이 아니라, 다중의 층위를 가진 내적으로 모순된 현상들이다. 이 현상들은 극단적인 모더니티 요소들을 신의 고주의 조각들과 결합시킨다. 하이테크적 진보와 신원시주의의 이러한 결합은 중간 배제의 논리, 즉 배중률을 거부한다.

오늘날의 문화와 제도적 교육은 이러한 리얼리티를 적절하게 재현하지 못한다. 이데올로기들의 종말에 대한 뻔하고도 구슬픈 후렴을 선호하면서 '새로운' 것에 대해 사과할 뿐이다. 소유적 개인주의의 신자유주의적 부활 속에서 과거에 대한 향수와 과도한 소비주의가 손을 잡는다. 하지만 휴머니스트 주체의 이러한 단일한 전망은 우리 시대를 특징짓는 파편화, 흐름들, 돌연변이에 대해 효과 있는 해독제를 제공할 수 없다. 우리 자신과 우리의 가치 체계에 대해 다르게 생각하기를 배우기 위해서는 단일하지 않고 관계적인 주체 포지션에서 시작할 필요가 있다. 우리의 현실에 배태되어 있는 체현된 포스트휴먼 위치들에 대한 적절한 지도그리기와 더불어 시작할 필요가 있다.

오늘날의 세계처럼 생긴 대학만이 '멀티-버시티'가 될 수 있으며, 멀티-버시티는 건설적인 포스트-휴머니티를 긍정할 폭발적으로 확장된 제도다. 그러한 제도로서 대학은 노동시장에 통합되어 들어가기 위해서만이 아니라 그 자체를 위해서도 교육을 유지한다. 우리는 이윤을 추구하지 않는 비영리성을 우리 시대 지식 생산의 핵심 가치로 받아들여야 한다. 이렇게 보상 없이 주고받는 무상성(無償性)은 희망의 사회적 지평을 구축하는 것과 연결되어 있고, 그래서 그것은 미래가 정말로 지속가능하리라는 믿음에 던지는 한 표가 된다(Braidotti, 2006). 미래는 세대 간 유대, 후손에 대한 책임 그 이상도 그 이하도 아니다. 그것은 또한 우리가 공유하는 꿈, 집단적으로 동의하는 환상이기도 하다.[13] 콜라니는 이것을 다음과 같이 아름답게 표현한다(2012: 199). "우리는 현 세대가 가진 복합적인 지적 유산의 관리자에 불과하다. 이 유산은 우리가 창조한 것도 아니며 우리가 파괴할 수 있는 우리의 것도 아니다." 포스트휴먼 인문학은 이미 글로벌 멀티-버시티에서 작동하고 있다. 종말을 막기 위해서만이 아니라 지속가능한 포스트휴먼 미래들을 현실화하기 위해서도 그러하다.

13　　이는 'cyberspace'에 대한 깁슨(William Gibson)의 정의다.

결론

5.

우리가 실제로 포스트휴먼이 되었다거나 단지 포스트휴먼일 뿐이라고 누구나 확실하게 말할 수 있는 것은 아니다. 어떤 이들은 하나의 종, 하나의 지구행성적 존재, 하나의 문화적 형성물로서의 '인간/휴먼(human),' 특정한 소속의 양태들을 발화하는 아득한 옛날부터 익숙한 그 피조물에 대한 애착을 강조한다. 또한 우리는 어떤 역사적 우연성, 어떤 지적 격변, 어떤 운명의 장난으로 우리가 포스트휴먼 우주 안으로 들어섰는지 정확히 설명할 수도 없다. 하지만 이제 포스트휴먼이라는 개념은 인류세로 알려진 시기에 널리 통용되고 있다. 이 개념은 우려를 낳는 그만큼 승리감을 이끌어내고, 논란이 많은 문화적 재현들을 자극한다. 이 책의 목적에 비추어 더 중요한 것은, 포스트휴먼 곤경이 인간/휴먼의 위상에 대해 다시 생각하고 더 열심히 생각하도록 강요하고, 그에 따라 주체성을 다시 설정하고 우리 시대의 복잡성에 맞는 윤리적 관계와 규범과 가치들의 형식을 발명할 필요가 있다고 강요한다는 점이다. 이러한 요청은 비판적 사유의 목적과 구조들을 재정의하라는 요청이기도 하며, 궁극적으로는 우리 시대의 대학에서 인문학이라는 학문적 영역의 제도적 위상도 관계가 있다.

이 책은 우리 시대의 끔찍함뿐 아니라 흥분을 보여주는 네 개의 삽화로 시작했다. 자연-문화 분리의 폐지와 고도의 기술적 매개는 일련의 역설을 만들어낸다. 관용과 외국인 혐오적 폭력을 동시에 낳는 전자적으로 연결된 범인류 같은 예가 그에 속한다. 유전적으로 조합된 식물들, 동물들, 채소들이 급증하고, 컴퓨터 바이러스들이 바이러스들과 나란히 증가하며, 무인비행 장비와 지상용 무기가 새로운 죽음의 방식을 가지고 우리에게 나타난다. 인류는 취약함과 멸종이라는 유령을 공유하는 부정적 범주로 재창조되지만, 또한 새롭고 오래된 전염병들, 끝없는 '새로운' 전쟁들, 포로수용소와 난민 탈출로도 타격을 입고 있다. 새로운 형식의 세계시민적 관계들이나 전 지구적 에토스에 대한 호소는 흔히 페카-에릭 우비넨이나 안데르스 베

링 브레이빅(Anders Behring Breivik) 같은 살인광적 행위로 대답되곤 한다.[1]

　　이 책은 포스트휴먼 조건에 대한 매혹과 그것의 비인간 측면과 비인도적 측면에 대한 염려의 연속적 변이들을 분석하려 했다. 그러는 동안 내내 나는 비판이론의 중요성을 강조했다. 비판과 창조성의 혼합이 새롭고 근본적인 방식으로 현재와 타협하는 데 꼭 필요하다는 것을 보여주기 위해서였다. 나의 주된 관심은 우리의 경험 조건에 대한 이론적이고 상상적인 재현을 어떻게 찾을 것인가, 포스트휴먼 주체성의 대안적인 형식들을 어떤 방식으로 실험할 것인가다. 이 책을 시작하면서 제기한 네 가지 핵심 문제들은 포스트휴먼의 다면적 풍경을 가로지르는 여행인 이 책의 구조였다. 첫째, 우리는 우리를 포스트휴먼으로 이끌지 모르는 지적이고 역사적인 여정들을 어떻게 설명할 수 있을까? 둘째, 포스트휴먼 조건은 인류를 어디에 위치시킬 것이며, 더 구체적으로는 어떤 새로운 주체성의 형식들을 발생시킬 것인가? 셋째, 우리는 어떻게 포스트휴먼이 비인간적/비인도적이 되는 것을 막을 수 있을 것인가? 그리고 마지막으로, 포스트휴먼 시대에 인문학과 이론의 기능은 무엇인가? 이러한 질문들은 선형적이 아니라 서로 얽혀 있으며 복잡한 풍경을 뚫고 지그재그로 나아간다. 힘겨운 이러한 이행과 현재의 곤경에 내재한 모순을 잘 설명하기 위해 나는 줄곧 경로 추적자와 지도 제작자의 발화 입장에서 글을 써왔다. 이제 이 여행의 끝에서 우리가 얼마나 왔는지 살펴보자.

---

[1]　　브레이빅(Anders Behring Breivik)은 2011년에 노르웨이 오슬로(Oslo)에서 8명을, 유토야(Utoya) 섬에 69명을 살해한 대량 학살자다.

1. 포스트휴먼 주체성

포스트휴먼 주체는 포스트모던이 아니다. 왜냐하면 반토대주의적 전제에 전혀 의존하지 않기 때문이다. 포스트휴먼 주체는 포스트구조주의적도 아니다. 왜냐하면 언어적 선회나 다른 해체의 형식들 안에서 기능하지 않기 때문이다. 의미화의 피할 수 없는 힘들이라는 틀로 구성되어 있지 않기 때문에, 그것은 마땅히 주어야 할 재인을 제공하지 못하는 시스템 안에서 (자신의 존재에 대한 적절한 재현을) 찾아야 하는 저주를 받지 않았다. 결여와 법에 기반을 두고 있는 언어적 기표는 기껏해야 덫에 걸려 있음을 알려주고 힘의 강화를 보류할 뿐이다. 그것의 최상의 힘은 그것이 북돋우는 부정적인 열정들 위에 세워지며, 시샘과 거세를 통해 물질적, 담론적, 문화적 재화들의 중독성 있는 소비 패턴을 고무함으로써 가장 만족하는 곳에서 배고프게 만들 뿐이다.

포스트휴먼 유목적 주체는 유물론적이고 생기적이며, 체현되고 환경에 속해 있다—이 책에서 줄곧 내가 강조한 '위치의 정치학'의 근본적 내재성에 따라, 그것은 어딘가에 견고하게 위치해 있다. 그것은 다면적이고 관계적인 주체, 스피노자, 들뢰즈와 과타리의 렌즈를 통해 유목적 존재론 안에서 개념화된 주체이며, 페미니즘과 포스트식민 이론들이 더해진 주체다. 그것은 포스트휴먼 사유 자체를 특징짓는 관계적 생기성과 본질적 복잡성에 의해 현실화된 주체다.

생기론적 정치학은 포스트구조주의와 정신분석에 의해 공인된 개념, 즉 주체 형성에 문화와 의미화가 기본적으로 중요하다는 개념과 분명하게 단절한다. 권력 매트릭스가 남근이든 로고스이든, 유럽 중심의 초월적 이성이든 이성애적 규범성이든, 하나의 권력 매트릭스에 의해 소위 '표식 없는 (unmarked)' 주체가 기원적으로 그리고 치명적으로 포획되었다고 보지 않는다. 권력은 단 하나의 지배하는 소유자에 의해 작동되는 고정된 위치가 아니다. 일원론적 정치학은 주체성의 핵심에 권력 효과를 분산시키는 차이의 메커니즘(differential mechanisms)을 놓는다. 포획의 여러 메커니즘은 다양한 저항의 형식도 생성한다. 권력의 형성은 시간에 구속되어 있으므로, 사회적 행위와 상호작용에 부수적인 것이며 임시적인 것이다. 비단일적 포스트휴먼 주체 형성에 중요한 영향을 미치는 요인은 운동과 속도, 퇴적선과 탈주선들이다.

주체성을 유목적 관점에서 보는 것은 좋은 출발점이다. 하지만 우리는 그것을 더 밀고 나가 두 개의 다른 중요한 개념, 즉 풍요로움으로서의 욕망과 포스트휴먼 윤리에 연결시켜야 한다. 욕망을 결여가 아닌 풍요로움으로 간주하는 생각은 이전에 허용된 것, 예를 들어 정신분석의 분열된 주체가 허용한 것보다 유목적인 관계적 주체에 덜 부정적이면서 더 변형적으로 접근하는 방식이다. 유목적 주체는 복잡성 이론의 한 부분으로 급진적인 변형의 윤리를 지속적으로 강조하도록 촉진한다. 이러한 방식은 역사적 우발성이나 문화적 규범이 주체 형성에 해온 역할을 부인하는 것이 아니다. 바로 그 요소를 그것의 변화하는 구조와 구성에 비추어 현재 상황에 맞도록 심각하게 수정한다. 들뢰즈와 과타리가 정신분석을 비판하며 주장했듯이(1977), 자크 라캉(Jacques Lacan)의 상징계 개념은 이미 변화하고 있는 세상에 대한 폴라로이드 사진처럼 낡은 개념이다. 선진 자본주의가 가족과 다른 상호주체적 관계들을 철저히 전복시키던 역사의 한 시기에 그것들의 고정된 틀을 포착했을 뿐이다. 이 체제의 생명정치적 본질은 1970년대 이후부터 기하급수적으로 증가했고, 상호주체적 관계성이라는 근본적으로 새로운 형식에 영향을 미치고 있다. 이것을 부정하면, 이는 심리적 본질주의를 포용하고 우리의 정신적 삶을 역사와 사회적 변형들 밖에 있도록 선고하는 셈이다. 그렇게 되면, 우리의 정신—정서적이고 환상에 시달리고 욕망에 추동되는 아주 복잡한—은 전제 군주 같은 주인 기표의 자기복제적 힘의 틀에 갇혀서 영원히 비역사적인 망각 상태에 놓이게 될 것이다. 모든 생기론적 '물질-실재론자들'이 보기에 이 음울한 주체 전망, 즉 자신의 허약함의 조건에 절망적으로 매달리는 주체라는 음울한 전망은 되기의 과정에 있는 우리를 결코 적절하게 재현할 수 없다. 우리는 '현재에 가치 있는' 존재가 되어야 한다. 이 특정한 세계의 체현되고 환경에 속한 주체로서 동시대 문화의 일부가 되어야 한다. 포스트휴먼 사유는 현실로부터의 탈주가 아니라 그 자신의 역사성의 조건들 안에 동시대 주체를 새겨넣는다.

마찬가지로, '생명'은 형이상학적 개념도 아니고 기호학적 의미 체계도 아니다. 그것은 경험적 행위의 다중성 안에서 스스로를 표현한다. 아무 말도 없이 행할 뿐이다. 생명은 단지 생명임으로써, 복잡한 신체적, 문화적, 기술적 네트워크 시스템들을 가로지르는 생기적 정보의 코드들을 통해 에너지의 흐름을 현실화함으로써 자신을 표현한다. 바로 이러한 이유에서 나는 생기적 과정을 받아들이는 하나의 방법으로, 우리가 지금 여기서 여러 타자들과 공유하는 생명의 표현적 강도를 받아들이는 하나의 방법으로 '운명애' 개념을 옹호한다.

2. 포스트휴먼 윤리

우리는 여러 방향으로 언어학적 기호를 넘어섬으로써 그것을 초월하는 코드들을 이용해 모든 종류와 양태의 소통 관계를 맺을 수 있는 우리의 다양한 능력으로 포스트휴먼 윤리적 주체가 되어가고 있다. 그런데 우리의 집단적 역사의 이 특정한 지점에서, 우리는 우리의 체현된 자아들이, 하나로서의 정신들과 신체들이 실제로 무엇을 할 수 있는지 알지 못한다. 우리는 강도들을 실험하는 윤리를 받아들임으로써 이를 알아내야 한다. 윤리적 상상력은 존재론적 관계성의 형태로 포스트휴먼 주체들 안에 생생하게 살아있다. 비단일적 주체들을 위한 지속가능한 윤리는 자아와 타자들(인간-아닌 즉 '대지'의 타자들을 포함해서)이 서로 연결되어 있다는 확대된 의식, 한편으로는 자아 중심의 개인주의를 다른 한편으로는 부정성의 장벽을 무너뜨리는 확대된 의식에 의존하고 있다.

다른 말로 하면, 포스트휴먼이 된다는 것은 인간에게 무관심해지거나 탈인간화된다는 의미는 아니다. 그와 반대로, 포스트휴먼이 된다는 것은 윤리적 가치와 확대된 공동체 의식을 결합하는 새로운 방식을 의미하며, 여기에는 영토적 혹은 환경적 상호접속이 포함된다. 그것은 고전적 휴머니즘의 규범에 따라 정의된 개별 주체의 자기 이해와도 아주 다르고, 모든 종, 가상적 존재들과 세포 조작 합성물에 인권을 확장시키는 칸트주의자들의 도덕적 보편주의와도 아주 다른 윤리적 유대다(Nussbaum, 2006). 포스트휴먼 이론은 윤리적 관계의 기반을 공유된 취약성이라는 부정적이고 반동적인 토대가 아니라 공동의 기획과 활동이라는 긍정적 토대에 둔다.

주체에 대한 과정 중심의 전망은 보편적인 적용이 가능하다. 비록 그것이 도덕적이고 인식적인 보편주의를 거부해도 말이다. 이 전망은 현실에 근거를 둔 부분적인 설명책임성을 표현한다. 그러한 책임성은 집단성과 관계성에 대한 강한 의식에 기반을 두고 있으며, 그 결과로 특이한 주체들(singular subjects)에 의한 공동체와 소속성을 새롭게 주장하게 한다. 로이드(Lloyd)는 이렇게 지역적으로 위치성을 가지는 미시보편주의적 주장을 "공동협동적 도덕성(a collaborative morality)"이라고 부른다(Lloid, 1996: 74). 이 새로운 윤리를 위한 기준으로 비영리성, 집단성에 대한 강조, 관계성과 바이러스적 오염의 인정, 잠재적 선택 사항들을 실험하고 현실화하는 일치된 노력, 그리고 창조성의 중심 역할과 이론과 실천 사이의 새로운 고리 등이 거론된다. 도덕적 명령이 아니라 강도들과 지속적 실험을 위한 역동적 틀인 이러한 기준들은 신체가 그것들을 얼마나 취할 수 있는가에 대한 효과적인 지도를 만들어내기 위해 집단적으로 구현할 필요가 있다. 바로 그 때문에 나는 이를 "지속가능성의 문턱(thresholds of sustainability)"이라고 불렀다(Braidotti, 2006). 그 목적은 집단적 유대와 새로운 정서적 공동체 혹은 정치체의 창조다.

포스트휴먼 유목적 윤리에서 핵심 개념은 부정성(negativity)의 초월이다. 이 말의 구체적인 의미는 현재 우리가 당면하고 있는 즉각적인 맥락에서는 새로운 정치적, 윤리적 행위 주체의 조건을 이끌어낼 수 없다는 것이다. 그 조건들은 가능한 미래들을 창조하기 위해 힘을 다하는 노력에 의해 긍정적으로 그리고 창조적으로 생성되어야 한다. 지금까지 건드려지지 않은 자원과 비전을 동원하고 타자들과의 상호 연계를 일상에서 실천함으로써 그렇게 해야 한다. 이러한 기획에는 비전을 가지고 앞을 내다보는 힘, 예언적인 에너지가 필요하다. 그런데 이러한 자질은 학계에서 특히 유행하는 자질도 아니고 지구화된 '탁월함'이 강요되는 시대에 과학적으로 높이 평가되는 자질도 아니다. 그럼에도 불구하고, 비판이론의 많은 영역에서 더 많은 비전이 요청되고 있으며, 페미니스트들은 앞을 내다보는 통찰을 호소한다는 면에서 오래되고 풍부한 계보를 가지고 있다. 아주 초기부터 조안 켈리(Joan Kelly, 1979)는 이중의 날을 가진 전망, 강력한 비판의 기능과 강력한 창조의 기능을 똑같이 지닌 전망인 페미니즘 이론을 전형적으로 보여주었다. 이러한 창조적 차원은 그 이후부터 중요한 중심이 되었고(Haraway, 1997, 2003; Rich, 2001), 페미니즘, 젠더, 인종과 포스트식민 연구의 급진적 인식론들의 긍정적이고 혁신적인 핵심이 되어왔다. 상상력의 창조력에 대한 믿음은 삶을 통해 체현된 경험과 주체성의 신체적 뿌리에 대한 페미니즘적 평가에 없어서는 안 되는 부분이며, 체현된 페미니스트 여성들이 도달한 복잡한 특이성들의 표현이 될 것이다. 전망이라는 연료 없이는 개념적 창조성을 상상할 수 없다.

예언적인 정신, 즉 비전을 가진 정신은 미래의 사상가다. 욕망의 적극적 대상인 미래는 우리가 앞으로 나가도록 밀어주고, 저항과 대안의 현실화 둘 다가 필요한 지금 여기라는 연속적인 현재 속에서 우리가 적극적으로 움직여야 할 동기를 준다. 지속가능한 미래에 대한 열망은 살 만한 현재를 구축할 수 있다. 이것은 믿음의 도약이 아니라 적극적인 변위, 깊은 차원에서의 변형이다(Braidotti, 2006). 예언적인 전망의 차원은 현재를 긍정으로 장악하는 데 필요하다. 지속적 되기를 위한 발판으로, 현재의 부정성과 부당함을 질적으로 변형시키는 발판으로 필요하다. 미래는 현재에 긍정하는 측면들의 잠재적 펼침이다. 미래 세대에 대한 우리의 명예로운 의무가 바로 그것이다.

3. 긍정의 정치학

일상의 평범한 미시 실천에 뿌리를 둔 기획, 희망을 긍정하는 집단적 기획을 추구하는 것은 지속가능한 변형들을 설정하고 유지하며 지도를 그리려는 전략이다. 희망을 사회적으로 구축하고자 하는 동기는 책임감과 세대 사이의 설명 책임에서 나온다. 근본적인 비영리성과 희망의 정신이 그것의 일부다. 희망은 가능한 미래를 꿈꾸는 방식이다. 우리의 삶에 스며들어 우리의 삶을 활성화시키는 미래를 예상하는 덕목이다. 사회적 상상계를 재구축하려는 기획일 뿐만 아니라 그 저변에 있는 욕망과 변용태와 창조력의 정치경제에도 기반을 두는 강력한 동기화의 힘이다.

우리 시대의 포스트휴먼 주체성의 실천들은 비평 이론에 긍정적으로 접근한다. 포스트휴먼 사유는 우리 시대의 주체들이 자아에 대한 단일한 전망과 주체 형성 과정에 대한 목적론적 제시를 넘어서게 할 뿐만 아니라, 변화하는 세계에 발맞추어 긍정적 차이를 만들어내도록 고무한다. 방법론적 민족주의라는 기존의 전통과 관련하여 예를 들면, 유럽보편주의 대신 지구행성적 다양성의 힘을 신뢰하는 사유의 다른 이미지가 널리 퍼질 수 있다. 또한 우리는 새로운 형상화들을 발명하고 변화된 우리의 상태인 복잡한 주체들을 재현하는 새로운 방법을 발명한다는 중요한 임무를 위해 정서적 변용, 기억, 상상력을 불러낼 필요가 있다. 과학 자체가 민족주의적 축을 따라서가 아니라, 세계적인 포스트휴먼적 접속들의 유목적 그물망 안에서 사회적으로 새겨지고 생태적으로 통합된다.

결국 포스트휴먼-되기는 공유된 세계, 영토적 공간에 대한 우리의 애착과 연계 의식을 재정의하는 과정이다. 그 공간은 도시적 공간일 수도 있고, 사회적, 정신적, 생태적, 지구행성적 공간일 수도 있다. 포스트휴먼-되기는 우리가 소속된 다수의 생태들을 표현하고, 우리가 여전히 자아라고 부르는 것이 가진 집단적 본성과 외부로의 방향성을 인정하기 위해서 우리의 감각적이고 지각적인 좌표들을 변형시킨다. 자아는 사실 공통의 생활공간 안에 있는 이동가능한 배치이며, 주체가 결코 장악하지도 소유하지도 못하고 단지 늘 하나의 공동체, 묶음, 집단, 무리로 거주하고 횡단만 하는 것이다. 포스트휴먼 이론에서 주체는 인간-아닌 (동물, 식물, 바이러스) 관계들의 관계망에 완전히 잠겨 있고 내재되어 있는 횡단적 존재다. 조에중심의 체현된 주체는 그것을 다양한 타자들, 환경적 에코 타자들에서 시작하여 기술적 장치들까지 포함하는 다양한 타자들과 상호접속시키는 연결 장치들, 바이러스처럼 오염시키는 관계적 연결 장치들로 가득하다.

생기론의 이 비본질주의적 유형은 합리적 의식의 오만한 기세를 꺾는다. 합리적 의식은 수직적 초월 행위이기는커녕 근본적 내재성에 접지하는 운동으로 재설정되고 하강한다. 의식은 자아를 세상으로 펼치는 행위이면서 세상을 안으로 접어들이는 행위다. 의식이 사실은 자신의 환경과 관계를 맺고 타자들과 관계를 맺는 또 하나의 인지 양태일 뿐이라면 어찌할 것인가? 동물들의 내재적 지식과 비교해볼 때, 의식의 자기재현은 단지 초월에 대한 자기애적 망상으로 실패한 것, 결과적으로 자아 초월성에 대한 자신의 열망으로 눈이 먼 것이라면 어찌할 것인가? 의식이 그것의 모호한 질병, 이 생명, 이 조에, 우리에게 허락을 구하지도 않고 우리를 움직이는 비인격적 힘에 대한 처방전을 끝까지 찾지 못한다면 어찌할 것인가? 조에는 비인격적 사건인 죽음에 접근하는 새로운 생기론적 방식에까지 삶/생명을 넘어서서 한껏 뻗어나가는 비인간 힘이다. 삶/생명에 중심을 둔 과정 존재론은 포스트휴먼 주체가 도덕적 공황이나 향수에 굴복하지 않고 이 입장과 대면하도록 인도한다. 그것은 관계의 양태들 안으로 들어가고자 하는 세속적인 윤리적 운동을 강조한다. 그러한 관계들은 횡단적이고 비단일적인 주체들이 무엇일 될 수 있을지 그 경계를 갱신하고 확장하는 우리의 능력을 향상시키고 강화하는 그런 관계다. 윤리적으로 이상적인 것은 타자들과의 다중적인 상호접속을 긍정하고 강화하기 위한 인지적, 정서적, 감각적 수단들을 현실화하는 것이다. 포스트휴먼이 되는 과정을 추진하는 정서적 힘들은 즐거움과 긍정의 윤리로 선택되며, 그러한 윤리는 부정적 열정을 적극적 열정으로 변형시키는 과정을 통해 기능한다.

많은 면에서, 외부의 철학이며 열린 공간과 체현된 실현의 철학인 유목적 포스트휴먼 사유는 익숙한 것에서 질적으로 벗어나는 도약을 열망하며, 오늘날 기술적으로 매개된 세계 안의 우리의 역사적 위치가 열어줄 아직 건드려지지 않은 가능성을 신뢰한다. 포스트휴먼 사유는 우리 시대에 가치 있는 존재가 되는 방법, 인간중심적 세계도 아니고 의인화된 세계도 아니며 그보다는 지정학적이고 생태지혜적이며 자랑스러운 조에중심적인 세계 안에서 우리가 몸담고 있는 복잡성을 더 잘 이해할 수 있게 하고 우리를 더 자유롭게 할 방법이다.

4.   포스트휴먼, 너무나 인간적인

서론에서 나는 우리가 포스트휴먼에 대해 어떻게 느끼는가는 무엇보다도 인간/휴먼을 어떻게 느끼는가에 달려 있다고 말한 바 있다. 나는 줄곧 나의 반휴머니즘적 경향을 정직하게 말해왔다. 포스트휴먼에 대한 나의 관심은 우리의 집단적이고 개인적인 강도를 틀지우는 인간적인 너무나 인간적인 자원과 한계에 대한 좌절감에 정비례한다. 이 책에는 나의 조급함과 기대가 같이 있다. 휴머니즘적 사유 안에 내장된 인간중심주의에 환멸을 느끼고 그것에서 벗어나려는 사람들에게는 조에의 생기론적 평등주의가 매력적이라는 것은 부인할 수 없다. 정치적 좌파나 페미니즘, 포스트식민 이론에도 여전히 남아 있는 인간중심주의의 경우에도 그러하다. 나는 생명권력의 꼬리 끝에 살고 있다. 다른 말로, 살아있는 모든 것이 죽음정치학적으로 가차 없이 소비되는 와중에 살고 있다. 모든 것을 포함하는 초월적 모델, 낭만화된 주변, 어떤 전체론적 이상의 재발명이 아니라, 바로 이 지점에서 나는 출발하고자 한다. 여기 지금, 나의 누이 돌리와 나의 토템적 신성인 온코마우스에서, 상실한 종자들과 죽어가는 종들에서부터 생각하고자 한다. 삶/생명이 비오스로서 그리고 조에로서 지속적으로 반격을 가하는, 우리를 놀라게 하고 기대를 벗어나는 그리고 무자비하게 생성적인 방식들로부터도 생각해보고자 한다. 이러한 시도는 서로 모순이 아니다. 이것이 나를 마음에서부터 포스트휴먼 사상가로 만들고 실제로 여러 동반종의 즐거운 일원이 되게 하는 그런 유물론이다(Haraway, 2003). 나는 인간/휴먼적인 모든 것 혹은 그가 설계하고 만들어낸 모든 형식의 지식과 자기재현의 척도라고 가정되어 있는 그 '인간'에 대해서는 아무런 향수가 없다. 나는 남성중심적이고 유럽중심적인 휴머니즘의 역사적 쇠퇴 이후 열린 많은 지평을 환영한다. 나는 포스트휴먼 선회를 우리가 어떤 존재가 될 수 있으며 우리가 누가 될 수 있는지를 함께 결정할 수 있는 놀라운 기회로 본다. 취약성과 두려움의 부정적 방식뿐만 아니라 창조성과 힘을 강화하는 윤리적 관계라는 긍정의 방식으로 인류가 자신을 재발명할 수 있는 독특한 기회로 본다. 포스트휴먼 선회는 지구행성적 규모로 저항할 수 있는 기회, 힘을 강화할 기회를 확인할 좋은 기회다.

내가 이 원고를 마지막 손질하던 무렵에는 2012년 런던 올림픽이 한창이었다. 이 올림픽에서 화제가 된 것은 자메이카의 우사인 볼트(Usain Bolt)가 이룬 성과다. 그는 남자 100m 경기를 9.63초에 달렸는데 평균속도는 시속 38km였다. 남자 200m 경기에서는 19.32초, 동료들과 같이 달린 4×100m 계주 경기에서도 깜짝 놀랄 36.84초로 세계 기록을 세웠다. 이러한 속도는 우리의 이해를 뛰어넘는 것이어서 전 지구적으로 관련된 세계의 상상력을 점화시켰다. 이 특별한 육상 선수가 앞으로 개인의 최고 기록을 몇 초 더 향상시킬 수 있으리라 기대한다 해도, 우사인 볼트의 '슈퍼 휴먼적' 달리기는 현재 시점에서는 인간의 신체가 성취할 수 있는 것의 경계선을 잡아당겨 늘렸다고 인정되었다. 이 경계선이 넘을 수 없는 생리적 한계나 집단적으로 스스로 부과한 제한이 될지 아니면 앞으로의 새로운 신체들이 이룰 잠재적 업적의 문턱이 될지는 두고 볼 일이다.

같은 올림픽에 참가한 남아프리카 선수 오스카 피스토리우스(Oscar Pistorius)는 두 다리가 절단된 최초의 선수로서 역사를 만들었다. 선수로 인정받기 위한 투쟁은 길고 논란도 많았다. 결국 메달을 하나도 따지는 못했지만, 피스토리우스는 탄소섬유 재질의 의족을 장착하고 달린 최초의 향상된 인간이었으며,[2] 자연적으로 태어난 까탈스러운 두 발 족에 대항해서 자신의 영토를 용감하게 지켜냈다. '모든 다른 점에서는 인간적인' 피스토리우스의 달리기가 앞으로의 포스트휴먼적인 것들에 대해 어떤 기준을 정할지

---

2   Ossur사에서 나온 Cheetah Flex-Foot 장치들이다.

는 대답이 열려 있는 질문이다. 그가 놓은 선례가 미래가 있을지, 그것이 어떤 종류의 시나리오를 가능하게 할지는 두고 보아야 한다.

이러한 변형들을 맞이해서 새로운 포스트휴먼적인 사회적 의제를 설정하는 일이 시급해졌다. 포스트휴먼 신체들의 한계와 제약은 우리의 정치체와 시민사회의 여러 영역을 가로질러 집단적인 논의와 결정의 대상이 되어야 한다. 휴머니즘적 원리와 인간중심적 가정의 보편성도 중심성도 가정하지 않는 방식으로 해야 한다. 우리는 이제 우리 자신에 대해 다르게 생각하기를 배워야 하며, 무엇을 인간/휴먼의 새로운 기본적인 공통의 참조 단위로 간주해야 할지를 근본적으로 새로운 사유 체제로 실험해야 한다. 내가 이 책에서 주체성의 문제를 그토록 많이 강조해온 이유가 바로 이것이다. 우리가 목격하는 놀라운 변형을 다루려면 공통의 참조점과 가치들을 찾아내기 위한 새로운 틀작업이 필요하다. 이 책이 기대고 있는 것은 세 번째 천년의 초기에 서로 다른 위치에 있는 다양한 포스트휴먼 주체들인 우리가 우리 시대가 제기하는 도전에 완벽하게 응할 수 있다는 확고한 믿음이다. 우리가 그것을 집단적인 노력과 공동의 기획으로 만드는 한 그러하다는 믿음이다. 구체적이고 현실화된 실천은 집단적으로 유지된 사회적, 과학적 진전의 결과로 우리 눈앞에서 열리고 있는 잠재적 가능성을 다루는 가장 좋은 방식이다.

인간의 체현과 주체성은 현재 심각한 돌연변이를 일으키고 있다. 이행의 시대에 사는 모든 사람들처럼 우리가 어디로 가는지가 늘 분명하고 선명한 것은 아니다. 우리에게 그리고 우리 주변에서 무슨 일이 일어나고 있는지 설명할 수 있는 것도 아니다. 이러한 몇몇 사건들은 우리를 경이와 두려움에 빠뜨리고, 다른 사건들은 우리를 흥분된 기쁨으로 깜짝 놀라게 한다. 마치 우리의 현재의 맥락이 우리의 집단적 지각의 문들을 계속해서 열고 있는 듯하다. 우리에게 침묵 저편에 놓여 있던 우주 에너지의 굉음을 들으라고, 가능했던 것의 척도를 확장하라고 강요하는 듯하다. 우리가 바로 꿈을 구성하는 바로 그 재료이며 새로운 가능성은 무한하다고 거의 매일 일깨워지는 것은 흥분되면서도 불안정한 일이다. 너무나 많은 사람들이 이 상황에 등을 돌리고 조지 엘리엇이 예언적으로 말한 것처럼 우둔함으로 질척거리며 나아가는 쪽을 택한다 해도 놀라운 일은 아니다.

하지만 복제 양 돌리는 현실이다. 공상과학소설의 등장인물이 아니라, 우리의 과학적 연구와 적극적인 사회적 상상과 대규모 경제적 투자의 결과다. 비록 '블레이드 러너(Blade Runner)'로 널리 알려져 있지만, 오스카 피스토리우스는 전자 양을 꿈꾸지 않는다. 지구적 운송 중심지들을 주요 대도시로 연결하는 무인 기차는 이제는 익숙한 광경이며, 우리가 손에 들고 다니는 전자기기는 너무 강력해서 따라가기도 어렵다. 너무나 포스트휴먼적인 인간/휴먼의 신체가 할 수 있는 것의 확장과 향상이 여기 존재한다. 우리가 우리의 포스트휴먼 자아들을 따라잡을 수 있을 것인가, 아니면 우리가 체험하는 환경과의 관계 속에서 이론적이고 상상적인 시차 상태에 머물러 있을 것인가? 이것은 헉슬리의 『멋진 신세계(Brave New World)』가 아니다. 최악의 모더니즘 악몽들의 디스토피아적 그림도 아니다. 또한 이것은 현대 인간의 신체적 틀의 초월이라는 트랜스휴머니즘적 황홀경도 아니다. 이것은 우리가 그 안에 있음을 알게 된 새로운 상황이다. 포스트휴먼 지구행성의 내재적인 여기 그리고 지금이다. 우리가 우리 자신들을 위해 만들어 온 가능한 세계들 중 하나다. 그리고 그것이 우리의 공동 노력과 집단적 상상의 결과라고 한다면, 그것은 정말로 모든 가능한 포스트휴먼 세계들 가운데 최선의 것이다.

참고문헌

Adams, Carol. 1990. *The Sexual Politics of Meat: A Feminist-Vegetarian Critical Theory.* New York: Continuum.

Adler, Rachel. 1998. Judaism. In: Alison M. Jaggar and Iris M. Young (eds.), *A Companion to Feminist Philosophy.* Oxford: Blackwell Publishers.

Agamben, Giorgio. 1998. *Homo Sacer: Sovereign Power and Bare Life.* Stanford, CA: Stanford University Press.

Ansell Pearson, Keith. 1997. *Viroid Life: Perspectives on Nietzsche and the Transhuman Condition.* London and New York: Routledge.

Ansell Pearson, Keith. 1999. *Germinal Life: The Difference and Repetition of Deleuze.* London and New York: Routledge.

Appadurai, Arjun. 1998. Dead certainty: Ethnic violence in the era of globalization. *Development and Change,* 29, 905 –25.

Arendt, Hannah. 1951. *The Origins of Totalitarianism.* New York: Harcourt.

Arthur, John and Amy Shapiro. 1995. *Campus Wars: Multiculturalism and the Politics of Difference.* Boulder, CO: Westwood Press.

Asimov, Isaac. 1950. *I, Robot.* New York: Gnome Press.

Badiou, Alain and Slavoj Žižek. 2009. *Philosophy in the Present.* Cambridge: Polity Press.

Badmington, Neil. 2003. Theorizing Posthumanism. *Cultural Critique,* No. 53, pp. 10 –27.

Balibar, Etienne. 2002. *Politics and the Other Scene.* London: Verso.

Balibar, Etienne. 2004. *We, the People of Europe? Reflections on Transnational Citizenship.* Princeton, NJ: Princeton University Press.

Balsamo, Anne. 1996. *Technologies of the Gendered Body: Reading Cyborg Women.* Durham, NC: Duke University Press.

Barad, Karen. 2003. Posthumanist performativity: toward an understanding of how matter comes to matter. *Signs*, 28 (3), 801–31.

Barad, Karen. 2007. *Meeting the Universe Half Way*. Durham, NC: Duke University Press.

Barrett, Michele. 1980. *Women's Oppression Today*. London: Verso Books.

Bart, Simon, Jill Didur and Teresa Heffernan (eds.) (2003) *Cultural Critique*, Special issue on Posthumanism, vol. 53.

Barthes, Roland. 1975. *The Pleasure of the Text*. New York: Hill and Wang.

Bauman, Zygmunt. 1993. *Postmodern Ethics*. Oxford: Blackwell.

Bauman, Zygmunt. 1998. *Globalization: The Human Consequences*. Cambridge: Polity Press.

Bauman, Zygmunt. 2004. *Europe: An Unfinished Adventure*. Cambridge: Polity Press.

Beauvoir, Simone de. 1973. *The Second Sex*. New York: Bantam Books.

Beck, Ulrich. 1999. *World Risk Society*. Cambridge: Polity Press.

Beck, Ulrich. 2007. The cosmopolitan condition: Why methodological nationalism fails. *Theory, Culture & Society*, 24(7/ 8), 286–90.

Beer, Gillian. 1983. *Darwin's Plots: Evolutionary Narrative in Darwin, George Eliot and Nineteenth-Century Fiction*. London: Routledge & Kegan Paul.

Benhabib, Seyla. 1996. *The Reluctant Modernism of Hannah Arendt*. Thousand Oaks, CA: Sage.

Benhabib, Seyla. 2002. *The Claims of Culture: Equality and Diversity in the Global Era*. Princeton, NJ: Princeton University Press.

Benhabib, Seyla. 2007. *Another Cosmopolitanism*. Oxford: Oxford University Press.

Benjamin, Jessica. 1988. *The Bonds of Love. Psychoanalysis, Feminism and the Problem of Domination*. New York: Pantheon Books.

Bennett, Jane. 2001. *The Enchantment of Modern Life. Attachments, Crossings and Ethics*. Princeton, NJ: Princeton University Press.

Bennett, Jane. 2010. *Vibrant Matter. A Political Ecology of Things*. Durham, NC: Duke University Press.

Berger, Anne E. and Marta Segarra. 2011. *Demenageries. Thinking (of) Animals after Derrida*. Amsterdam: Rodopi.

Bérubé, Michael and Cary Nelson. 1995. *Higher Education under Fire. Politics, Economics and the Crisis of the Humanities*. New York and London: Routledge.

Bhabha, Homi K. 1994. *The Location of Culture*. London and New York: Routledge.

Bhabha, Homi K. 1996a. 'Unpacking my library . . . again'. In: Iain Chambers and Lidia Curti (eds.) *The Post-Colonial Questions. Common Skies, Divided Horizons*. London and New York: Routledge.

Bhabha, Homi K. 1996b. Unsatisfied: Notes on vernacular cosmopolitanism. In: Laura Garcia Moreno and Peter C. Pfeiffer (eds.) *Text and Nation: Cross-Disciplinary Essays on Cultural and National Identities*. Columbia, SC: Camden House.

Blanchot, Maurice. 2000. *The Instant of My Death*. Stanford, CA; Stanford University Press.

Bono, James J., Tim Dean and Ewa Ziarek Plonowska. 2008. *A Time for the Humanities. Futurity and the Limits of Autonomy*. New York: Fordham University Press.

Bonta, Mark and John Protevi. 2004. *Deleuze and Geophilosophy. A Guide and Glossary*. Edinburgh: Edinburgh University Press.

Borradori, Giovanna. 2003. *Philosophy in a Time of Terror*. Chicago, IL: University of Chicago Press.

Bostrom, Nick. 2005. A history of transhuman thought. *Journal of Evolution and Technology*, 14 (1), 1–25.

Bourke, Joanna. 2011. *What It Means To Be Human*. London Virago.

Brah, Avtar. 1996. *Cartographies of Diaspora: Contesting Identities*. New York and London: Routledge.

Braidotti, Rosi. 1991. *Patterns of Dissonance*. Cambridge: Polity Press.

Braidotti, Rosi. 1994. *Nomadic Subjects: Embodiment and Sexual Difference in Contemporary Feminist Theory*, 1st edn. New York: Columbia University Press.

Braidotti, Rosi. 2002. *Metamorphoses. Towards a Materialist Theory of Becoming*. Cambridge: Polity Press.

Braidotti, Rosi. 2006. *Transpositions: On Nomadic Ethics*. Cambridge: Polity Press.

Braidotti, Rosi. 2008. In spite of the times: the postsecular turn in feminism. *Theory, Culture & Society*, 25 (6), 1–24.

Braidotti, Rosi. 2011a. *Nomadic Subjects: Embodiment and Sexual Difference in Contemporary Feminist Theory*, 2nd edn. New York: Columbia University Press.

Braidotti, Rosi. 2011b. *Nomadic Theory. The Portable Rosi Braidotti*. New York: Columbia University Press.

Braidotti, Rosi and Roets, Griets. 2012. 'Nomadology and subjectivity: Deleuze, Guattari and critical disability studies'. In: Dan Goodley, Bill Hughes and Lennard Davis (eds.) *Disability and Social Theory. New Developments and Directions*. New York: Palgrave Macmillan, pp. 161–78.

British Humanist Association. 2007. *The Case for Secularism: A Neutral State in an Open Society*. London: British Humanist Association.

Brown, Wendy. 2006. *Regulating Aversion. Tolerance in the Age of Identity and Empire*. Princeton, NJ: Princeton University Press.

Bryld, Mette and Nina Lykke. 1999. *Cosmodolphins. Feminist Cultural Studies of Technologies, Animals and the Sacred*. London: Zed Books.

Bukatman, Scott. 1993. *Terminal Identity. The Virtual Subject in Post-Modern Science Fiction*. Durham, NC: Duke University Press.

Butler, Judith. 1991. *Gender Trouble*. London and New York: Routledge.

Butler, Judith. 2004a. *Precarious Life*. London: Verso.

Butler, Judith. 2004b. *Undoing Gender*. London and New York: Routledge.

Carroll, Joseph. 2004. *Literary Darwinism. Evolution, Human Nature and Literature*. London and New York: Routledge.

Carroll, Rory. 2012. US raises a new drone generation. *The Guardian Weekly*, 10–16 August, 1–2.

Cartwright, Lisa. 2001. *Practices of Looking*. Oxford: Oxford University Press.

Césaire, Aimé. 1955. *Discours sur le colonialisme*. Paris: Présence Africaine.

Chakrabarty, Dipesh. 2009. The climate of history: Four theses. *Critical Inquiry*, 35, 197–222.

Chandler, James. 2004. Critical disciplinarity. *Critical Inquiry*, 30 (2), 355–60.

Chardin de Teillard, Pierre. 1959. *The Future of Man*. New York: Harper and Row.

Cheah, Pheng. 2008. Nondialectical materialism. *Diacritics*, 38 (1), 143–57.

Citton, Yves and Frédéric Lordon. 2008. *Spinoza et les Sciences Sociales*. Paris: Editions Amsterdam.

Cixous, Hélène. 1997. Mon Algeriance. *Les Inrockuptibles*, 20 August, magazine archive nr. 115, p. 70.

Cixous, Helene. 2004. *Portrait of Jacques Derrida as a Young Jewish Saint*. New York: Columbia University Press.

Clough, Patricia. 2008. The affective turn: Political economy, biomedia and bodies. *Theory, Culture & Society*, 25 (1), 1–22.

Cohen, Tom, Claire Colebrook and J. Hillis Miller. 2012. *Theory and the Disappearing Future*. New York: Routledge.

Colebrook, Claire. 2000. Is sexual difference a problem? In: Ian Buchanan and Claire Colebrook (eds.) *Deleuze and Feminist Theory*. Edinburgh: Edinburgh University Press.

Colebrook, Claire. 2002. *Understanding Deleuze*. Crows Nest, NSW: Allen and Unwin.

Collini, Stefan. 2012. *What Are Universities For?* London: Penguin Books.

Connolly, William. 1999. *Why am I not a Secularist?* Minneapolis, MN: University of Minnesota Press.

Cooper, Melinda. 2008. *Life as Surplus. Biotechnology & Capitalism in the Neoliberal Era*. Seattle, WA: University of Washington Press.

Cornell, Drucilla. 2002. *The Ubuntu Project with Stellenbosch University*, www.

fehe.org/index.php?id=281 (accessed 2 January 2007).

Coward, Rosalind. 1983. *Patriarchal Precedents*. London and New York: Routledge.

Coward, Rosalind and John Ellis. 1977. *Language and Materialism: Developments in Semiology and the Theory of the Subject*. London: Routledge & Kegan Paul.

Crary, Jonathan. 2001. *Suspensions of Perception: Attention, Spectacle and Modern Culture*. Boston, MA: MIT Press.

Crenshaw, Kimberle. 1995. Intersectionality and identity politics. Learning from violence against women of color. In: Kimberle Crenshaw, Neil Gotanda, Gary Peller and Kendall Thomas (eds.) *Critical Race Theory*. New York: The New Press.

Critchley, Simon. 2008. *The Book of Dead Philosophers*. London: Granta.

Daly, Mary. 1973. *Beyond God the Father: Towards a Theory of Women's Liberation*. Boston, MA: Beacon Press.

Damasio, Antonio. 2003. *Looking for Spinoza*. Orlando, FL: Harcourt, Inc.

Daston, Lorraine. 2004. Whither *Critical Inquiry? Critical Inquiry*, 30 (2), 361–4.

Daston, Lorraine and Peter Galison. 2007. *Objectivity*. New York: Zone Books.

Davies, Tony. 1997. *Humanism*. London: Routledge.

Davis, Angela. 1981. *Women, Race and Class*. New York: Random House.

Davis, Lennard J., (ed.). 1997. *The Disability Studies Reader*. New York and London: Routledge.

Dawkins, Richard. 1976. *The Selfish Gene*. Oxford: Oxford University Press.

De Landa, Manuel. 2002. *Intensive Science and Virtual Philosophy*. London: Continuum.

Deleuze, Gilles. 1983. *Nietzsche and Philosophy*. New York: Columbia University Press.

Deleuze, Gilles. 1988. *Bergonism*. New York: Zone Books.

Deleuze, Gilles. 1990a. *Expressionism in Philosophy: Spinoza*. New York: Zone Books.

Deleuze, Gilles. 1990b. *The Logic of Sense*. New York: Columbia University Press.

Deleuze, Gilles. 1992. *The Fold: Leibniz and the Baroque*. Minneapolis, MN: University of Minnesota Press.

Deleuze, Gilles. 1994. *Difference and Repetition*. London: The Athlone Press.

Deleuze, Gilles. 1995. L'immanence: une vie. . . . *Philosophie*, 47, 3-7.

Deleuze, Gilles and Felix Guattari. 1977. *Anti-Oedipus. Capitalism and Schizophrenia*. New York: Viking Press/Richard Seaver.

Deleuze, Gilles and Felix Guattari. 1987. *A Thousand Plateaus: Capitalism and Schizophrenia*. Minneapolis, MN: University of Minnesota Press.

Deleuze, Gilles and Felix Guattari. 1994. *What is Philosophy?* New York: Columbia University Press.

Delphy, Christine. 1984. *Close to Home. A Materialist Analysis of Women's Oppression*. Amherst, MA: University of Massachusetts Press.

Derrida, Jacques. 1992. *The Other Heading: Reflections on Today's Europe*. Bloomington, IN: Indiana University Press.

Derrida, Jacques. 2001a. *Writing and Difference*. New York: Routledge.

Derrida, Jacques. 2001b. *The Work of Mourning*. Chicago, IL: University of Chicago Press.

Derrida, Jacques. 2006. Is there a philosophical language? In: Lasse Thomassen (ed.) *The Derrida-Habermas Reader*. Edinburgh: Edinburgh University Press.

Dijck, Jose, van. 2007. *Mediated Memories in the Digital Age*. Stanford, CA: Stanford University Press.

Diken, Bulent. 2004. From refugee camps to gated communities: Biopolitics and the end of the city. *Citizenship Studies*, 8 (1), 83-106.

Donoghue, Frank. 2008. *The Last Professors: The Corporate University and the Fate of the Humanities*. New York: Fordham University Press.

Donovan, Josephine and Carol J. Adams (eds.) 1996. *Beyond Animal Rights. A Feminist Caring Ethic for the Treatment of Animals*. New York: Continuum.

Donovan, Josephine and Carol J. Adams (eds.) 2007. *The Feminist Care Tradition in Animal Ethics*. New York: Columbia University Press.

Duffield, Mark. 2008. Global civil war: the non-insured, international containment and post-interventionary society. *Journal of Refugee Studies*, 21, 145-65.

Economist, The. 2012. Technology Quarterly: 'Robots on the frontline' 2 June, 4-20.

Eisenstein, Zillah. 1998. *Global Obscenities. Patriarchy, Capitalism and the Lure of Cyberfantasy*. New York: New York University Press.

Elliot, George. 1973. *Middlemarch*. London: Penguin Books.

Elliot, George. 2003. *The Mill on the Floss*. London: Penguin Books.

Esposito, Roberto. 2008. *Bios. Biopolitics and Philosophy*. Minneapolis, MN: University of Minnesota Press.

Fanon, Frantz. 1967. *Black Skin*, White Masks. New York: Grove Press.

Firestone, Shulamith. 1970. *The Dialectic of Sex*. New York: Bantam Books.

Foucault, Michel. 1970. *The Order of Things: An Archaeology of Human Sciences*. New York: Pantheon Books.

Foucault, Michel. 1977. *Discipline and Punish*. New York: Pantheon Books.

Foucault, Michel. 1978. *The History of Sexuality*, Vol. I. New York: Pantheon Books.

Foucault, Michel. 1985. *The History of Sexuality, Vol. II. The Use of Pleasure*. New York: Pantheon Books.

Foucault Michel. 1986. *The History of Sexuality, Vol. III. The Care of the Self*. New York: Pantheon Books.

Franklin, Jonathan. 2012. Drones used by whaling's foes. *The Guardian Weekly*, 6 January, 14.

Franklin, Sarah 2007. *Dolly Mixtures*. Durham, NC: Duke University Press.

Franklin, Sarah, Celia Lury and Jackie Stacey. 2000. *Global Nature, Global Culture*. London: Sage.

Fraser, Mariam, Sarah Kember and Celia Lury (eds.) 2006. *Inventive Life. Approaches to the New Vitalism*. London: Sage.

Freud, Sigmund. 1928. *The Future of an Illusion*. London: Hogarth Press.

Fukuyama, Francis. 1989. The end of history? *National Interest*, 16. 3–18.

Fukuyama, Francis. 2002. *Our Posthuman Future. Consequences of the BioTechnological Revolution*. London: Profile Books.

Galison, Peter. 2004. Specific theory. *Critical Inquiry*, 30 (2), 379–83.

Gatens, Moira and Genevieve Lloyd. 1999. *Collective Imaginings: Spinoza, Past and Present*. London and New York: Routledge.

Gill, Rosalind. 2010. Breaking the silence: the hidden injuries of the neoliberal universities. In: Rosalind Gill and Roisin Ryan Flood (eds.) *Secrecy and Silence in the Research Process: Feminist Reflections*. London and New York: Routledge.

Gilroy, Paul. 2000. *Against Race. Imagining Political Culture beyond the Colour Line*. Cambridge, MA: Harvard University Press.

Gilroy, Paul. 2005. *Postcolonial Melancholia*. New York: Columbia University Press.

Gilroy, Paul. 2010. *Darker than Blue*. Cambridge, MA: Harvard University Press.

Glissant, Edouard. 1997. *Poetics of Relation*. Ann Arbor, MI: University of Michigan Press.

Glotfelty, Cheryll and Harold Fromm (eds.) 1996. *The Ecocriticism Reader*. Athens, GA: University of Georgia Press.

Gould, Stephen Jay and Rosamond Wolff Purcell. 2000. *Crossing Over. Where Art and Science Meet*. New York: Three Rivers Press.

Gray, John. 2002. *Straw Dogs*. London: Granta Books.

Grewal, Inderpal and Caren Kaplan (eds.) (1994) *Scattered Hegemonies: Postmodernity and Transnational Feminist Practices*. Minneapolis, MN: University of Minnesota Press.

Griffin, Gabriele and Rosi Braidotti. 2002. *Thinking Differently. A Reader in European Women's Studies*. London: Zed Books.

Gross, Aaron and Anne Vallely. 2012. *Animals and the Human Imagination: A Companion to Animal Studies*. New York: Columbia University Press.

Grosz, Elizabeth. 1994. *Volatile Bodies. Towards a Corporeal Feminism*. Bloomington, IN: Indiana University Press.

Grosz, Elizabeth. 2004. *The Nick of Time*. Durham, NC: Duke University Press.

Grosz, Elizabeth. 2011. *Becoming Undone*. Durham, NC: Duke University Press.

Guattari, Felix. 1995. *Chaosmosis. An Ethico-aesthetic Paradigm*. Sydney: Power Publications.

Guattari, Felix. 2000. *The Three Ecologies*. London: The Athlone Press.

Gunew, Sneja. 2004. *Haunted Nations. The Colonial Dimension of Multiculturalisms*. London: Routledge.

Habermas, Jürgen. 2001. *The Post-National Constellation*. Cambridge: Polity Press.

Habermas, Jürgen. 2003. *The Future of Human Nature*. Cambridge: Polity Press.

Habermas, Jürgen. 2008. Notes on a post-secular society. *New Perspectives Quarterly*, 25 (4), 17-29.

Halberstam, Judith and Ira Livingston (eds.) 1995. *Posthuman Bodies*. Bloomington, IN: Indiana University Press.

Halsey, Mark. 2006. *Deleuze and Environmental Damage*. London: Ashgate.

Hanafin, Patrick. 2010. On reading 'Transpositions': a response to Rosi Braidotti's 'Transpositions: On nomadic ethics'. *Subjectivities*, 3, 131-6.

Haraway, Donna. 1985. A manifesto for cyborgs: Science, technology, and socialist feminism in the 1980s. *Socialist Review*, 5 (2), 65-107.

Haraway, Donna. 1988. Situated knowledges. The science question in feminism as a site of discourse on the privilege of partial perspective. *Feminist Studies*, 14 (3), 575-99.

Haraway, Donna. 1990. *Simians, Cyborgs and Women*. London: Free Association Press.

Haraway, Donna. 1992. The promises of monsters. A regenerative politics for inappropriate/d others. In: Lawrence Grossberg, Cary Nelson and Paula Treichler (eds.) *Cultural Studies*. London and New York: Routledge.

Haraway, Donna. 1997. *Modest_Witness@ Second_Millennium. FemaleMan* © _

Meets_ OncoMouse™. London and New York: Routledge.

Haraway, Donna. 2003. *The Companion Species Manifesto. Dogs, People and Significant Otherness.* Chicago, IL: Prickly Paradigm Press.

Haraway, Donna. 2006. When we have never been human, what is to be done? *Theory, Culture & Society*, 23 (7& 8), 135–58.

Harding, Sandra. 1986. *The Science Question in Feminism.* Ithaca, NY: Cornell University Press.

Harding, Sandra. 1991. *Whose Science? Whose Knowledge?* Ithaca, NY: Cornell University Press.

Harding, Sandra. 1993. *The 'Racial' Economy of Science.* Bloomington, IN: Indiana University Press.

Harding, Sandra . 2000. *The Book of Jerry Falwell. Fundamentalist Language and Politics* . Princeton, NJ: Princeton University Press.

Hardt, Michael and Antonio Negri. 2000. *Empire.* Cambridge, MA: Harvard University Press.

Hardt, Michael and Antonio Negri. 2004. *Multitude: War and Democracy in the Age of Empire.* New York: Penguin Press.

Hartsock, Nancy. 1987. The feminist standpoint: developing the ground for a specifically feminist historical materialism. In : Sandra Harding (ed.) *Feminism and Methodology.* London: Open University Press.

Hayles, Katherine. 1999. *How We Became Posthuman. Virtual Bodies in Cybernetics, Literature and Informatics.* Chicago, IL: University of Chicago Press.

Hill Collins, Patricia. 1991. *Black Feminist Thought. Knowledge, Consciousness and the Politics of Empowerment.* New York and London: Routledge.

Hobsbawm, Eric. 1994. *The Age of Extremes: The Short Twentieth Century, 1914–1991.* New York: Vintage Books.

Holland, Eugene . 2011. *Nomad Citizenship.* Minneapolis, MN: University of Minnesota Press.

hooks, bell. 1981. *Ain't I a Woman.* Boston, MA: South End Press.

hooks, bell. 1990. Postmodern blackness. In: *Yearning: Race, Gender and Cultural*

Politics. Toronto: Between the Lines.

Huntington, Samuel. 1996. *The Clash of Civilizations and the Remaking of World Order*. New York: Simon and Schuster.

Husserl, Edmund. 1970. *The Crisis of European Sciences and Transcendental Phenomenology*. Evanston, IL: Northwestern University Press.

Huyssen, Andreas. 1986. *After the Great Divide: Modernism, Mass Culture, Postmodernism*. Bloomington, IN: Indiana University Press.

Irigaray, Luce. 1985a. *Speculum of the Other Woman*. Ithaca, NY: Cornell University Press.

Irigaray, Luce. 1985b. *This Sex Which Is Not One* . Ithaca, NY: Cornell University Press.

Irigaray, Luce. 1993. *An Ethics of Sexual Difference*. Ithaca, NY: Cornell University Press.

Jones, Caroline A. and Peter Galison (eds.) 1998. *Picturing Science, Producing Art*. New York and London: Routledge.

Jordanova, Ludmilla. 1989. *Sexual Visions : Images of Gender in Science and Medicine between the Eighteenth and Twentieth Centuries*. London: Macmillan.

Judt, Tony. 2005. *Postwar: A History of Europe since 1945*. New York: Penguin Press.

Kant, Immanuel. 1992. *The Conflict of the Faculties*. Lincoln, NE: University of Nebraska Press.

Keller, Catherine. 1998. Christianity. In: Alison M. Jaggar and Iris M. Young (eds.) *A Companion to Feminist Philosophy*. Oxford: Blackwell.

Keller, Evelyn Fox. 1983. *A Feeling for the Organism*. New York: Henry Holt.

Keller, Evelyn Fox. 1985. *Reflections on Gender and Science*. New Haven, CT: Yale University Press.

Keller, Evelyn Fox. 1995. *Refiguring Life: Metaphors of Twentieth Century Biology*. New York: Columbia University Press.

Keller, Evelyn Fox. 2002. *Making Sense of Life*. Cambridge, MA: Harvard University Press.

Kelly, Joan. 1979. The double-edged vision of feminist theory. *Feminist Studies*, 5 (1), 216–27.

Kerr, Clark. 2001. *The Uses of the University*. Cambridge, MA: Harvard University Press.

Kristeva, Julia. 1982. *Powers of Horror*. New York: Columbia University Press.

Kristeva, Julia. 1991. *Strangers to Ourselves*. New York: Columbia University Press.

Kung, Hans. 1998. *A Global Ethic for Global Politics and Economics*. Oxford: Oxford University Press.

La Mettrie, Julien. 1996. *Machine Man and Other Writings*. Cambridge: Cambridge University Press.

Lambert, Gregg. 2001. *Report to the Academy.* Aurora, CO: The Davis Group Publisher.

Laplanche, Jean. 1976. *Life and Death in Psychoanalysis*. Baltimore, MD: Johns Hopkins University Press.

Latour, Bruno. 1993. *We Have Never Been Modern*. Cambridge, MA: Harvard University Press.

Latour, Bruno. 2004. Why has critique run out of steam? From matters of fact to matters of concern. *Critical Inquiry*, 30 (2), 225–48.

Law, John and John Hassard (eds.) 1999. *Actor Network Theory and After*. Oxford: Blackwell.

Lazzarato, Maurizio. 2004. *Les revolutions du capitalisme*. Paris: Seuil.

Lloyd, Genevieve. 1984. *The Man of Reason: Male and Female in Western Philosophy*. London: Methuen.

Lloyd, Genevieve. 1994. *Part of Nature: Self-knowledge in Spinoza's Ethic*. Ithaca, NY: Cornell University Press.

Lloyd, Genevieve. 1996. *Spinoza and the Ethics*. London and New York: Routledge.

Lorde, Audre. 1984. *Sister Outsider*. Trumansburg, NY: Crossing Press.

Lovelock, James. 1979. *Gaia: A New Look at Life on Earth*. Oxford: Oxford

University Press.

Lury, Celia. 1998. *Prosthetic Culture. Photography, Memory and Identity*. London and New York: Routledge.

Lyotard, Jean-François. 1983. *The Differend. Phrases in Dispute*. Minneapolis, MN: University of Minnesota Press.

Lyotard, Jean-François. 1989. *The Inhuman: Reflections on Time*. Oxford: Blackwell.

Lyotard, Jean-François. 1984. *The Postmodern Condition*. Manchester: Manchester University Press. MacCormack, Patricia. 2008. *Cinesexualities*. London: Ashgate.

MacCormack, Patricia. 2012. *Posthuman Ethics*. London: Ashgate.

MacPherson, Crawford B. 1962. *The Theory of Possessive Individualism*. Oxford: Oxford University Press.

McNeil, Maureen. 2007. *Feminist Cultural Studies of Science and Technology*. London: Routledge.

Macherey, Pierre. 2011. *Hegel or Spinoza*. Minneapolis, MN: University of Minnesota Press.

Mahmood, Saba. 2005. *Politics of Piety. The Islamic Revival and the Feminist Subject*. Princeton, NJ: Princeton University Press.

Malraux, André. 1934. *Man's Fate*. New York: Modern Library.

Mandela, Nelson. 1994. *Long Walk to Freedom*. London and New York: Little Brown & Co.

Margulis, Lynn and Dorion Sagan. 1995. *What is Life?* Berkeley, CA: University of California Press.

Marks, John. 1998. *Gilles Deleuze. Vitalism and Multiplicity*. London: Pluto Press.

Massumi, Brian. 1992. Everywhere you want to be: Introduction to fear. *PLI—Warwick Journal of Philosophy*, 4 (1/2), 175-216.

Massumi, Brian. 1998. Requiem for our prospective dead! Toward a participatory critique of capitalist power. In: Eleanor Kaufman and Kevin Jon Heller (eds.) *Deleuze and Guattari. New Mappings in Politics, Philosophy and culture*. Minneapolis, MN: University of Minnesota Press.

Massumi, Brian. 2002. *Parables for the Virtual. Movement, Affect, Sensation*. Durham, NC: Duke University Press.

Maturana, Humberto and Francisco Varela. 1972. *Autopoiesis and Cognition. The Realization of the Living*. Dordrecht: Reidel Publishing Company.

Mbembe, Achille. 2003. Necropolitics. *Public Culture*, 15 (1), 11–40.

Menand, Louis (ed.) 1996. *The Future of Academic Freedom*. Chicago, IL: University of Chicago Press.

Midgley, Mary. 1996. *Utopias, Dolphins and Computers. Problems of Philosophical Plumbing*. London and New York: Routledge.

Mies, Maria and Vandana Shiva. 1993. *Ecofeminism*. London: Zed Books.

Mitchell, Juliet. 1974. *Psychoanalysis and Feminism*. New York: Pantheon.

Mol, Annemarie. 2002. *The Body Multiple*. Durham, NC: Duke University Press.

Moore, Henrietta. 1994. *A Passion for Difference*. Cambridge: Polity Press.

Moore, Henrietta. 2007. *The Subject of Anthropology*. Cambridge: Polity Press.

Moore. Henrietta. 2011. *Still Life. Hopes, Desires and Satisfactions*. Cambridge: Polity Press.

Morin, Edgar. 1987. *Penser l'Europe*. Paris: Callimard.

Moulier Boutang, Yann. 2012. *Cognitive Capitalism*. Cambridge: Polity Press.

Naess, Arne. 1977a. Spinoza and ecology. In: Siegfried Hessing (ed.) *Speculum Spinozanum, 1877-1977*. London: Routledge & Kegan Paul.

Naess, Arne. 1977b. Through Spinoza to Mahayana Buddhism or through Mahayana Buddhism to Spinoza? In: Jon Wetlesen (ed.) *Spinoza's Philosophy of Man*, Proceedings of the Scandinavian Spinoza Symposium. Oslo: Universitets-forlaget.

Nava, Mica. 2002. Cosmopolitan modernity. *Theory, Culture & Society*, 19 (1-2), 81–99.

Negri, Antonio. 1991. *The Savage Anomaly*. Minneapolis, MN: University of Minnesota Press.

Newman, John. 1907. *The Idea of a University*. London: Longmans, Green & Co.

Nussbaum, Martha C. 1999. *Cultivating Humanity: a Classical Defense of Reform in Liberal Education.* Cambridge, MA: Harvard University Press.

Nussbaum, Martha C. 2006. *Frontiers of Justice. Disability, Nationality, Species Membership.* Cambridge, MA: Harvard University Press.

Nussbaum, Martha C. 2010. *Not for Profit. Why Democracy Needs the Humanities.* Princeton, NJ: Princeton University Press.

Orwell, George. 1946. *Animal Farm.* London: Penguin Group.

Parikka, Jussi. 2010. Insect Media. *An Archaeology of Animals and Technology,* Minneapolis, University of Minnesota Press.

Parisi, Luciana. 2004. *Abstract Sex. Philosophy, Bio-Technology, and the Mutation of Desire.* London: Continuum Press.

Passerini, Luisa (ed.) 1998. *Identitá Culturale Europea. Idee, Sentimenti, Relazioni.* Florence: La Nuova Italia Editrice.

Patton, Paul. 2000. *Deleuze and the Political.* London and New York: Routledge.

Peterson, Christopher. 2011. The posthumanism to come. *Angelaki: Journal of the Theoretical Humanities,* 16 (2), 127–41.

Phillips, Adam. 1999. *Darwin's Worms.* London: Faber & Faber.

Phillips, John, Andrew Benjamin, Ryan Bishop, Li Shiqiao, Esther Lorenz, Liu Xiaodu and Meng Yan. 2011. The twenty-kilometer university. Knowledge as infrastructure. *Theory, Culture & Society,* 28 (7–8), 287–320.

Pick, Anat. 2011. *Creaturely Poetics: Animality and Vulnerability in Literature and Film.* New York: Columbia University Press.

Plumwood, Val. 1993. *Feminism and the Mastery of Nature.* London and New York: Routledge.

Plumwood, Val. 2003. *Environmental Culture.* London: Routledge.

PMLA (Publications of the Modern Language Association of America). 2009. Special issue on animal studies. *PMLA,* 124 (2).

Protevi, John. 2009. *Political Affect.* Minneapolis, MN: University of Minneapolis Press.

Rabinow, Paul. 2003. *Anthropos Today*. Princeton, NJ: Princeton University Press.

Rapp, Rayna. 2000. *Testing Women, Testing the Foetus*. New York: Routledge.

Readings, Bill, 1996. *The University in Ruins*. Cambridge, MA: Harvard University Press.

Rich, Adrienne. 1987. *Blood, Bread and Poetry*. London: Virago Press.

Rich, Adrienne. 2001. *Arts of the Possible: Essays and Conversations*. New York: W.W.Norton.

Roberts, Celia and Adrian Mackenzie. 2006. Science: Experimental sensibilities in practice. *Theory, Culture & Society*, 23 (2–3), 157–82.

Rorty, Richard. 1996. Does academic freedom have philosophical presuppositions? In: Louis Menand (ed.) *The Future of Academic Freedom*. Chicago, IL: University of Chicago Press.

Rose, Nicholas. 2007. *The Politics of Life Itself: Biomedicine, Power and Subjectivity in the Twentieth-first Century*. Princeton, NJ: Princeton University Press.

Rossini, Manuela and Tom Tyler (eds.) 2009. *Animal Encounters*. Leiden: Brill.

Rothberg, Michael. 2009. *Multidirectional Memory: Remembering the Holocaust in the Age of Decolonization*. Stanford, CA: Stanford University Press.

Rowbotham, Sheila. 1973. *Women, Resistance and Revolution*. New York: Random House.

Russel, Bertrand. 1963. *Has Man a Future?* Harmondsworth: Penguin Books.

Said, Edward. 1978. *Orientalism*. Harmondsworth: Penguin Books.

Said, Edward. 1996. Identity, authority and freedom: The potentate and the traveller. In: Louis Menand (ed.) *The Future of Academic Freedom*. Chicago, IL: University of Chicago Press.

Said, Edward. 2004. *Humanism and Democratic Criticism*. New York: Columbia University Press.

Sartre, Jean-Paul. 1963. Preface. In: Frantz Fanon, *The Wretched of the Earth*. London: Penguin Books.

Schussler Fiorenza, Elizabeth. 1983. *In Memory of Her: A Feminist Theological*

Reconstruction of Christian Origins. New York: Crossroads.

Scott, Joan. 1996. Academic freedom as an ethical practice. In: Louis Menand (ed.) *The Future of Academic Freedom*. Chicago, IL: University of Chicago Press.

Scott, Joan. 2007. *The Politics of the veil*. NJ: Princeton University Press.

Searle, John R. 1995. Postmodernism and the Western rationalist tradition. In: John Arthur and Amy Shapiro (eds.) *Campus Wars*. Boulder, CO: Westview Press.

Shiva, Vandana. 1997. *Biopiracy. The Plunder of Nature and Knowledge*. Boston, MA: South End Press.

Sloterdijk, Peter. 2009. *Rules for the Human Zoo*: a response to the 'Letter on Humanism'. *Enviornment and Planning D: Society and Space*, 27, 12–28.

Smelik, Anneke and Nina Lykke (eds.) 2008. *Bits of Life. Feminism at the Intersection of Media, Bioscienced and Technology*. Seattle, WA: University of Washington Press.

Sobchack, Vivian. 2004. *Carnal Thoughts*. Berkeley, CA: University of California Press.

Socal, Alan and Jean Bricmont. 1998. *Fashionable Nonsense: Postmodern Intellectuals' Abuse of Science*. New York: Picador.

Solzhenitsyn, Alexandr. 1974. *The Gulag Archipelago*. New York: Harper & Row.

Soper, Kate. 1986. *Humanism and Anti-Humanism*. LaSalle, IL: Open Court Press.

Spivak, Gayatri Chakravorty. 1987. *In Other Worlds: Essays in Cultural Politics*. London: Methuen.

Spivak, Gayatri Chakravorty. 1999. *A Critique of Postcolonial Reason. Toward a History of the Vanishing Present*. Cambridge MA: Harvard University Press.

Stacey, Jackie. 1997. *Teratologies. A Cultural Study of Cancer.* London and New York: Routledge.

Stacey, Jackie. 2010. *The Cinematic Life of the Gene*. Durham, NC: Duke University Press.

Stafford, Barbara. 1999. *Visual Analogy: Consciousness as the Art of Connecting*.

Cambridge, MA: MIT Press.

Stafford, Barbara. 2007. *Echo Objects: The Cognitive Work of Images.* Chicago, IL: University of Chicago Press.

Starhawk. 1999. *The Spiral Dance.* San Francisco, CA: Harper Books.

Stengers, Isabelle. 1987. *D'une science à l'autre. Des concepts nomades.* Paris: Seuil.

Stengers, Isabelle. 1997. *Power and invention. Situating Science.* Minneapolis, MN: University of Minnesota Press.

Stengers, Isabelle. 2000. *The Invention of Modern Science.* Minneapolis, MN: University of Minnesota Press.

Strathern, Marilyn. 1992. *After Nature. English Kinship in the Late Twentieth Century.* Cambridge: Cambridge University Press.

Tayyab, Basharat. 1998. Islam. In: Alison M. Jaggar and Iris M. Young (eds.) *A Companion to Feminist Philosophy.* Oxford: Blackwell.

Terranova, Tiziana. 2004. *Network Culture.* London: Pluto Press.

Todorov, Tzvetan. 2002. *Imperfect Garden. The Legacy of Humanism.* Princeton, NJ: Princeton University Press.

Verbeek, Peter Paul. 2011. *Moralizing Technology: Understanding and Designing the Morality of Things.* Chicago, IL: University of Chicago Press.

Villiers de l'Isle-Adam, Auguste. 1977. *L'Eve future.* Paris: José Corti.

Virilio, Paul. 2002. *Desert Screen: War at the Speed of Light.* London: Continuum.

Virno, Paola. 2004. *A Grammar of the Multitude.* New York: Semiotext(e).

Waal, Frans de. 1996. *Good Natured.* Cambridge, MA: Harvard University Press.

Waal, Frans de. 2006. *Primates and Philosophers.* Princeton, NJ: Princeton University Press.

Waal, Frans de. 2009. *The Age of Empathy.* New York: Three Rivers Press.

Wadud, Amina. 1999. *Qur'an and Woman: Rereading the Sacred Text from a Woman's Perspective.* Oxford: Oxford University Press.

Walker, Alice. 1984. *In Search of Our Mother's Gardens.* London: Women's Press.

Ware, Vron. 1992. *Beyond the Pale. White Woman, Racism and History*. London: Verso.

Werbner, Pnina. 2006. Vernacular cosmopolitanism. *Theory, Culture & Society*, 23 (2–3), 496–8.

Wernick, Andrew. 2006. University. *Theory, Culture & Society*, 23 (2–3), 557–79.

West, Cornell. 1994. Prophetic *Throught in Postmodern Times*. Monroe, ME: Common Courage Press.

Whimster, Sam. 2006. The human sciences. *Theory, Culture & Society*, 23 (2–3), 174–6.

Wolfe, Cary (ed.) 2003. *Zoontologies. The Question of the Animal*. Minneapolis, MN: University of Minnesota Press.

Wolfe, Cary. 2010a. Posthumanities. Available at: http:www.carywolfe.com/post_about.html (accessed 2 January 2012).

Wolfe, Cary. 2010b. *What is Posthumanism?* Minneapolis, MN: University of Minnesota Press.

Zylinska, Joanna. 2009. *Bioethics in the Age of New Media*. Boston, MA: MIT Press.

2013년에 출판된 로지 브라이도티의 책 『포스트휴먼』에서 우리는 '포스트-휴머니즘'이라는 이름으로 논의되고 있는 다양한 담론과 현상의 지형도를 객관적으로 그려내고자 하는 철학자의 목소리와 21세기를 살아가는 우리의 삶의 조건이 포스트휴먼적임을 인식하고 포스트휴먼 조건에 적절한 새로운 정체성, 새로운 윤리, 새로운 인문학을 구축해야 한다고 긴급하게 요청하는 실천가의 목소리를 동시에 듣는다. 고전적 휴머니즘의 쇠퇴와 과학기술의 발전이 가져올 포스트휴먼 미래에 대한 긍정적인 기대에도 불구하고 인간이 지구환경 전체에 영향을 미칠 수 있는 기술력을 갖춘 '인류세' 시대가 야기하는 격심한 변화에 어울리는 새로운 주체성, 새로운 사회적, 윤리적, 담론적 도식들을 고안해내는 것은 긴급한 작업이라고 저자는 텍스트 곳곳에서 직접적인 목소리로 촉구한다.

포스트휴먼적인 것의 다면적 풍경을 가로지르는 여행이라고 할 수 있는 이 책은 네 개의 질문을 중심으로 구성되어 있다. 첫 번째 질문은 우리를 포스트휴먼으로 이끄는 지적, 역사적 여정은 어떠한 것인가, 두 번째 질문은 포스트휴먼 조건은 어떤 새로운 주체성의 형식들을 발생시킬 것인가, 세 번째 질문은 우리는 어떻게 포스트휴먼 조건이 비인간적 혹은 비인도적이 되는 것을 막을 수 있을 것인가, 마지막 질문은 포스트휴먼 시대에 인문학과 이론의 기능은 무엇인가. 이러한 질문들에 답하면서 브라이도티는 유럽, 남성, 이성, 건강, 이성애를 규범화한 대문자 '인간(Man)'을 중심에 두고 차이를 열등함으로 만들어온 고전적 휴머니즘과 이원론에 대한 포스트-휴머니즘적 비판에서 출발하여, 문화가 물질적으로 구성되는 만큼이나 자연도 문화적으로 구성되어 있다는 비이분법적인 자연-문화 상호작용에 대한 논의로, 인간을 비롯한 모든 물질이 지성적이고 자기조직적이라는 탈-인간 중심주의적 일원론적 유물론에 기반을 둔 탈-인간중심주의로, 인간의 개체적 생명을 넘어선 생기론적 생성력인 대문자 '생명(Life)'에 기반을 둔 조에(zoe) 평등주의와 관계적이고 횡단적이며 체현되고 환경에 속해 있는 포스트휴먼 주체성에 대한 전망으로 논의를 진전시켜 나아간다.

하지만 새로운 포스트휴먼 주체성에 대한 브라이도티의 긍정적 전망은 현 시대 포스트휴먼 조건이 담고 있는 부정적인 곤경과 모순에 대한 저자의 의식과 동전의 양면처럼 균형을 이루고 있다. 브라이도티가 자세히 설득력 있게 보여주고 있는 것처럼, 휴머니즘에 대한 반대는 자칫 냉소적이고 허무주의적인 인간 혐오로 분출될 수 있고, 선진 자본주의의 유전공학기술이 만들어낸 동물과 식물의 왜곡된 형태들은 전 지구적으로 상품화되고 학대받고 순환되고 있으며, 무인항공기나 무인로봇 같은 정교한 살상 기술들은 인간의 존엄성을 파괴하는 새로운 양상의 포스트휴먼 전쟁무기가 되고 있기 때문이다. 바로 이러한 포스트휴먼 조건의 곤경과 모순에 대한 저자의 분명한 인식이 위기와 부정적인 상황을 기회와 긍정의 조건으로 바꾸어 나갈 긍정의 정치학을 수행할 적극적인 행위자와 주체성에 대한 저자의 지속적인 관심의 한 가운데 놓여 있다.

브라이도티는 단일한 주체의 보편적 가치라는 휴머니즘적 가정과 주체의 필요성을 완전히 간과하는 극단적인 과학 주도의 포스트-휴머니즘 둘 다에서 똑같이 거리를 두고, "우리는 적어도 어떤 주체 입장이 필요하다"

고 강조한다. "이 주체 입장은 단일한 필요도 없고 배타적으로 인간중심적일 필요도 없지만, 정치적이고 윤리적인 책임의 터, 집단적 상상과 공유된 열망의 터가 되어야한다"는 것이다. 체현되고 환경에 속한 주체의 본성에 대한 브라이도티의 철학적 탐구는 바로 우리 시대의 포스트휴먼 복잡성에 적절한 주체성 형식에 접근하기 위한 하나의 시도인 셈이다.

브라이도티는 살아있는 모든 것이 죽음정치학적으로 가차없이 소비되는 바로 이 지점에서, "지금 여기, 나의 누이 복제 양 돌리와 나의 토템적 신성인 온코마우스에서, 잃어버린 종자들과 죽어가는 종들에서" 생각하고 출발하고자 한다고 강조한다. 동시에 저자는 "기술적으로 매개된 세계 안의 우리의 역사적 위치가 열어줄 아직 건드려지지 않은 가능성을 신뢰한다"고 주장한다. 일견 모순되어 보이는 이 두 입장 사이의 팽팽한 긴장을 유지하고 붙잡고 있는 것, 그것이 브라이도티의 긍정의 정치학이 가지고 있는 창조성이며 용기다. 지금 여기의 끔찍한 모순과 비인간적 포스트휴먼 조건들을 직면하면서 바로 그 포스트휴먼 선회를 우리가 어떤 존재가 될 수 있고 우리가 누가 될 수 있는지를 함께 결정할 수 있는 놀라운 기회로, 인류가 자신을 긍정의 방식으로 재발명할 수 있는 독특한 기회로 보고자 하는 브라이도티의 긍정의 정치학은 실천이 어려운 그만큼 귀한 전망으로 보인다.

역자가 이 책을 번역하면서 얻은 것이 있다면, 그것은 저자의 다면적인 철학적 논의들 아래 일관되게 놓여 있는 바로 이 긍정의 정치학이 담고 있는 창조성과 용기에 대한 새삼스러운 깨달음이다. 주변을 압박하는 어두움과 곤경에 대면해서 두려움이나 향수나 우울로 뒷걸음치지 않고 창조력과 희망을 가지고 앞으로 나아가는 일, 위기를 우리 자신이 어떤 존재인지를 아는 기회로, 우리 자신이 어떤 가능한 새로운 세계를 만들 수 있는지 적극적으로 상상하고 실험하는 기회로 삼으라는 요청은 얼마나 진부한 요청이고, 얼마나 어려운 일이며, 또 얼마나 귀한 전망인가.

하나의 책을 번역하는 과정이 정서적 변용의 과정이기도 함을 이해하게 한 이 책을 번역하는 과정에 도움을 주신 많은 분들께 감사를 드리고 싶다. 무엇보다 여러 번의 세미나를 통해 내용을 토론하고 적절한 번역어를 제시해주고 원고를 읽어주고 유익한 수정 제안을 해주었던 이화인문과학원 포스트휴머니즘 연구팀의 김재희, 김애령, 신상규, 이수안, 이찬웅, 오영주, 전혜숙 선생님의 도움을 오래 기억하고 싶다. 번역 원고를 꼼꼼하게 읽고 도움말을 준 여러 후배들, 특히 성정혜, 송은주, 오현숙 님과 아카넷 편집부에도 감사의 마음을 전하고 싶다. 많은 분들의 도움에도 잘못된 부분이 있다면 그것은 전적으로 역자의 몫이다. 마지막으로, 늘 변함없이 사랑을 주시는 어머니, 늘 기다려주는 나의 가족들, 감사합니다. 사랑합니다.

2015년 6월
이대 진관에서
이경란

역자 후기

ㄱ

'포스트휴먼 총서'를 기획하며

컴퓨터, 인터넷, 스마트폰이 없는 우리의 일상은 더 이상 상상할 수 없다. 몸에 간단한 보철을 장착하는 일은 더 이상 어떤 이물감도 남기지 않는다. 디지털 테크놀로지의 일상적 침투는 우리의 시공간 인지 조건을 급격히 변화시켰고, 근대적 시공간의 좌표는 인터넷 망을 통한 지속적인 접속의 체험 안에서 그 의미를 바꾸고 있다. 정보과학과 생명공학의 발달은 인간과 동물, 유기체와 기계, 물질과 비(非) 물질의 경계를 모호하게 흩뜨리고 있다. 또한 매체의 변화로 인해 지식과 정보를 습득하고 가공하여 전달하고 보존하는 방식의 변화가 불가피해졌다. 이 모든 징후들이 알려주는 바대로, 우리는 이미 '포스트휴먼'이다.

'포스트휴먼'의 경험과 생장의 조건이 이미 편재해있지만, 인문학의 영역에 그 소식은 너무 늦게 전해졌다. 과학기술 분야의 전문가들이 충실히 영토를 확장해가고, 그에 대한 초국가적 자본의 유연하고 집약적인 관심이 집중되고 있는 데 반해, 인문학은 막연한 불안과 희망적 낙관 사이의 어느 불분명한 지점에 머물러 있을 뿐이다. 바로 이 지점에서 '포스트휴먼 총서'는 기획되었다. 오늘날 정보과학과 생명공학의 지배적 영향권 아래서 근대적 휴머니즘을 넘어선 새로운 인간 이해의 패러다임이 요청되고 있으나 포스트모던에서 제기되었던 근대적 '인간/인간중심주의'에 대한 비판이 아직 적극적인 개념화로 나아가지는 못하고 있다. 이와 같은 인식에 근거해, 우리는 인간 이해의 새로운 패러다임을 향한 길을 열어가고자 한다. '포스트휴먼 총서'가 그 길의 첫 이정표가 되기를 기대한다.

이화여자대학교 이화인문과학원
포스트휴머니즘 연구팀

옮긴이

이경란

이화여자대학교 영어영문학과를 졸업하고 동 대학원에서
미국 여성소설 연구로 영문학 박사학위를 받았다.
현재 이화여자대학교 이화인문과학원에서 HK연구교수로
재직 중이며, 젠더와 여성문학, 경계와 소수자문학,
포스트휴머니즘과 영미문학, 디지털 주체와 신체화 등의 문제에
관심을 가지고 있다. 저서로는 『젠더와 문학』(2010, 문광부
우수학술도서 선정), 『미국 이민소설의 초국가적 역동성』(2011, 공저),
역서로는 『식민 욕망』(2012, 공역) 등이 있고, 최근 논문으로는
「기술과학적 포스트휴먼 조건과 추론소설(sf): 카즈오 이시구로의
『나를 보내지 마』와 윌리엄 깁슨의 『패턴 인식』」(2015),
「정보시대 초국가적 미디어의 재현과 지식/앎: 루쓰 L. 오제키의
『나의 고기 해』」(2015), 「아메리카 자유기획 서사와 역사생산:
조지 래밍의 『망명의 즐거움』과 미셸 클리프의 『자유 기획』」(2012),
「문화번역과 포스트식민 이주서사: 자메이카 킨케이드의
『루시』」(2012) 등이 있다.

포스트휴먼

1판 1쇄 펴냄 | 2015년 6월 30일
1판 6쇄 펴냄 | 2021년 3월 19일

지은이 | 로지 브라이도티
옮긴이 | 이경란
펴낸이 | 김정호
펴낸곳 | 아카넷

출판등록 2000년 1월 24일(제406-2000-000012호)
10881 경기도 파주시 회동길 445-3
전화 | 031-955-9510(편집) · 031-955-9514(주문)
팩스 | 031-955-9519
책임편집 | 이하심
디자인 | 땡스북스 스튜디오
www.acanet.co.kr

한국어판 ⓒ 아카넷, 2015

Printed in Seoul, Korea.

ISBN 978-89-5733-435-5 94300
ISBN 978-89-5733-364-8(세트)

이 도서의 국립중앙도서관 출판예정도서목록(CIP)은
서지정보유통지원시스템 홈페이지(http://seoji.nl.go.kr)와
국가자료공동목록시스템(http://www.nl.go.kr/kolisnet)에서 이용하실 수 있습니다.
(CIP제어번호 : CIP2015016546)

이 저서는 2007년 정부(교육과학기술부)의 재원으로
한국연구재단의 지원을 받아 수행된 연구임.
(NRF-2007-361-AL0015)